Leonhard Frank

—

Die Jünger Jesu

Sonderausgabe
zu „Würzburg liest ein Buch“
www.wuerzburg-liest.de

Leonhard Frank

Die Jünger Jesu

Roman

Königshausen & Neumann

Umschlaggestaltung unter Verwendung eines Aquarells
von Herbert Kern mit freundlicher Genehmigung
des Kunstreferats der Diözese Würzburg.

Bibliografische Information der Deutschen Nationalbibliothek

Die Deutsche Nationalbibliothek verzeichnet diese Publikation in der Deutschen
Nationalbibliografie; detaillierte bibliografische Daten sind im Internet
über http://dnb.d-nb.de abrufbar.

© Aufbau Verlag GmbH &Co. KG, Berlin 1956, 2008
© für diese Ausgabe Verlag Königshausen & Neumann GmbH, Würzburg 2013
Gedruckt auf säurefreiem, alterungsbeständigem Papier
Umschlag: skh-softics / coverart
Bindung: Zinn – Die Buchbinder GmbH, Kleinlüder
Alle Rechte vorbehalten
Dieses Werk, einschließlich aller seiner Teile, ist urheberrechtlich geschützt.
Jede Verwertung außerhalb der engen Grenzen des Urheberrechtsgesetzes ist
ohne Zustimmung des Verlages unzulässig und strafbar. Das gilt insbesondere
für Vervielfältigungen, Übersetzungen, Mikroverfilmungen und die Einspeicherung
und Verarbeitung in elektronischen Systemen.
Printed in Germany
ISBN 978-3-8260-5248-4
www.koenigshausen-neumann.de
www.libri.de
www.buchhandel.de
www.buchkatalog.de

Inhaltsverzeichnis

Die Jünger Jesu

Zuerst 1949 veröffentlicht

I

Würzburg am Main, die Stadt des Weines und der Fische, der Kirchen, gotisch und barock, wo jedes zweite Haus ein unersetzliches Kunstdenkmal war, wurde nach dreizehnhundertjährigem Bestehen in fünfundzwanzig Minuten durch Brandbomben zerstört. Den folgenden Morgen floß der Main, in dem sich die schönste Stadt des Landes gespiegelt hatte, langsam und gelassen durch Schutt und Asche, hinaus in die Zeit.

Johanna ging den Fluß entlang. Hinter ihr waren nur noch Verzweiflung und Hoffnungslosigkeit, vor ihr stand das junge Grün der Weidenbüsche in der Sonne, schimmernd und im Safte strotzend, als wäre nichts geschehen. Die Landschaft war nicht zerstört. Über dem ganzen Tal schien ein Seidenteppich zu liegen — grün in grün geknüpfte Rebhügel, Wald und Obstbaumfelder und das bogenreiche blaue Band, an dessen Ufer Würzburg gewesen war, das jetzt eine zerhackte Ruine ist, ein Denkmal der Naziherrschaft.

Johannas Mutter war schon lange tot. Ihr Vater, der Zeichenlehrer am städtischen Gymnasium und ein Nazi gewesen war, hatte sich aus Angst vor der unaufhaltsam vorrückenden amerikanischen Armee am Fensterkreuz des Zeichensaales rechtzeitig aufgehängt und einen Brief hinterlassen, in dem er seine unpatriotische Tochter zum letztenmal verfluchte. Johanna war einundzwanzig und allein.

Sie hatte braunes Haar, hellbraune Augen, von leuchtenden Sternchen besetzt um die Pupillen herum, und ein schmales weißes Gesicht, das auch in der brennenden Julisonne weiß blieb. Der Mund war wie von Albrecht Dürer genau und einfach gezeichnet. Sie sah aus, als wäre sie von der Natur dazu bestimmt, den nach Jahrmillionen und zahllosen Experimenten schließlich erreichten Grad körperlicher Anmut weiterzugeben an kommende Generationen.

Das letzte Jahr, seit dem Ende des Krieges, war sie wie alle armen Leute von früh bis abends damit beschäftigt gewesen, das nötige Stück Brot zu bekommen. Geld hatte sie nicht, und Arbeit für eine Sekretärin gab es nicht – es gab keine Schreibmaschinen mehr in einer Stadt, die es nicht mehr gab, und die amerikanische Militärbehörde hatte es abgelehnt, eine Sekretärin zu beschäftigen, deren Vater ein Nazi gewesen war.

Sie hätte den Verfluchungsbrief des Vaters vorlegen können. Alles würde dann vielleicht ein bißchen leichter gewesen sein. Sie hatte es unterlassen, aus Takt und Eigensinn des Herzens. So war sie.

Johanna hatte einen zerfallenen, seit Jahren unbenutzten Ziegenstall, drei Meter im Quadrat, der zwischen Weidenbüschen am Flußufer stand, gründlich gereinigt und mit den Resten ihrer Habe notdürftig eingerichtet. Sie setzte sich ein paar Meter vom Stall entfernt ans Flußufer und blickte über das Wasser hinweg in die Ferne, empor zum Tannenwald, über dem, im tiefen Blau, eine rosa Wolke schwamm. Die sinkende Sonne war schon rot.

Schon erklangen die Stimmen der Tiere vereinzelt in der Abendstille. Das Wasser roch stärker. Bewegungslos

8

schwebte ein felsgrauer Fischreiher hoch über dem Fluß, jede Sekunde bereit, herabzustoßen. Es war sechs Uhr, die Stunde, da der Fisch an die Oberfläche steigt.

Johanna, die keine Gegenwart und keine Zukunft hatte, war in der Vergangenheit versunken. Bilder aus der Kindheit, innig verwoben mit den Gassen der Heimatstadt, kleine Freuden im milden Sommerabend, die kleinen Kümmernisse, die ihr groß erschienen waren, kehrten wieder, klar, wie soeben erst erlebt. Im Mundbezirk entstand der Anflug eines Lächelns. Der Mund, der das Lachen verlernt hatte, blieb genau geschlossen.

Sie stellte den Kopf schief und lauschte. Sie vernahm das Sechsuhrläuten der dreißig Kirchenglocken von Würzburg, das sie von Kindheit an gehört hatte, und es war ihr ein paar Sekunden nicht bewußt, daß sie Glocken läuten hörte von Kirchen, die nicht mehr standen.

Sie atmete tief aus und stieg, während sie aufstand, aus der Kindheit wieder herauf in die Stunde der Gegenwart. Sie blickte zurück, dorthin, wo Würzburg gewesen war. Sie sah das graue Trümmerfeld. Ihr Kopf sank langsam, und sie dachte: ‚Wie soll man sich denn loslösen können von der Stadt, in der man aufgewachsen ist. Sie ist ja in uns. Wir sind ja ein Teil von ihr.‘ Sie schob die Lippen vor gegen das Leben. ‚Jetzt sind nur noch wir Würzburg. Nur noch wir.‘

Sie ließ sich wieder nieder ins Gras und saß reglos, den Kopf in beiden Handschalen, die Ellbogen auf den Knien. Sie sah nichts und dachte an nichts. So sitzt irgendwo auf der Welt der Heimatlose, für den es aus tausend und einem Grund keinen Halt und keinen Weg mehr gibt.

Die Witwe Hohner wohnte im Keller des zerstörten Hauses, in dem sie fünfzig Jahre ein dunkles Parterrezimmer bewohnt hatte. Mit der gebogenen Nase und dem nach vorne geschweiften spitzen Kinn, an dem zwei Warzen waren, sah die zahnlose Alte aus wie die Hexe im Märchenbuch. Sie war eine der Ärmsten dieses Armenviertels, das jetzt in Trümmern lag. Sie hatte fast nur von Brot und Kaffee gelebt. Die Kaffeekanne hatte den ganzen Tag auf der warmen Herdplatte gestanden. Kaffee war der Trost ihres Lebens gewesen. Aber Kaffee gab es schon lange nicht mehr.

Eines Morgens — sie hatte das Kopftuch umgebunden und wollte schon durch die Tür, um in die Kirche zu gehen — bemerkte sie in der Dämmerung, daß neben der Tür auf dem gestampften Kellerboden eine Tüte lag. Sie spürte sofort, was in der Tüte war. Frau Hohner glaubte an Gottes Allmacht. Aber sie wagte nicht zu glauben, was sie spürte, bis sie die dunkelbraunen, fettglänzenden Bohnen sah und mit den gichtigen Fingern hineingegriffen hatte.

Obenauf lag ein Zettel, auf dem etwas geschrieben war, in Kinderschrift.

Sie setzte die stahlgefaßte rostige Brille auf und las laut: „Die Jünger Jesu."

Sie bemerkte nicht, daß der Uhrmacher Krummbach eintrat, der im hintern Teil des Kellers wohnte. Seine Füße steckten in Sackleinwand, an die er Sohlen aus Pappdeckel genäht hatte. Er trug ein Paar gebrauchte Schuhe in der Hand und in der anderen einen Zettel. Der Uhrmacher, ein großer, aufgeschwemmter Mann, war siebenundsiebzig und schon fast blind. Er bat Frau Hohner, sie solle ihm vorlesen, was auf dem Zettel stehe. „Die Schuh mit dem

Zettel", sagte er verwundert, „standen heut früh vor meinem Bett."

Sie las: „Die Jünger Jesu." Sie konnte vor Erregung nicht aufstehen. Kniend erzählte sie, was ihr geschehen war. Der Uhrmacher half ihr auf die Beine. Sie fragten einander, wer auf der Welt die Schuh und den Kaffee gebracht haben könnte. Niemand in Würzburg besitze diese kostbaren Sachen. Der Herr Magistratssekretär Hörnle gehe jeden Tag in seinen alten Pantoffeln ins Büro, und Kaffee habe nicht einmal der Bürgermeister. Nach langem Hin und Her, das zu keiner Aufklärung führte, flüsterte Frau Hohner: „Vielleicht haben wirklich die Jünger Jesu den Kaffee und die Schuh geschickt, weil wir so in Not dafür sind."

Der Uhrmacher schüttelte ungläubig den Kopf. „In früheren Zeiten hat's Wunder gegeben, das wissen wir. Aber heutzutag gibt's keine Wunder mehr." Er zog die Schuhe gleich an. Während er sich besser hineintrat, sagte er: „Die Schuh halten, solang ich lebe, und passen tun sie mir wie angemessen."

Auf dem Weg zur Messe in der Klosterkirche, erzählte er, den Abend vorher, habe ein Junge ihn auf der Straße nach seiner Schuhgröße gefragt. „42, sagte ich. Der Lausbub verschwand so plötzlich, wie er erschienen war."

„Es kann ein Sendbote der Jünger Jesu gewesen sein", sagte Frau Hohner und schlug erschauernd das Kreuz. Da schlug schließlich auch der Uhrmacher das Kreuz. Und da sie soeben vor der Kirche angelangt waren, verstand es sich für die anderen Gläubigen von selbst, daß die Bekreuzigung dem Jesusbildwerke gegolten hatte, das über dem Portale hing.

Der Glöckner der Klosterkirche konnte die Messe nicht

mehr einläuten wie in vergangenen Zeiten. Eine Bombe
hatte den Turm weggerissen. Seitdem war die Kirche
stumm. Sie gingen hinein.

Als sie eine Stunde später vor dem dampfenden Kaffee
saßen, tief unter dem vergitterten Kellerfenster, und den
ersten Schluck versucht hatten, sagte der Uhrmacher: „Ich
hab ein Paar Schuh an, und hier sitzen wir und trinken
Kaffee. Aber zu verstehen ist es nicht."

Frau Hohner sagte nichts. Sie schlug das Kreuz und
dachte, während sie es tat: ‚Ein kleines bißchen zu dunkel
gebrannt sind die Bohnen. Man schmeckt's.'

Gegen sechs Uhr abends schlüpfte der zwölfjährige Sohn
des Kirchendieners, der den Uhrmacher Krummbach nach
dessen Schuhgröße gefragt hatte, vorsichtig in den kleinen
Friedhof hinter der Klosterkirche. Der Mönchsfriedhof,
von der Außenwelt abgeschlossen durch eine hohe Mauer,
die vollständig von Efeu bedeckt war, wurde seit hundert
Jahren nicht mehr benutzt. Nur noch ein paar uralte Sand-
steinplatten, brüchig und moosbewachsen, lehnten schief
an der Efeuwand. Wetter und Zeit hatten die Inschriften
verwischt. Meterlange dicke Grasbärte, von der Sonne ge-
bleicht, polsterten die vergessenen Gräber. Hierher kam
in Jahren kein Mensch.

Der Sohn des Kirchendieners schloß eine niedrige Tür
auf, mit einem zwei Pfund schweren Schlüssel, den er wie
ein Schwert seitwärts an seinem Gürtel trug. Ein paar
Fledermäuse huschten an ihm vorbei ins Freie, während
er die dreißig ausgetretenen Steinstufen hinabstieg in den
Keller der Klosterkirche.

Die dicke Finsternis roch nach Mauer, Staub und Mo-
der. Er zündete zwei Kerzen an, die er in der Wachskam-
mer seines Vaters heimlich mitgenommen hatte. Mit dem

12

Erstarken der Flamme wurden zwei Regale sichtbar, verhangen mit Bettüchern, und allerlei Gerümpel, darunter zerbrochene Betstühle, ein zentnerschwerer Tisch, der nur noch drei Beine hatte und vom Holzwurm zerfressen war, und Glieder und Köpfe von uralten Heiligenbildwerken. In der Ecke lehnte ein riesiger Christus aus Lindenholz. Die weiße Farbe war teilweise abgeblättert. Ein Arm, ein Bein und der Kopf fehlten und auch das Kreuz. Die Gebärde des Körpers — eine geschwungene Schmerzenslinie — offenbarte, wie er einstens am Kreuze gehangen hatte.

Ein Junge erschien in der Türöffnung. Er breitete schweigend beide Arme aus, schief nach oben wie der Gekreuzigte, und setzte sich vorsichtig in einen der wackeligen Betstühle. Kurz danach kamen zwei. Sie legten eine Wolldecke und eine alte Hose auf den dreibeinigen Tisch, breiteten schweigend die Arme aus und setzten sich. Punkt sechs Uhr saßen elf in Lumpen gekleidete Knaben in den Betstühlen im Halbkreis um den verstümmelten Christus herum, auf den das Licht der Kerzenflammen fiel. Die Jünger Jesu waren versammelt.

Der älteste, der Sohn eines Gastwirtes, war vierzehn, der jüngste zwölf. Es waren nur elf Jünger. Der Sohn des Untersuchungsrichters hatte sich geweigert, Judas Ischariot zu sein. Und da weder Petrus noch Johannes noch Bartholomäus und die anderen Jünger ihren Ehrennamen abgegeben hatten für den des biblischen Verräters, war der Sohn des Untersuchungsrichters während der Gründungsversammlung verbittert ausgeschieden. Er wolle nicht der Verräter sein. Er sei kein Verräter.

Von außen drang kein Laut in den tiefen Keller. Die schwach beleuchteten Knabengesichter hingen wie kleine verschleierte Monde in der Dunkelheit. Während der Minute, da die vorgeschriebene vollständige Stille herrschte, hatten die Jünger Jesu den Ausdruck spielender Kinder, die ihr Spiel ernst nehmen. Schließlich ertönte die feierliche Stimme Petrus', des Vierzehnjährigen.

„Wir, die Jünger Jesu, Vollstrecker der Gerechtigkeit, nehmen von den Reichen, die alles haben, und geben es den Armen, die nichts haben."

Petrus hatte einen wuchtig ausladenden Schädel, ein sehr schmales, langes Gesicht und feurig blaue, kleine Augen. Er lehnte sich zurück und sagte geschäftsmäßig: „Die Sitzung ist eröffnet. Ich bitte um den Bericht über die heutigen Neuerwerbungen und Auslieferungen."

Der Jünger Johannes, ein weiches Bürschchen mit weißer Haut und dunkelbraunen Locken, streckte den Arm senkrecht empor und rief: „Eine schwarz und gelb getigerte Wolldecke vom Metzgermeister Stumpf! Ich hab's euch ja gestern gesagt, daß er zwei hat, sich aber nur mit einer zudeckt. Auf der untern liegt er. So was! Hat er das nötig? Also, ich hab ungefähr eine Stunde auf der Lauer gelegen, nämlich so lang, bis er endlich aufstand von seinem Sofa und auf den Abort ging. Als er wieder zurückkam, war ich natürlich schon bei der Haustür mit der Decke. Sie war noch warm. Gesehen hat er mich nicht. Unsere Quittung hab ich auf sein Sofakissen gelegt, ordnungsgemäß. Aber ich kann euch versichern", schloß er mit sanfter Kinderstimme, „daß es gar nicht so leicht war, die Decke unter dem Hintern dieser protzigen Sau wegzuziehen."

Unter Gekicher und Beifallsgemurmel lehnte er sich zurück. Der Jünger Johannes stahl besonders geschickt und wurde dafür von allen bewundert. Der Ehrgeiz, nicht hinter ihm zurückzustehen, hatte die anderen schon mehrmals in die Gefahr gebracht, ertappt zu werden.

„Die blaue Mechanikerhose, die dort auf dem Tisch liegt, hab ich aus dem Gartenhäuschen des Optikers Scheibenkäs mitgenommen", sagte der Jünger Andreas, den sie „Schlangenmensch" nannten, weil er so dünn und schmiegsam war, daß er sich durch das kleinste Fensterloch durchwinden konnte. „Seit wann braucht ein Optiker eine Mechanikerhose? Und jetzt sag ich, die muß unbedingt der Fischer Kreuzhügel bekommen."

Mehrere widersprachen. Jeder nannte jemand, der dringend eine Hose brauche. Der Jünger Jakobus rief: „Wir haben auf unserer Liste mehr als vierzig, ich glaub zweiundvierzig, die unbedingt eine haben müssen. Warum soll da ausgerechnet der Fischer Kreuzhügel die Hose bekommen?"

„Well", sagte der Schlangenmensch, „weil ihm schon der Arsch raushängt. Meiner hängt übrigens auch schon raus. But I don't care." Der Schlangenmensch hatte sich mit amerikanischen Soldaten angefreundet und benutzte sein Englisch, wann immer es möglich war.

Petrus schlichtete den Streit mit der Bemerkung, daß er später darüber abstimmen lasse, auf demokratische Art und Weise, wer die Hose bekommen solle. „Hat der ehrenwerte Jünger Andreas ordnungsgemäß unsere Quittung hinterlassen?"

„Donnerwetter, das hab ich vergessen."

Petrus beugte sich vor und sagte mahnend zu allen: „Ich möchte noch einmal in allem Ernst auf diesen wichtigen Punkt hinweisen. Wir müssen die unfreiwilligen Spender in jedem einzelnen Fall davon in Kenntnis setzen, unmißverständlich, daß nicht Diebe am Werk waren, sondern

die Vollstrecker der Gerechtigkeit. Der Optiker Scheibenkäs muß noch heut abend unsere Quittung bekommen,
damit niemand verdächtigt werden kann, die Hose gestohlen zu haben."

„Very well, Mister Scheibenkäs wird heut abend unsere
Quittung plötzlich in die Hand kriegen, and I'll manage,
daß er mich dabei nicht erblickt."

Der Vorschlag des Jüngers Philippus, daß die schwarz
und gelb getigerte Wolldecke einem Mädchen namens Johanna gegeben werden solle, da sie in einem Ziegenstall
schlafe und nichts zum Zudecken habe, wurde ohne Abstimmung widerspruchslos angenommen. Philippus' Eltern,
Samuel und Esther Freudenheim, waren von den Nazis
erschlagen worden. Seine siebzehnjährige Schwester Ruth
hatten sie nach Warschau verschickt in ein Bordell für
deutsche Soldaten. Johanna, der die Wolldecke gegeben
werden sollte, hatte in demselben Haus gewohnt wie die
Freudenheims und war von Kindheit an mit Ruth befreundet gewesen.

Philippus, ein auffallend schöner Knabe, schien aus dem
Bild der alten Bibel, wo der Knabe David mit einem Stein
aus seiner Schleuder den Riesen Goliath tötet, heraus-
gestiegen zu sein ins zwanzigste Jahrhundert. Die letzten
Jahre, seit der Ermordung seiner Eltern, hatte er sich in
einem Bauernhof versteckt gehalten. Er war erst nach der
Besetzung Würzburgs wieder in der Stadt aufgetaucht.
Seine Aufnahme in die Geheime Gesellschaft der Jünger
Jesu war einstimmig beschlossen worden, nach einer Ansprache von Petrus, der zum Schluß pathetisch gerufen
hatte: „Würde nicht sogar der Papst in Rom, wenn er
wüßte, was unserem ehrenwerten Freund widerfahren ist,
eine weiße Kugel abgeben?"

„So what", hatte der Schlangenmensch gesagt. Er hielt nicht viel vom Papst. Sein Vater, der Mitglied der Internationalen Brigaden gewesen und im Kampf um das Madrider Universitätsgebäude gefallen war, hatte kurz vor seinem Tod an die Mutter geschrieben, der Papst unterstütze Franco.

Oben in der Kirche begann der Gottesdienst. Hier unten in der Tiefe war das Orgelspiel nicht vernehmbar. Aber die drei Meter dicken Grundmauern vibrierten, als setzten die brausenden Orgeltöne, die nicht durchdringen konnten, sich in Bewegung um. Die Jünger Jesu spürten die Töne, die sie nicht hörten, als dünnes Rieseln im Rücken.

Der Sohn des Kirchendieners, Jünger Bartholomäus, berichtete, daß er den Kaffee und die Schuhe für die Witwe Hohner und den Uhrmacher Krummbach diesen Morgen heimlich in den Keller geschmuggelt habe, ordnungsgemäß mit je einem Lieferschein. Der Schlüssel lag quer über seinen dünnen Schenkeln. Er legte die schmutzige Hand ans Herz und sagte sehnsüchtig: „Wenn ich mir vorstell, wie unheimlich die sich gefreut haben! Ich wär verdammt gern dabeigewesen."

Einige Sekunden schwiegen alle. Jeder war, wenn er heimlich Gaben abgeliefert hatte, der liebenswerten menschlichen Schwäche unterlegen, zu wünschen, daß ihm die ungeschmälerte Freude des Gebenden zuteil werde. Der weiche Jünger Johannes seufzte und sagte, als spräche er für alle: „Das glauben wir dir gern. Aber es geht ja nicht. In diesem Punkt müssen wir fest bleiben, einfach charakterfest. Sonst fliegt unsere ganze Geheime Gesellschaft glatt in die Luft. Das ist klar."

Schließlich drückte sich der Lagerverwalter, Jünger Matthäus, im Betstuhl hoch. Er hatte ein scharf modelliertes Gesicht mit vorspringender Stirn, vorspringender Nase und dünnen Lippen. Sein Kopf glich dem eines Knaben in einem berühmten Gruppenbildwerk des Holzschnitzers Tilman Riemenschneider, das durch eine Bombe zerstört worden war.

Er zog die Bettücher zurück, die wie Vorhänge mit Ringen und Zugschnüren versehen waren. In einem Regal lagen gebrauchte Hemden, Socken und Kleidungsstücke jeglicher Art, darunter auch ein uralter zerschlissener Frack, der in vergangenen Zeiten nur noch für eine Vogelscheuche hätte benutzt werden können. Im anderen Regal waren Mehl, Grieß, Reis und Zucker in Tüten. In jeder Tüte steckte schon ein Lieferschein der Jünger Jesu. Auf dem obersten Brett lagen drei harte Salamiwürste, ein ganzer geräucherter Schinken, zwei Pfund Kaffee, ein Bocksbeutel „Escherndorfer Lump" und ein Paket amerikanischer Zigaretten.

Die Kostbarkeiten auf dem obersten Brett stammten aus dem Lagerkeller eines Schwarzmarkthändlers, den Petrus in die Küche eingesperrt hatte. Während die anderen im Keller bei der Arbeit gewesen waren, hatte er an die Küchentür ein großes Plakat geklebt. „Die Vollstrecker der Gerechtigkeit."

Das Lebensmittelregal, eine Augenweide für jede Hausfrau, war mit Himbeeräpfeln geschmückt, die auf allen Brettern des Regals symmetrisch zwischen den Tüten lagen. Auf dem mittleren Brett, genau in der Mitte, hatte zwischen zwei Tüten eine Orange gelegen. Sie war verschwunden.

Der Lagerverwalter nahm seine vier Listen aus dem Regal. Auf einer standen die Namen der unfreiwilligen Spender und auf einer die Namen derjenigen, die als zukünftige Spender vorgesehen waren. Die Liste mit den Namen der schon Beschenkten legte er wieder zurück ins Regal. Obwohl die Jünger Jesu nur den Ärmsten der Armen zu helfen suchten, war die Liste der Bedürftigen, die noch nichts bekommen hatten, zwanzigmal so lang wie die anderen drei Listen zusammen.

„Der amerikanische Lagerverwalter hat sicher auch seine Sorgen. Aber ich tausch gern mit ihm", sagte der Lagerverwalter mürrisch. „Was wir vor allem brauchen, sind Schuh. In meinem Lager ist kein einziges Paar mehr, und jeder zweite auf unserer Liste kann nicht aus dem Haus, wenn's regnet, weil er keine Schuh hat."

Auch die in Lumpen gekleideten Jünger Jesu, die im schwachen Kerzenscheine reglos um den verstümmelten Christus herumsaßen, hatten keine Schuhe. Alle waren barfuß. Die Füße waren dunkelbraun wie Erde.

Der Lagerverwalter suchte in der Liste der zukünftigen Spender und nannte schließlich zwei, die mehr Schuhe hatten, als sie seiner Ansicht nach brauchten. „Es ist nur gerecht, den Leuten ein Paar wegzunehmen. Die Schuh müssen geholt werden. Das ist nicht leicht. Schuh sind heutzutag kostbarer als Diamanten und Perlen. Die werden gut versteckt und wahrscheinlich sogar in den Schrank eingesperrt. Deshalb frag ich: Wer meldet sich freiwillig?"

Da alle die Hand hochstreckten, beauftragte er zwei, die sich für diese gefährlichen Besuche besonders eigneten — den geschickten weichen Johannes, der sich so unauffällig zu verhalten verstand, daß seine Anwesenheit meistens nicht bemerkt wurde, und den Schlangenmenschen.

„Okay", sagte der Schlangenmensch. „Aber die Mechanikerhose muß der Fischer Kreuzhügel bekommen, weil er nämlich auch nachts fischt und dabei manchmal tropf-

19

naß wird. Das ist dann elend kalt, wenn einer hinten nichts hat. Außerdem fährt er Leute über, und da geniert er sich natürlich, weil ihm der Arsch raushängt."

Als der Jünger Jakobus rief, das sei noch lange kein Grund, lächelte der Schlangenmensch. „Well, wenn aber Mädchen in seinem Schiff sind?"

„Oh, wenn die was dagegen haben, brauchen sie ja nicht mit ihm zu fahren."

„Well, sie fahren aber mit ihm. Und um die Mädchen handelt sich's auch gar nicht. Nur um ihn. Ihm hängt er ja raus."

Petrus sagte ruhig: „Der ehrenwerte Jünger Jakobus kann später seinen Antrag stellen, wer die Hose bekommen soll, und seine Gründe dafür angeben. Auch der ehrenwerte Jünger Andreas kann vor der Abstimmung seinen Antrag noch einmal begründen."

Der Schlangenmensch zog beide Knie hoch, legte die Wange darauf und sagte resigniert: „Allright, allright."

Der Lagerverwalter setzte sich wieder in seinen Betstuhl, um Petrus' Ansprache, wie es vorgeschrieben war, sitzend anzuhören. Petrus stellte sich in die Ecke neben den schmerzverzerrten Rumpf Christi, mit dem Blick in den Halbkreis der Jünger und zu den Regalen, die hinter den Betstühlen an der Rückmauer standen. Er wollte seine Rede schon beginnen und die Jünger zuerst wieder ermahnen, daß sie bei den Besuchen der unfreiwilligen Spender vorsichtig sein sollten, damit das Geheimnis der Jünger Jesu gewahrt bleibe, da bemerkte er, daß die Orange nicht mehr da war. Er blickte verwirrt die Lücke an, die zwischen den zwei Tüten gähnte, und senkte den Kopf, als der Verdacht in ihm entstand.

Petrus hatte sich schon oft gefragt, ob die Jünger von

den Sachen, die sie bei den Reichen holten für die Armen, auch sich selbst etwas geben dürften. Arm und ausgehungert waren auch sie. Keiner hatte sich in den letzten Jahren einmal wirklich satt gegessen, und zerlumpter als sie war in Würzburg niemand. Das war richtig. Aber wenn die Jünger Jesu, die sich verschworen hatten, auszuziehen und als Vollstrecker der Gerechtigkeit im Sinne Jesu uneigennützig den Armen zu helfen, etwas für sich nahmen, wurde das Holen von den Reichen zum Diebstahl. Das war ebenfalls richtig. Es war für Petrus eine moralische Frage, auf die er die Antwort bisher nicht gefunden hatte. Die Antwort mußte irgendwo in der Mitte liegen.

Petrus nahm das Ereignis zum Anlaß, zusammen mit den Jüngern die Antwort zu suchen. Als er zu sprechen begann, hatte er das Gefühl eines Richters, der angesichts eines zweifelhaften Falles nicht weiß, ob er den Täter verurteilen oder freisprechen soll. Er fragte: „Hat einer der ehrenwerten Jünger die Orange genommen?"

Alle wandten sich um zum Lebensmittelregal. Nur Bartholomäus, der Sohn des Kirchendieners, der soeben den Sand zwischen seinen Zehen entfernte, mit einem unsäglichen Taschentuch, interessierte sich nicht. Er putzte hingegeben weiter, die Zungenspitze zwischen den Zähnen.

Das erschien verdächtig. ‚Und er hat den Schlüssel. Nur er kann jederzeit in den Keller', dachte Petrus, und richtete die Frage nach der Orange direkt an ihn. Bartholomäus schleuderte sein Taschentuch aus, seufzte befriedigt und fragte zurück: „Was hast du gesagt?"

„Wenn der ehrenwerte Jünger Bartholomäus die Orange genommen hat, muß er es sagen, damit kein anderer in Verdacht gerät."

Erst jetzt wandte Bartholomäus sich um zum Regal und

sagte erstaunt: „Als ich heut abend in den Keller kam, war sie noch da." Plötzlich, da alle ihn ansahen, standen Tränen in seinen Augen.

Da griff der Jünger Jakobus, der den Schlangenmenschen in der Hosenfrage bekämpft hatte, in die Tasche und zog die Orange heraus. Er sagte tonlos: „Ich hab sie meiner Schwester versprochen, und da hab ich sie halt genommen, weil sie noch nie eine gesehen hat."

Jakobus war durch Unterernährung körperlich zurückgeblieben. Das größte in seinem winzigen Wachsgesicht waren die Augen. Er drückte die Orange nervös mit beiden Händen, als knete er einen Kartoffelkloß, und sagte: „Ich hab meiner Schwester so viel erzählt von der Orange, wie sie aussieht, so gelb wie der Mond und innen kolossal süß. Und da hat sie mich so gebettelt. Aber ich kann sie ja wieder zurücklegen."

Petrus wußte nicht, warum er fragte: „Wie alt ist deine Schwester, Jünger Jakobus?"

„Fünf."

In der Stille ertönte schließlich die Stimme des Schlangenmenschen, der offensichtlich allen aus dem Herzen sprach, da alle zustimmend nickten. „As far as I am concerned, kann er die Orange mit heim nehmen für seine kleine Rotznase. I don't care. Ich hab mir übrigens schon oft gedacht — was heißt denn das eigentlich, daß hier die wunderbarsten Würste liegen und ein ganzer Schinken, und uns fallen die Augen raus vor Hunger. Das ist ganz einfach nicht richtig. To hell with it, hab ich mir gedacht. To hell with it!"

Als Petrus mit seiner Moralfrage herauskam, sagte der Schlangenmensch: „Ich versteh schon, was du meinst. Es wär natürlich besser, wenn wir's nicht nötig hätten. Die

Sache ist kitzlig. Aber schließlich sind wir ja keine Hunger-künstler, die sich für Geld sehen lassen in einem Käfig. Und ich denk, wenn wir auch für uns ein bißchen was neh-men, vielleicht eine Salamiwurst, damit uns der Magen nicht immer so saumäßig knurrt, dann können wir ja mehr beischaffen für die andern. Es sind einfach Geschäfts-spesen, die wir für uns nehmen, und die rentieren sich, hab ich mir gedacht."

Auch Petrus, der zu schnell wuchs, war beständig hung-rig. Er schien schon halb überzeugt zu sein. „Aber wo ist die Grenze dafür, was wir uns geben dürfen?" fragte er nachdenklich und mehr sich selbst.

Der Schlangenmensch stellte grübelnd den Kopf schief. „Wir könnten ja ein bißchen weniger für uns nehmen, als wir möchten, damit... damit..." Er wußte nicht, wie er seinen Gedanken ausdrücken sollte.

Petrus hatte schon genickt. „Das ist das Richtige", sagte er und seufzte befriedigt, als wäre soeben ein scheinbar unlösbares Rätsel gelöst worden.

Der Schlangenmensch rutschte im Betstuhl vor bis zur Kante. „Ich muß euch überhaupt einmal auf etwas auf-merksam machen. Wir haben keine Schuh. Allright, jetzt geht's noch, und es ist ganz wurscht. Aber im Winter, wenn's saukalt ist? Im Schnee können wir nicht barfuß in der ganzen Stadt rumrennen und Sachen beischaffen. Da frieren uns ja die Zehen weg. Also da bleibt uns ja gar nichts anders übrig, als zuerst für uns selber Schuh zu holen, wenn wir Schuh für andere holen wollen. Das ist doch arschklar. Und so ist es auch mit dem Schinken."

Petrus schüttelte den Kopf.

„Allright, keinen Schinken!"

Der Jünger Jakobus hatte fiebrige Augen bekommen.

Die Schamröte ging und kam. Die Orange hielt er noch mit beiden Händen.

Unter tiefster Stille und hungrigen Blicken schritt Petrus zum Regal und halbierte mit seinem Taschenmesser fünf Äpfel. Er gab jedem Jünger einen halben. Sie bissen sofort hinein. Dem Jünger Jakobus gab er einen ganzen. Und er wußte nicht, warum.

II

Den folgenden Tag fand der Fischer Nikodemus Kreuzhügel in seinem Boot eine blaue Mechanikerhose. Er hielt sie mit beiden Händen der Länge nach vor sich hin und griff dann unwillkürlich nach hinten, wo schon lange kein Hosenboden mehr war.

Gelassen setzte er sich aufs Querbrett und zog seine brüchige Hose aus. Dabei sah er den Lieferschein, der zwischen die Bootsrippen gefallen war. „Die Jünger Jesu...? Wer auf dieser weiten Gotteswelt soll das verstehen? Die Jünger Jesu sind seit zweitausend Jahren tot. Wenn mich jemand verulken will — mir soll's recht sein." Er schlüpfte hinein und stand auf. Sie war ihm zu kurz. Er war hager wie eine Latte und einen Meter neunzig groß.

Nikodemus, der sein Leben auf dem Fluß verbracht hatte, und immer allein, war ein Schweiger. Er sprach nur mit sich selbst. Zu seinen Freunden am großen runden Stammtisch in der Weinstube „Zum gemütlichen Loch" sagte er stundenlang nicht ein Wort. Erst wenn er wieder auf dem Wasser war, beantwortete er freimütig die Fragen, die sie den Abend vorher an ihn gerichtet hatten.

Ganz im Einvernehmen mit dem Fluß und seinem Boot griff er nach dem Fahrbaum — einer sechs Meter langen handglatten Stange, an der unten eine gezackte Eisenspitze war und oben ein Querholz. Er stemmte die Brust dagegen und stieß das Boot vom Ufer ab. Es glitt hinaus.

‚Nikodemus, wieviel kriegst du jetzt eigentlich für einen zweipfündigen Karpfen? Einen Haufen Geld, was?‘

Er ließ den Fahrbaum wieder ins Wasser gleiten und sagte laut: „Frag nicht so dumm. Ich krieg jetzt viel mehr als früher, und für den Haufen Geld krieg ich jetzt einen Dreck.“

Draußen legte er den Fahrbaum ins Boot. Das Netz, ein Riesenknäuel scheinbar nicht mehr zu entwirrender Stricke, war kreisrund und hatte außen einen doppelten Kranz aus Bleikugeln. Er stand in dem geschnäbelten Ende des Bootes, das schmal wie eine Schwalbe war, als er das Netz warf mit rhythmisch sicherem Schwung, von ganz links, um sich herum, nach ganz rechts. Eine Sekunde schwebte es über dem Fluß wie ein Fallschirm. Erst im Wasser zog der schwere Kranz der Bleikugeln, der schneller sank, das Netz zusammen und schloß es unten undurchdringlich um die Fische.

Johanna war stehengeblieben, von ihren Gedanken unversehens abgelenkt durch die Spannung, die jeden, der zufällig sieht, wie ein Fischer das Netz auswirft, unwiderstehlich ergreift, selbst wenn er von Sorgen bedrückt ist. Der Knabe David, der Johanna gefolgt war, blieb ebenfalls stehen, in großer Entfernung. Die zusammengerollte schwarz und gelb getigerte Wolldecke trug er unter dem Arm.

Als Nikodemus das Netz, in dem die Fische zappelten, ins Boot gezogen hatte, ging Johanna langsam weiter flußabwärts, wieder versunken in schwere Gedanken. Sie sah wieder die Schreckensbilder jener Stunde, da Würzburg durch Brandbomben zerstört worden war.

David schlüpfte in den Ziegenstall und verschwand eine Sekunde später zwischen den Weidenbüschen wie ein Wild.

Die zusammengerollte Decke lag auf dem Bett. Nachdem Johanna den Lieferschein der Jünger Jesu ein paarmal gelesen hatte, sagte sie lächelnd: „Das wär ja wie im Märchen. Aber es muß ein Irrtum sein." Sie trat vor den Stall und blickte suchend umher. Vielleicht war der Bote, der die Decke irrtümlich bei ihr abgegeben hat, noch in der Nähe. Aber sie sah und hörte kein anderes Lebewesen als einen Raben, der krächzend über das Weidenland flog.

David eilte schon zwischen den Schutthaufen durch, im Laufschritt, um die Sitzung der Jünger, die jeden Abend Punkt sechs begann, nicht zu versäumen.

Johanna prüfte die Decke sachkundig mit Zeigefinger und Daumen. „Reine Wolle", sagte sie seufzend. „Nachts ist es ja manchmal recht kalt ohne Decke. Und erst im Winter! Im Winter wäre sie meine Rettung."

Sie zog das Kleid aus und setzte sich ans Flußufer, in ihrem improvisierten Badeanzug — ein eng anliegender weißer Wollschlüpfer, der kaum zu unterscheiden war von der weißen Haut, und ein blauer Seidenschal, den sie um die Brust gebunden hatte. Sie hielt mit beiden Händen den Rand des Schales nach vorne, damit auch die Brüste, noch von keines Mannes Auge gesehen, ein wenig Sonne bekamen.

Als sie das Geräusch zurückschnellender Weidenruten vernahm, erhob sie sich und horchte gespannt. Sekunden später erschien ein amerikanischer Soldat zwischen den Weiden. Er sagte überrascht: „Oh, entschuldigen Sie."

Aber er mußte sie ansehen. Ihm war, als müßte er mit dem Blick einem deutenden Zeigefinger folgen. Ihre anmutige Erscheinung verursachte eine Gefühlsschwingung, die sofort in Verwirrung unterging.

Johanna, deren Gesicht ein klarer Spiegel ihres Wesens war, bog unwillkürlich beide Schultern vor, in dem Impuls, ihre Nacktheit zu verdecken. Furcht hatte sie nicht vor ihm. Sie hatte die fünfundzwanzig Minuten des tausendfachen Todes und der Vernichtung miterlebt, da die Erde selbst zu explodieren und die zusammenkrachenden Häuser zu verschlingen schien und fliehende Kinder im heißen, sumpfweich gewordenen Asphalt der Straßen rettungslos steckengeblieben waren. Sie fürchtete sich nicht vor zwei blauen Augen aus Amerika.

Er sagte: „Ein schöner Abend heute." Und da sie nichts erwiderte, fragte er verlegen lächelnd: „Wollen Sie, daß ich fortgehe?"

Seine Verlegenheit bewegte sie, und sie wußte noch nicht, warum. Sie wußte nicht, warum sie entgegnete: „Warten Sie eine Minute." Sie eilte im Springschritt über das Gras und verschwand im Ziegenstall, der zwischen höheren Weidenbüschen stand.

Den Wollschlüpfer muß sie ja sowieso anbehalten. Sie hat nur diesen. Sie zog hastig ihr einziges Kleid an. Während sie den blauen Schal um den Hals legte und einen losen Knoten band, fragte sie sich, ob es nicht eine Intimität sei, den Schal, den er soeben an ihrer Brust gesehen hatte, in seiner Gegenwart jetzt am Halse zu tragen. Und warum hatte sie nicht entgegnet: ‚Ja, bitte, gehen Sie fort'? Sie gab sich keine Antwort. Aber sie ließ den Schal am Halse.

Der Soldat setzte sich, blickte über den Fluß hinweg — und war auf der Farm in Pennsylvania, soeben aus dem Krieg zurückgekehrt. Michael, der Welshterrier, kommt

27

angerast, als wollte er aus sich selbst herausspringen, bellt und wedelt und leckt und legt sich schließlich wie immer auf den Rücken, läßt sich den Bauch tätscheln und zeigt vor Wohlbehagen ein kleines bißchen die Zähne, als lache er. Der Vater sagt: ‚Da bist du ja.‘ Und die Mutter steht unter der Tür und kann keinen Schritt tun vor Freude.

‚Ja, den Apfelbaum wollte ich beschneiden. Aber dazu kam’s nicht mehr, ich mußte fort.‘

Eine zierliche Bachstelze, schwarz und weiß, hüpfte vor ihm kokett von Stein zu Stein, so dicht am Rande, daß die Schwanzspitze im Wippen das Wasser streifte — und Steve saß wieder in Europa am Ufer des Mains und fragte sich, ob Johanna wirklich zurückkommen werde.

Der Farmjunge aus Pennsylvania, lang, dünn und trokken, war einer von denen, deren Rockärmel, trotz aller Bedachtsamkeit bei der Auswahl des neuen Anzuges, immer zu kurz sind. Er hatte ein langes Gesicht — alles blond —, das vorläufig nur der Grundriß eines kraftvollen Mannsgesichtes war. Aus den hellblau blitzenden Augen, tief in den Höhlen, schienen seine Ahnen noch herauszublicken, Schweden und Deutsche, die vor zweihundert Jahren nach Amerika ausgewandert waren. Selbstverständlich tut er im Krieg, was von ihm verlangt wird, und auch mehr, falls Gelegenheit dazu ist. Es war mehrmals Gelegenheit dazu gewesen. Ein paar Dutzend deutscher Wörter waren ihm von Kindheit an geläufig gewesen, und während des Krieges hatte er im Umgang mit deutschen Gefangenen seinen Wortschatz genügend bereichert, um sich störungslos unterhalten zu können.

Er hörte ihren Schritt und wandte sich um. Strümpfe besaß Johanna nicht. Die weißen Beine bewegten sich spielend leicht, als sie über knorrige Weidenwurzeln auf ihn zu stieg. Die Beine waren das Härteste ihres weichen Körpers. Das dünne, verblichen blaue Waschkleidchen bot die Formen an. Er erhob sich und erreichte allmählich seine ganze Länge.

Steve war nur zwei Jahre älter als Johanna und in der Liebe noch so unerfahren wie sie. Er sagte: „Tut mir leid. Sie hätten sicher lieber noch in der Sonne gelegen."

Sie half ihm und sich. „Nein, mir war schon ein bißchen kühl."

Ihm war warm. Viele seiner Kameraden hatten Bekanntschaft mit deutschen Mädchen gemacht und zeigten sich mit ihnen vor den Kameraden. Das, vor allem anderen, war seit langem auch sein Wunsch gewesen. Aber daran dachte er jetzt nicht mehr. Ihre ernste Anmut hatte eine tiefere Gefühlsquelle in ihm erschlossen, die ihm bisher nicht bekannt gewesen war. In seiner Ratlosigkeit bot er ihr eine Zigarette an.

„Danke, ich rauche nicht."

Sie gewannen eine hilfreiche halbe Minute dadurch, daß er sich selbst eine in Brand setzte, mehrmals verhindert durch den lauen Wind. Johanna blickte unterdessen in die schöne Abendlandschaft, als wäre sie eine neugierige Fremde und hätte diese stillen Ufer und den ruhevoll fließenden Begleiter ihres Lebens nie gesehen.

Schließlich brannte die Zigarette, und es mußte gesprochen werden, da sie noch nicht so vertraut waren, um schweigend nebeneinander im Grase sitzen zu können. Er sagte ein großes Wort: „Ich bin froh, daß ich Ihnen begegnete."

Das Lächeln der Unschuld, die ihre eigene Süße hat, öffnete Johannas Mund ein wenig. Aber sie sagte, als wäre sie ihm schon zu weit entgegengekommen: „Das sind feste Schuh, das sieht man. Rindsleder!"

„Ja, die sind nicht umzubringen. Anfangs haben sie gedrückt. Aber jetzt trag ich sie schon fast zwei Jahre, abwechselnd mit noch einem Paar."

„Ja, wenn Sie zwei Paar Schuh haben!" rief sie in plötzlich ausbrechender Lebensfreude, die aus einer seit Jahren verschütteten Quelle zu kommen schien und aus den Augen strahlte.

Er verteidigte seine haltbaren Schuhe. „Oh, die andern sind noch fast neu. Ich trage sie selten. Sie drücken nämlich auch."

Sie sagte in spontanem Eifer: „Man kann sie ausweiten lassen. Über Nacht auf Leisten! Dann geht's."

Sie sprachen weiter über seine Schuhe und dann ausführlich über ihre Buchenholzsandalen, deren gekreuzte Riemen die feingegliederten Zehen frei ließen. Es war ganz gleich, über was sie sprachen. Johanna, die bangen Herzens auf seine Schuhe abgelenkt hatte, fühlte ebenso wie Steve, daß unter allem, was sie sagten, das Unausgesprochene mitschwang.

Er sah ihre weißen Beine an, die klar gezeichnet auf dem dunkelgrünen Grase lagen, brav ausgestreckt und dicht geschlossen, und erst einen Zentimeter oberhalb der modellierten Knie versprechend im Kleid verschwanden, und sagte nachdenklich: „Strümpfe haben die Mädchen jetzt auch drüben nicht."

Als er, angeregt durch ihre Fragen, im Ton der Selbstverständlichkeit berichtete, was der kleine Mann „drüben" habe — Dinge, an die der kleine Mann in Europa nicht zu denken wagt —, und schließlich nur so nebenbei erwähnte, daß auch viele Dienstmädchen Autos hatten, sagte Johanna, erfüllt von Staunen und ganz und gar nur zu sich selbst: „Da möcht ich gleich Dienstmädchen sein in Amerika."

Ein paar Sekunden war der geheime Strom unterbrochen, als fühlte sie sich plötzlich von Steve durch eine Welt schicksalhaft getrennt.

Aber hier saßen nicht nur ein Soldat aus Amerika, wo die Dienstmädchen Autos haben, und ein Kind des bis ins Herz zerstörten Deutschland. Die Natur, die große Mutter, die ihre Kinder füreinander auswählt, wischte nach ein paar Sekunden das Hindernis weg, nur durch einen Blick aus Johannas und zugleich aus seinen Augen, so daß wieder nur zwei junge unschuldige Menschen hier im Grase saßen, die den Kopf senken mußten, weil sie einander verlangten.

Die Sonne war unter. Die Weidenbüsche trugen hauchdünne Abendschleier, und dicht über dem Fluß schwebte der flockige Nebeldunst.

Steve fragte: „Wo haben Sie denn eigentlich Ihr Kleid angezogen? Ich sah kein Haus hier in der Nähe."

„Die Weidenbüsche sind dort sehr hoch." Sie begann die Bewegung, aufzustehen. Er half ihr. Diese erste Berührung erzeugte ein besonderes Lächeln, mit dem sie den stummen Dialog der Herzen fortsetzten.

Während sie auf die Weidenbüsche zugingen, nahm er schweigend ihre Hand, und sie mußte sie ihm lassen. Es tat so gut, daß er ihre Hand hielt. Aber die Beine zitterten.

Der Ziegenstall hatte schon lange keine Tür mehr. In der Öffnung hing ein Bettuch, das Johanna auf der Brandstätte des Elternhauses gefunden hatte. Es hatte kopfgroße Brandlöcher. Sie konnte keine Flecke daraufnähen, da es

Nadeln und Faden, gleich tausend anderen Dingen, nicht gab.

Im Stall standen ein eisernes Bett, ein Stuhl und sonst nichts. Steves Haar würde die Decke gestreift haben. Er konnte nicht aufrecht stehen. „Aber wo kochen Sie denn?"

Sie zuckte die Schultern und deutete auf den zerbeulten Spirituskocher. „Der nützt mir auch nichts. Es gibt keinen Spiritus."

Er sah sich um, schon planvoll, und entdeckte dicht unter der unverputzten Decke ein rundes Luftloch. „Hier in dieser Ecke wäre Platz genug für einen Ofen, und das Rohr könnte man durch das Loch da oben hinausführen."

„Es gibt ja keine Öfen."

Sie hat ihm ihre Hand gelassen, und jetzt steht er hier, wo ihr Bett ist. Was soll sie jetzt tun? Was soll sie sagen? Sie zögerte und sagte es dann doch: „Wenn Sie sich setzen wollen?"

Auch Steve fühlte die besondere Spannung, die zwischen einem Liebespaar entsteht, das noch keine Vertraulichkeiten gewechselt hat und zum erstenmal allein zwischen vier Wänden ist. Sie waren jetzt weiter voneinander entfernt als draußen im Gras.

Johanna setzte sich aufs Bett. Es gelang ihr nicht, den Rand des kurzen Kleides über die Knie hinunterzuzerren. Durch den Streifblick, den sie darüber wechselten, erreichten sie wieder den früheren Grad ihrer Bekanntschaft.

Steve und Johanna, für die seit einer halben Stunde nichts nebensächlich gewesen war, sprachen wieder über nebensächliche Dinge. Draußen sang der große Grillenchor. Der Nachtgesang der Frösche setzte schon ein, fern und nah. Sie sah sein Gesicht nur noch, wenn er einen Zug aus der Zigarette tat.

Schließlich stand er auf. „Dann will ich jetzt gehen."
Sie standen vor dem senkrecht hängenden Bettuch. Er
beugte sich hinab zu ihr. „Tun Sie es nicht. Bitte, tun Sie
es nicht", sagte sie ängstlich und verlangend zugleich.

III

Ruth Freudenheim war zuerst nach Auschwitz gebracht
worden und später, zusammen mit zwei Jüdinnen aus
Frankfurt am Main, nach Warschau in ein Bordell für
deutsche Soldaten. In der Nacht vor dem Fall Warschaus
hatte eine Bombe das Haus zerrissen. Die meisten Bewoh-
nerinnen waren umgekommen. Ein sowjetischer Offizier
hatte das umherirrende, fast unbekleidete Mädchen durch
die Postenlinie nach hinten geführt.

Fünfzehn Monate nach dem Ende des Krieges war sie
von einem russischen Militärarzt aus Barmherzigkeit nach
Berlin geschickt worden, in einem überfüllten Ambulanz-
wagen, und den folgenden Tag hatte ein amerikanischer
Ordonnanzoffizier sie im Auto nach Frankfurt am Main
mitgenommen.

Ruth hatte einen schwarzen Lüsterrock an, der viel zu
weit war und bis zu den Knöcheln reichte, und eine gestrickte rosa Bettjacke mit halblangen Ärmeln. Sie sah aus,
als wollte sie nur über die Straße laufen und schnell etwas
zum Morgenkaffee einkaufen. Das blauschwarze Haar, in
der Mitte des schläfenschmalen Kopfes gescheitelt, war
straff zurückgekämmt und lag als dickgeflochtener Knoten
im Nacken. Das Gesicht war todweiß und tot.

Ruth hatte zugesehen, wie ihre Eltern auf dem Marktplatz erschlagen und an den Beinen fortgeschleift worden
waren.

Bevor sie im Würzburger Bahnhof in den Transportzug gestoßen worden war, vor fünf Jahren, hatte ein Begleitsoldat ihr ins Gesicht geschrien, daß auch ihr kleiner
Bruder erschlagen worden sei. Dennoch war ihr Ziel Würzburg, da sie keinen anderen Ort denken konnte, wo sie
hätte hingehen können.

Viele amerikanische Militärautos fuhren zwischen
Frankfurt und Würzburg hin und her. Sie hätte nur die
Hand zu heben brauchen. Aber sie wollte ihr Ziel, das kein
Ziel mehr war, nicht schnell erreichen.

Ein siebzehnjähriges unberührtes Mädchen war in ein
Bordell für Soldaten verschickt worden. Einige Mädchen
hatten sich in dem Bordell das Leben genommen. Einige
waren schließlich zu Bordellmädchen geworden. Ruth war
im unermeßlichen Entsetzen abgestorben. Der Körper war
zwei Jahre in dem Haus gewesen. Ihr Körper war nicht
mehr sie. Sie war nicht mehr. Nichts auf der Welt hätte
sie zum Weinen bringen können. Nichts mehr bewegte sie.
Sie war etwas, das es vor der Naziherrschaft auf der Erde
nicht gegeben hatte. Ruth war eine wandelnde Tote, die
nur noch den Willen hatte, nicht schneller als zu Fuß in
die Heimatstadt zurückzukehren.

Sie ging zwischen toten Hausruinen langsam aus Frankfurt hinaus und bog von der Landstraße ab auf einen Feldweg, der in Windungen zur Hochebene emporzog. Sie ging.
Etwas in ihr veranlaßte sie, die Füße voreinander zu stellen, und etwas in ihr wußte die Richtung.

Auf der Hochebene wogte zu beiden Seiten des Weges
das Korn im lauen Wind, der Nadelwald atmete in der
Sonne, die Wipfel im Blau, und im schimmernden Tale
lagen die großen blauen Bögen des Mains. Es war ein
wunderbar klarer Tag im Juli.

Auf der Waldstraße blieb sie stehen und blickte zurück zu einem Bauernwagen, der langsam näher kam. Auch ein Hund wäre stehengeblieben und hätte zurückgeblickt.

Sie trat auf die Seite. Das hätte auch ein Hund getan. Aber sie war nicht zum Tier geworden, sie hatte Bewußtsein, sie erinnerte sich, daß in der zerstörten Bahnhofstraße in Frankfurt ein weißes Hemd zum Trocknen im Fensterloch gehangen hatte.

Der Bauer hielt an. Ob sie ins Dorf mitfahren wolle. Sie schüttelte den Kopf. Ein Vogel zwitscherte. Sie hörte es. Der Bauer sagte: „Ich hab mir nur gedacht, auf dem Bock wäre Platz für zwei. Alsdann, adieu."

Sie blieb noch eine Weile stehen. Sie schloß die gestrickte rosa Bettjacke, die nur noch drei Knöpfe hatte, große Perlmutterknöpfe. Der obere Knopf fehlte. Auf den Falten des zu weiten schwarzen Rockes lag Staub, auch auf dem schwarzen Haarknoten. Die schnurgerade breite Waldstraße war in der weiten Ferne nur noch ein Kreidestrich im Grün.

Sie ging langsam durch die Dörfer. Blicke folgten ihr. Ruth erregte keine Teilnahme, da in ihrem Gesicht kein Leidenszug war. Gegen Abend kaufte sie von dem Geld, das der amerikanische Ordonnanzoffizier ihr gegeben hatte, ein Stück Brot. Sie trank einen Schluck Wasser aus dem Zinkbecher, der an den Dorfbrunnen angekettet war, und ging langsam weiter. Es war dunkel. Sie legte sich in den Wald. Hier lagen abgefallene Äste. Sie lag gestreckt auf dem Rücken. Auf dem schwarzen Boden schimmerte das weiße Gesicht wie ein Stein im Wald.

Ruth hatte im blutigen Zerstörungswirbel der ersten Tage die Stunde verpaßt, da es ihr noch möglich gewesen wäre, sich das Leben zu nehmen, und dann war alles gleich gewesen. Sie hatte auch nie mehr geträumt von den Erlebnissen im Bordell. Sie litt nicht. Der Körper schlief.

Sie schlief auch die folgenden drei Nächte im Freien. Nachdem sie die Stadt Aschaffenburg umgangen hatte, erreichte sie den Spessart, den größten Eichenwald in Deutschland. Die Gegend ist dünn besiedelt, hier gibt es wenig Ackerboden. Selbst in den schmalen, tiefen Wiesentälern, eingekerbt in den mächtigen Wald, sah sie selten eine Hütte, und im Wald war niemand. Den ganzen Tag begegnete ihr kein Mensch. Hier gibt es nur Wild und Vögel.

Sie stieg einen steilen Abhang hinab. Das Gestein war naß, das Grün viel dunkler. Sie fror. Es war die Nordseite. Vor ihr lag das Ufer des Mains. Ein kleines altes Männchen hockte auf einer flachen Fähre, die Füße auf dem Ufer, und flickte ein Fischernetz. Das gegenüberliegende Ufer war sonnig. Sie ging auf die Fähre und setzte sich auf die blankgescheuerte Bank.

Ruth war klein und dünn. Sie hatte dunkle Augen, sehr dünne Brauen und lange Wimpern. Wenn das Gesicht gelebt hätte, wäre es schön gewesen. Auch der Mund hatte keinen Ausdruck. Es waren Lippen. Der Fährmann setzte das tote Mädchen über den Fluß.

Als sie in der Höhe langsam die Landstraße entlangging, die mit der sanft gewellten Hügellinie auf und ab zog, kam ein städtisch gekleideter dicker Mann aus dem Birkenwäldchen heraus und trat auf sie zu. Er lächelte in einer Weise, als wäre er ganz sicher, keinen Widerstand zu finden. In dieser Zeit, da Millionen Obdachlose im Land umherirrten und das Leben in jeder Beziehung aus den Fugen ging, war es zur Selbstverständlichkeit geworden, daß zwei, die einander nie gesehen hatten, gelegentlich für eine halbe Stunde zusammenfanden, an Ort und Stelle.

Er war Viehhändler, aus Frankfurt am Main, und suchte gleich vielen Ausgebombten Unterschlupf bei einem Bauern. Sein riesiger Bauch schien unter dem Halse zu beginnen. Sein Atem rasselte, als er lächelnd fragte: „Wie wär's?"

Das entgegenkommende Lächeln, das er erwartet hatte, kam nicht. Sie ging nicht im geringsten schneller und wich nicht einen Zentimeter auf die Seite.

Man legt den Arm nicht um die Taille einer Steinfigur. Er fürchtete plötzlich, daß sie ihn, wenn er es täte, niederschießen würde, so selbstverständlich, wie sie atmete. Sie ging weiter, langsam wie bisher. Sie sagte: „Ich sollte etwas haben. Ein Messer." Ruth hatte einen Zug zwischen den Backenknochen und der Nase, der offenbarte, daß sie ein gefährliches Wesen geworden war. Auf der Haut war der Zug nicht sichtbar. Die Haut war glatt.

In der Kurve stand ein Christusbildwerk. Der Bauernmaler hatte nicht gespart mit der blutroten Farbe. Sie rann von der Dornenkrone in Tropfen und Streifen über das Gesicht herunter. Am Fuße des niedrigen Sockels spielten lange Gräser und blaue Glockenblumen im Abendwind. Die Sonne war schon untergegangen.

Obwohl der Viehhändler noch in der Straßenmitte stand, legte sie sich ins Gras. Sie war müde. Sie schlief sofort ein. Er ging langsam vorüber und blickte scheu auf die Gestalt, die unter dem Christus gestreckt auf dem Rücken lag.

Um fünf Uhr war sie wieder unterwegs. In der großen Stille vor dem Tag war noch kein Laut. Sie bog auf einen schmalen Feldweg ab und kam in einen Tannenwald. Die ersten Strahlen sickerten zwischen den Stämmen durch. Im Innern lagen riesige moosbewachsene Felsblöcke.

Im Spessart war sie an der Leiche eines blonden jungen Soldaten vorübergegangen. Er hatte sich erhängt. Sein Uniformrock hatte unter der Eiche am Stamm gelegen, ordentlich zusammengefaltet, der Länge nach, die Innenseite nach außen. Als sie die Leiche des Viehhändlers sah, der sich in die Schläfe geschossen hatte und verkrümmt zwischen zwei moosbewachsenen Felsblöcken lag, hob sie den Revolver auf, im Vorübergehen. Sie hatte in Auschwitz jeden Tage Leichen gesehen. Den Zettel, auf den der Viehhändler geschrieben hatte: „Es hat keinen Sinn mehr", ließ sie liegen.

Auf dem Waldpfad lag eine dicke Decke vorjähriger Nadeln. Ein Rotkehlchen hüpfte vor ihr her, von Ast zu Ast. Es piepste eifrig, als wollte es den Weg zeigen, und zuckte plötzlich ins Innere.

Ihr Rock war dünn, der Revolver schwer. Er schlug bei jedem Schritt gegen das Bein. Sie nahm ihn aus der Tasche, während sie den steilen Pfad emporstieg. Oben setzte sie sich. Den Revolver hatte sie noch in der Hand.

Der Gedanke kam von selbst. Er hatte kein Gewicht. Warum bringt sie sich nicht um? „Kein Unterschied." Sie nahm den Revolver in die andere Hand und zog den Rest des Brotes aus der Tasche.

Sie ging den ganzen Tag und noch den folgenden Morgen. Die Landschaft war vertraut geworden. Diese Hügellinien kannte sie. Sie ging noch an dem Gutshof vorüber, in dem sie und Johanna als kleine Mädchen oftmals Milch getrunken hatten, und blieb stehen vor dem weiten Tal, wo Würzburg gewesen war. Die ausgebombten Häuschen sahen aus wie Honigwaben. Ihr Gesicht blieb ausdruckslos.

Die Sonne stand hoch. Es war heiß. Sie wollte den Feldpfad hinabsteigen. Es wurde ihr schwarz vor den Augen.

Sie fiel bewußtlos in die Disteln am Weg. Sie hatte in der letzten Woche nur ein paar Scheiben Brot gegessen.

Eine halbe Stunde später wurde sie gefunden, von dem elfjährigen Töchterchen der Gutsbesitzerin, das mit einem Prügel die meterhohen Disteln köpfte. Der Knecht trug sie auf den Hof.

Sie lag im Wohnzimmer auf dem Kanapee. Die Gutsbesitzerin, eine blonde dickliche Frau, städtisch gekleidet, erkannte sie sofort. Sie erinnerte sich, daß die zwei kleinen Freundinnen immer zusammen nur aus einem Milchglas getrunken und die Milch aus dem zweiten Glas nachgegossen hatten.

Zuerst sah Ruth, als sie aus der Ohnmacht erwachte, die große Photographie des Gutsbesitzers, in Offiziersuniform, die auf dem Kamin stand, hinter einer Reihe grüner Äpfel. Er war in Stalingrad gefallen. Sie wurde sofort klar und erkannte, wo sie sich befand. Sie nahm die Kompresse von der Stirn und sagte: „Danke."

Die Gutsbesitzerin wußte, daß Ruth nach Auschwitz und dann nach Warschau in ein Bordell gebracht worden war. Jeder Mensch in Würzburg wußte es. Sie führte ihr Töchterchen aus dem Zimmer und blickte dann wieder ratlos hinunter auf Ruth. ‚Hier bleiben kann sie jedenfalls nicht. Was weiß man? Ich geb ihr zu essen.' Sie sagte: „Ihre frühere Freundin Johanna war vor einigen Tagen hier bei mir. Sie wohnt jetzt in dem Ziegenstall auf dem Weidenland."

Ruth hatte mit Johanna oftmals auf dem Weidenland gespielt. Sie kannte den Ziegenstall. Sie sah ihn. Ihr Blick war nicht im Zimmer, während die Gutsbesitzerin ein niedriges Tischchen, auf dem Brot, Milch und ein Ei waren, zum Kanapee rollte.

Auf dem Gutshof wohnten drei Ausgebombte, die hier für ein paar Wochen Unterkunft gefunden hatten. Sie standen neben dem Misthaufen, auf dem pickende Hühner umherstiegen. Professor Häberlein, der an der Würzburger Universität Geschichte gelehrt hatte, schüttelte staunend den Kopf. „Kein kleines Wunder, daß sie mit dem Leben davongekommen ist."

„Ich hab sie gut gekannt und auch den Jungen, der mit ihr verlobt war", sagte der Instrumentenmacher Sims, ein im ganzen Land berühmter Geigenbauer. „Sie war ein besonders reizendes und rührendes Mädchen. Es ist ein entsetzliches Schicksal."

„Was ist da so entsetzlich! Eine kleine Judenhur! Mein Gott, das kommt alle Tage vor."

Der Geigenbauer starrte den Privatier Philippi an. „Das sollte Ihnen auch auf dem Sterbebett nicht verziehen werden." Er ging ins Haus.

„Herr Sims ist ein bißchen übertrieben", sagte der Geschichtsprofessor lächelnd. „Aber auch ich kann da nicht mit Ihnen übereinstimmen, Herr Philippi. Dieser Fall liegt denn doch anders. Schließlich ist sie ja nicht freiwillig ins Bordell gegangen. Allerdings ist die Tatsache, daß sie im Bordell war, nicht mehr aus der Welt zu schaffen. Und eine Tatsache, wie immer sie zustande gekommen sein möge, hat nun einmal ihre Konsequenzen."

Ruth ging langsam an den zwei Männern vorüber und aus dem Hof hinaus. Die Gutsbesitzerin blickte ihr vom Fenster aus nach. Ihr Blick war vor Ratlosigkeit stumpf. Sie bewegte sich nicht, bis Ruth in der Ferne hinter dem Gebüsch verschwunden war.

Der Geschichtsprofessor sagte kopfschüttelnd: „Ich kann nur nicht verstehen, daß sie nach Würzburg zurückkehrt, wo jeder sie kennt. Warum geht sie nicht in eine Stadt, wo niemand etwas von ihr weiß? Nicht zu verstehen."

Sie ging am Kloster Himmelspforten vorüber. Zwei junge Nonnen knieten im Gemüsegarten und zogen gelbe Rüben heraus. Sie waren mit Ruth und Johanna zur Schule gegangen. Sie erröteten vor Schreck und senkten die Gesichter. Eine bekreuzigte sich.

Vorjähriges Schilf, vertrocknet und grau, untermischt mit dem grünen Schilf des Jahres, stand weit ins glucksende Wasser hinaus. Gegenüber lagen steile Rebhügel in der Sonne. Ein Frachtschiff fuhr langsam flußabwärts. Ein weißer Spitz stand auf dem Schiffsrand und bellte herüber zu Ruth, die am Wasser entlangging, auf den Ziegenstall zu.

Johanna saß am Ufer und wusch die Füße. Zuerst glaubte sie nicht, was ihre Augen sahen. Die Ähnlichkeit erschreckte sie. Sie spürte, während sie aufstand, Stiche in der Kopfhaut, als würde sie an den Haaren hochgezogen. Ruth, noch zwanzig Schritte entfernt, ging auf sie zu, unverändert langsam.

Als Johanna glauben mußte, lief sie hin und flüsterte entgeistert: „Ruth! O Gott, Ruth!"

Ruths Gesicht blieb ausdruckslos. In Johanna verging die Welle innerer Bewegung, und mit ihr vergingen Schreck und Freude.

„Die Frau vom Gutshof hat mir gesagt, daß du jetzt in dem Stall wohnst."

Plötzlich wollte alles wieder weich werden. „Ruth!" Johanna nahm sie in die Arme. Sie hielt in befreitem Glück die ganze Kindheit an der Brust. Aber da wartete ein anderes mächtiges Gefühl, das Platz brauchte in derselben Sekunde, in der nur für ein Gefühl Platz war. Das

41

Glück mußte weichen. ‚Was hat sie durchgemacht! Allmächtiger, was hat sie durchgemacht!‘ Ein Schluchzen brach durch.

Ruth notierte den Gefühlsausbruch nur mit dem Blick. Johanna legte den Arm um sie und führte sie in den Stall. Ruth lag länger als eine halbe Stunde reglos auf dem Eisenbett, auf der gelb und schwarz getigerten Decke. Die Augen waren offen. Auch Johanna rührte sich nicht. Draußen zirpten die Grillen.

Als Johanna Ruths Blick fand, kniete sie vor das Bett. „Willst du mir erzählen? Kannst du? Oder lieber nicht?" Sie hatte Angst. Sie legte die Stirn auf die Arme.

Nach einer langen Minute hörte sie Ruths unpersönlich ruhige Stimme. „Ich kann dir erzählen, wenn du willst." Es war, als zeigte sie Johanna gleichgültig Abzüge von photographischen Platten in ihrem Gehirn. „Ich kam in einen Viehwagen. In dem Wagen waren sechzig Juden. Sie konnten nur stehen. Es dauerte vier Tage." Ruth erwähnte nicht, daß im Wagen keine Toilette war.

Sie zeigte das nächste Erinnerungsbild. „In Auschwitz wurden die Wagen aufgeschlossen. Auf dem Bahnhof waren SS-Soldaten. Sie schlugen mit Peitschen. Es war Nacht. Die Luft war voll Brandgeruch. Der Himmel war rot von Flammen und Rauch. Die Öfen des Krematoriums!" Johanna packte Ruths Hand, ohne aufzublicken.

„Sie sortierten die Angekommenen — Kinder, alte Männer, junge Männer, alte Frauen und auch die jungen Frauen und Mädchen in eine Reihe. Auf dem Weg zum Lager lagen Tote. Weil sie aus der Reihe getreten waren, sagte der Soldat. Doktor Mengele stand vor dem Tor des Lagers. Er sagte nichts. Er deutete nur. Nach links und nach rechts, wohin die Leute zu gehen hatten. Sie klammerten sich an und schrien, weil sie von ihren Kindern, von ihren Verwandten getrennt wurden. Sie wurden mit Gummiknüppeln auseinandergeschlagen. Sie sahen ihre Kinder, ihre Verwandten nicht wieder. In der Nacht kamen noch tausend Gefangene nach Auschwitz. Am Morgen lebten noch hundert."

Johanna riß das Gesicht hoch und rüttelte Ruth, als wollte sie eine Schlafende aufwecken. „Ruth! Dein Bruder David lebt. Er ist hier. Er lebt."

„So...? Ich kam nach Warschau in ein Bordell. Am ersten Tag vier Männer." Sie sah die noch Unberührte an, das Gesicht, das Haar, die Augen, mit leerem Blick. „In Warschau war ich zwei Jahre."

„Soll ich David holen, Ruth? Soll ich?"

„Wenn du willst."

Johanna zog ihre Buchenholzsandalen an. Sie wollte noch sagen, daß sie gleich zurückkomme. Aber Ruth war eingeschlafen. Noch zitternd blickte Johanna das Gesicht an. Es war die Totenmaske eines Mädchens, das ruhig atmete.

David und der Schlangenmensch hatten seit einiger Zeit jeden Tag geangelt, mit gebogenen Stecknadeln, und die Fische gleich am offenen Feuer gebraten. Zwischen den zwei Gabeln aus Weidenästen, die in der Erde steckten, lag noch das Aschenhäufchen des letzten Feuers. Johanna hatte die beiden Knaben mehrmals an derselben Uferstelle gesehen.

Während der Schlangenmensch den Fisch ausnahm und wusch, baute David kunstgerecht dürre Zweige auf. Der Schlangenmensch bohrte eine Weidenrute durch den Fisch, der Länge nach, und legte den Spieß in die zwei Gabeln.

Er griff in die Hosentasche nach dem Salz und streute es auf den Fisch. „Jetzt zünd an."

Es war ein kleines Fischchen, und es wurde vom Rauch zunächst nur schwarz. Sie saßen im Gras, die Beine weit auseinandergespreizt. Dazwischen brannte das Feuer. Sie hatten nur Hosen und Hemd an. Der Schlangenmensch drehte den Spieß wie ein erfahrener Großwildjäger, der die Keule des erlegten Bären brät. „Weißt du, uns kann überhaupt nichts passieren. Wenn uns der Boden zu heiß wird in Würzburg, flüchten wir in die Wälder und ernähren uns von unserer Jagdbeute."

„Er verbrennt ja. Er wird ja immer kleiner." Auch David hatte dunkle Augen, schwarzes Haar und gepinselte Brauen. Das schmale Gesicht schien aus Elfenbein geschnitten zu sein. Auf der Stirn war ein Rußflecken.

Sie erkannten Johanna schon, als sie noch in der Ferne war. Davids Augen leuchteten auf. „Jetzt wollen wir einmal sehen, ob sie was sagt von der Decke."

„Da wär sie ja blöd. Sie wickelt sich nachts einfach nur schön warm ein in die Decke und hält das Maul."

„Dann sieht sie aus wie ein schlafender Tiger."

„Du meinst, wie eine Tigerin. Das ist ein großer Unterschied."

„Wieso?"

„Oh, halt weil sie weiblich ist. Die Tigerin ist ja viel gefährlicher, nämlich, wenn man ihr die Jungen wegnehmen will."

Das verkohlte Fischchen löste sich, baumelte noch ein bißchen, Kopf nach unten, und fiel ins Feuer. „Es war zu klein", sagte der Schlangenmensch.

Johanna trat zur Feuerstelle. Sie sagte zuerst: „Willst

du mit mir kommen? Es ist jemand bei mir, der dich sehen möchte."

„Von uns ist sie nicht", sagte David abweisend und stand auf.

Es fiel ihr nicht ein, was er meinte. Sie sagte schließlich: „Deine Schwester ist bei mir. Sie ist zurückgekommen."

Er starrte sie an, streckte beide Hände seitwärts, in Hüfthöhe, und bewegte sich, die Augen weit offen, auf den Zehenspitzen im Halbkreis um Johanna wie ein ekstatischer Tänzer. Der Schlangenmensch unterbrach den Griff nach dem Fischchen im Feuer und sah staunend zu ihr hoch.

Sie sagte bittend: „Komm mit mir, komm", und streckte die Hand hin. Ohne den Blick von ihr abzuwenden, legte er seine hinein. „Ist es wahr?"

Der Schlangenmensch sah den beiden gedankenvoll nach. Plötzlich schnellte er herum und stürzte in der entgegengesetzten Richtung davon. Die lange Weidenrute, mit der er geangelt hatte, störte ihn beim Rennen. Um wenigstens noch etwas von ihr zu haben, blieb er stehen, schleuderte sie wie eine Lanze in hohem Bogen so weit wie möglich hinaus in den Fluß und rannte weiter.

Auf dem Grashügel zwischen der Höchberger Landstraße und dem alten Festungsgraben stand eine Holzhütte, in der die Straßenarbeiter früher ihr Werkzeug aufbewahrt hatten. Jetzt wohnte ein junger Mann in der Hütte. Er hatte während des Krieges das Notexamen gemacht und war dann als Militärarzt im Feld gewesen. Martin kannte Ruths Schicksal und glaubte, wie alle, daß sie tot sei. Er war mit Ruth verlobt gewesen.

Der Schlangenmensch stieg den Hügel hinauf, bis vor die Hütte, und sagte lächelnd zu Martin, der außen saß und in einem medizinischen Werk las: „Ihre Braut ist da."

Martin kannte den Schlangenmenschen, der sich von früher Kindheit an tagsüber auf der Straße umhergetrieben hatte und jeden kannte. Er blätterte um und sagte dabei: „Was willst du denn von mir? Ein Stück Brot? Oder was?"

Der Schlangenmensch war gekränkt. Er streckte die Hand vor und sagte geringschätzig: „Wenn Sie's nicht glauben — mir kann's gleich sein. Aber Ruth ist da."

„Was hast du gesagt?" Er war langsam aufgestanden.

„Vielleicht vor einer Stunde ist sie zurückgekommen. Viel länger kann's nicht sein."

Er stieg hinunter und packte den Arm des Schlangenmenschen. „Ruth Freudenheim, sagst du, ist zurückgekommen?"

„Yes, Sir. Sie ist bei Johanna. Und Philippus ... ich mein, ihr Bruder, ist auch dort."

Martin, der Entschlüsse oft zu schnell faßte, wischte die aufsteigenden schmerzhaften Erinnerungsbilder der letzten Jahre mit der Hand weg und stieg den Hügel hinab. Seine runde Stirn und die Hakennase waren weit vorgebaut. Das Kinn war zu kurz und zog nach hinten. Im Mundbezirk hatte er einen weichen, schwächlichen Zug, mit dem die eigensinnige Stirn und der Fanatismus in den Augen auffallend kontrastierten. Im Krieg hatte er sich ohne Besinnen jeder Gefahr ausgesetzt. Er hatte oft nicht einmal ihr Ausmaß erkannt. Martin arbeitete im Spital, der jüngste Assistenzarzt. Er war erst vierundzwanzig.

Sie gingen in der Richtung zum Weidenland. Martin verschwendete Kraft beim Gehen. Er sank viel zu tief ins Knie und drückte sich bei jedem Schritt mit dem Fußballen federnd wieder hoch. Sein Gang, gleich dem des Kamels, war ein schwankendes Auf und Ab. Dabei hielt er das Kinn vorgestreckt, als trüge er eine Last. „Hast du Ruth gesehen?"

„Gesehen hab ich sie nicht. Aber Johanna hat's uns gesagt. Es stimmt sicher. Sie ist ja nicht blödsinnig. Wir hatten grad einen Fisch gebraten, wissen Sie. Aber er war zu klein. Oder das Feuer war zu groß. Vielleicht wenn die Gabeln höher gewesen wären! Allright, es gibt ja noch mehr Fische. Warschau, wo Ihre Braut war, ist verdammt weit. Aber Sie können sich darauf verlassen, daß sie zurückgekommen ist. Ich hab mir gedacht, er wird sich saumäßig freuen. Deshalb bin ich schnell hergelaufen."

„Weiß Johanna, daß du es mir sagst? Weiß es Ruth?"

„Ah, woher denn! Niemand weiß es. Das soll doch grad die Überraschung sein."

Er sah Ruths Gesicht, zerfressen von Syphilis, daneben gleichzeitig ihr tränenüberströmtes, um Hilfe flehend, und daneben das Gesicht einer Erfahrenen mit dem schmutzigen Lächeln. Tief hinten im Dunste der Zeit schwebte das ergreifende Gesicht der Siebzehnjährigen, das er geliebt hatte. Angst preßte ihm den Atem ab. Was soll er tun? Was soll er ihr sagen? Er war stehengeblieben. Was ihn schließlich weitertrieb, war Mitleid.

Die drei standen vor dem senkrecht hängenden Bettuch. Ruth blickte wie eine Fünfzigjährige auf David. „Du bist groß geworden." Sie wußte, daß man das sagen soll. David wand sich vor Verlegenheit, hockte nieder und entfernte einen Grashalm, der zwischen seine Zehen geraten war.

Johanna hatte von dem Leben im Bordell nur eine dunkle Vorstellung, die das bare Grauen war. An Martin hatte sie noch nicht gedacht. Als sie ihn erblickte, begriff sie plötzlich das volle Maß der Tragödie. Alles wurde leer.

Martin stieß auf eine Wirklichkeit, die ganz anders war, als er sich vorgestellt hatte. Er fühlte sofort, daß Mitleid an ihr abgleiten würde. Äußerlich fand er sie unverändert und auch kaum gealtert.

„Der Kleine hat mir gesagt, daß du hier bist. Mein Gott, Ruth!" Er nahm ihre Hand. „Wie bist du hergekommen?"

Ruth zog ihre leblose Hand nicht zurück, obwohl er sie schon seit Sekunden hielt. Sie berichtete, daß sie von Warschau nach Berlin und von dort nach Frankfurt im Auto gefahren sei. David stand daneben. Der Schlangenmensch hielt sich taktvoll abseits und sah manchmal hinüber auf die Familienszene, in die er nicht gehörte.

„Wir gehen ans Wasser", sagte Johanna zu David. Der Schlangenmensch blickte im Vorübergehen Martin an, als fragte er: ‚Nun, wie hab ich das gemacht?'

Sie gingen in den Stall und setzten sich aufs Bett. „Du siehst nicht schlecht aus, ich meine, nach einer so anstrengenden Reise und nach allem." Er fühlte, daß jedes Wort falsch war, und legte die Hand auf ihre. „Wo wirst du wohnen?"

Ruth hob kaum bemerkbar die Schultern. Sie fragte höflich, wie es ihm gehe.

„Ich arbeite im Spital. Zehnmal mehr Kranke als Betten!"

„Ist der Mann hier, der meine Eltern ermorden ließ?" fragte sie, ohne den geringsten tragischen Unterton.

Ihre Überlegenheit, die er sich nicht erklären konnte, machte ihn unsicher. „Er wohnt am anderen Ufer in dem Backsteinhaus. Ich glaube, er macht Geschäfte auf dem Schwarzen Markt. Und wie ist es dir ergangen, Ruth?" Das muß er fragen. Gleichzeitig fühlte er, wie gefährlich es war.

„Ich war zwei Jahre in einem Bordell."

Martin hielt den leblosen Blick nicht aus. ‚Warum hat sie sich nicht umgebracht?‘ Er sagte: „Du könntest bei mir wohnen." Es war einer seiner schnellen Entschlüsse.

„Wenn du Platz hast für jemand..." In ihrem Gesicht kam und verging etwas. So ein Lächeln hatte er noch nie in einem Menschengesicht gesehen. Das Lächeln war wie ein Erinnerungsblick in ihr totes Herz, ohne Wunsch und Bedauern. Dennoch war es eine dünne innere Regung, die erste in fünf Jahren. Sie hatte Martin geliebt.

IV

Die Weinwirtschaft „Zum gemütlichen Loch" befand sich in der Lochgasse, die so eng und dunkel war, daß in der Gaststube auch an sonnigen Tagen Licht brennen mußte. Petrus' Vater saß bei seinen Gästen am großen runden Stammtisch neben der Schenke, hinter der Petrus stand und aufmerksam der Unterhaltung lauschte.

Als der Fischer Kreuzhügel, nachdem er einen Schluck genommen hatte, die Nase runzelte, sagte Petrus' Vater: „Ich geb's zu, daß er nichts taugt. Die Weinbauern, diese gottverdammten Lumpen, verlängern ihn mit Wasser. Aber ich muß noch froh sein, wenn ich ihn krieg für Geld. Die wollen Eisen- und Stahlwaren dafür oder gar Schuh und Hosen. Dafür würden sie sogar mit einem guten raus-rücken. Aber jetzt sag mir ein Mensch, wo soll ich Sensen und Sicheln und Häckselmesser hernehmen? Und wer hat heutzutag Schuh und Hosen?"

Der Fischer, der die blaue Mechanikerhose anhatte, sagte lautlos in sich hinein: ‚Vielleicht die Jünger Jesu.‘ Und der Uhrmacher Krummbach bewegte unwillkürlich die Zehen in seinen Schuhen. Zwischen den beiden saß der Vater des Jüngers Jakobus, des Kleinen, der seiner Schwester die Orange gebracht hatte. Der eisgraue Schreinermeister, dessen tief herabhängender Schnurrbart noch ein wenig rötlich schimmerte, rief mitteilungsbedürftig über den Tisch:

„Und ich sag euch, es gibt alles. Da kam vor drei Wochen ein Kerl zu mir und wollte Regale gebaut haben. ‚Regale?' frag ich. ‚Es gibt kein Holz.' Der Kerl macht's nur so mit der Hand, nur so, und sagt: ‚Ach, Holz! Das verschaff ich Ihnen.' Und wahrhaftig — am andern Tag kommt eine Fuhre Holz. Neue Tannenbretter, gut getrocknet, wie sie sein sollen. So was! Also, ich mach die Regale. Acht Stück. Und während ich sie aufstell in seinem Haus, fängt der Kerl schon an, das Zeug einzuräumen. Mir sind die Augen übergegangen. Alles, was du dir nur wünschen kannst. Wein, guter alter Wein, sag ich euch. Nicht so ein Zahnausreißer wie der da. Und Kleider und Freßwaren in Hülle und Fülle. Und sogar Zigaretten aus Amerika, in Pappschachteln, so lang. Da sollen ja gleich zweihundert Stück drin sein. Und er hat zwanzig solche Schachteln. Ich hab sie gezählt. Und Schuh? Was glaubt ihr? Ein ganzes Regal voll! Der reine Schuhladen! Jetzt frag ich euch, woher hat der Lump das Zeug, wenn's nichts gibt?"

Petrus hatte in der Weinstube seines Vaters, wo viel geschimpft wurde, schon mehrmals Namen von Leuten erfahren, bei denen etwas zu holen war. Er beugte sich, da jetzt alle aufgeregt durcheinandersprachen, so weit wie möglich über den Schanktisch und lauschte begierig. Nachdem er den Namen des Schwarzmarkthändlers gehört hatte, stützte er das lange, schmale Gesicht in die Tulpe

seiner beiden Handflächen und blickte scheinbar gelang-
weilt empor zur Decke, an der über dem riesigen runden
Stammtisch in genau derselben Größe ein rundes, dreihundert Jahre altes Stuckrelief war, blau und rot bemalt,
das Christi Himmelfahrt darstellte.

Als sein Vater rief: „Bring Herrn Kreuzhügel noch ein
Glas", ging Petrus schon zwischen den Schutthaufen durch,
die sich zwischenraumlos fortsetzten zu beiden Seiten, selten unterbrochen von einem Häuschen, das unbeschädigt
geblieben war. Die Frommen sagten: Die Hand Gottes
ruhte auf diesem Haus.

Während der Sitzung dieses Abends, die bis in die Nacht
hinein dauerte, arbeiteten Petrus und die Jünger den Plan
sorgfältig aus. Es vergingen ein paar Tage, bis sie das Innere des Hauses, die Ein- und Ausgänge und die Gewohn-
heiten des Schwarzmarkthändlers Zwischenzahl ausspioniert und sich fünf Handwagen verschafft hatten.

Alle kannten den Mann. Er war Mitglied der Partei
und Blockwart gewesen und hatte die Freudenheims, die
Eltern Ruths und Davids, verhaftet und auf dem Weg
durch die Stadt erschlagen lassen.

Obwohl zwei Leute, unabhängig voneinander, diesen
Fall der Staatsanwaltschaft mitgeteilt und sich als Augen-
zeugen angeboten hatten, war bisher noch nichts gegen
Zwischenzahl unternommen worden. Auch in anderen Fäl-
len ähnlicher Art hatte sich zum Erstaunen der Einwohner-
schaft nichts ereignet. Hohe Verwaltungsbeamte, verhaßte
Nazis, taten nach wie vor Dienst. Nur ein paar saßen im
Gefängnis.

„Mir scheint, auch die Amerikaner sind sich nicht recht
klar darüber, was sie eigentlich wollen. Wir könnten da
einen guten Rat geben", hatte der Vater des Jüngers Jo-

hannes gesagt, ein alter Sozialist, der vier Jahre in Dachau gewesen war.

Die Jünger hatten ausspioniert, daß Zwischenzahl die Samstagabende nicht daheim war. Sie wußten, daß er die Hintertür, die ins Gärtchen führte, von innen zuriegelte und zwanzig Minuten vor acht durch die Vordertür das Haus verließ, um in den „Verein der Sternenfreunde" zu gehen, wo die zukünftigen Weltereignisse und auch die Hinweise, ob ein Vereinsmitglied an gewissen Tagen Geschäfte machen solle oder nicht, aus dem Stand der Sterne gedeutet wurden. Der Vorstand war ein breitschultriger Riese — Material genug für zwei zierlichere Männer. Nur für den Kopf schien es nicht gereicht zu haben, er war viel zu klein. Der Vorstand wurde „Köpfchen" genannt.

Der Schlangenmensch hatte ermittelt, daß hinten, neben der verriegelten Gartentür, ein Abortfenster war, klein und rund wie eine Schiffsluke. Durch das könne er sich, wie er glaube, gerade noch durchzwängen. Dann brauche er nur die Haustür aufzuriegeln, und sie könnten hineinspazieren und zwischen acht und elf Uhr die Regale ausräumen, in aller Ruhe, da dieser mondsüchtige Gauner ja nicht vor elf Uhr heimkomme. Das Abortfenster sei wie für ihn gemacht.

Der Plan war, zu derselben Zeit der amerikanischen Militärbehörde alles mitzuteilen. Punkt elf Uhr sollte der weiche Jünger Johannes, der sich überall ganz unauffällig herumtreiben konnte, an das Tor des Gebäudes, in dem sich die Büros der Militärbehörde befanden, einen Brief kleben in Form eines großen Plakates. Der Jünger Jakobus, ein Lithographenlehrling, hatte das Plakat in Druckschrift geschrieben, die wichtigsten Sätze mit roter Tinte. Eine Liste der Sachen, die sie bei Zwischenzahl finden

würden, wollten sie für die Militärbehörde in Zwischenzahls Haus zurücklassen.

Einen Beutezug dieses Umfanges hatten die Jünger bisher nicht unternommen. Die Sitzung war von Begeisterung
getragen gewesen. „Ist da einer unter euch, der sich vor
dem Gefängnis fürchtet?" hatte Petrus gefragt. „Die Gefahr ist groß." Und der Schlangenmensch hatte unter all-
gemeiner Zustimmung geantwortet: „Ein paar Jahre Gefängnis wär nur eine Ehre. Und Gefahr? Da sag ich:
Nothing for nothing."

Der unsterbliche Zug des Knabenherzens, Gefahr zu
suchen, um sie zu bestehen, hatte durch die grenzenlose
Not der Nachkriegszeit einen neuen Inhalt bekommen —
die Idee, den Armen zu helfen, die nur unter Gefahr zu
verwirklichen war. Diese unstillbare Knabensehnsucht
hatte zur Gründung der Geheimen Gesellschaft der Jünger
Jesu geführt und war der feste Kitt, der sie zusammen-
hielt.

Zwischenzahls Haus stand außerhalb der zerstörten
Stadt, im weiteren Umkreise, wo viele Villen und Häuser
unbeschädigt geblieben waren. Die fünf Handwagen standen hinter einem hügeligen Kartoffelacker. Petrus lag
bäuchlings auf dem Hügel im Kartoffelkraut. Es dunkelte
schon, als Zwischenzahl das Haus verließ. Während er auf
dem Feldweg zur Landstraße ging, wo ein Bauer mit seinem Pferdefuhrwerk schon auf ihn wartete, schlug er bei
jedem Schritt mit der Reitpeitsche an den Schaft des Röh-
renstiefels und pfiff dazu den Einzugsmarsch aus „Tann-
häuser".

Petrus, der in seinen zerschlissenen Lumpen aussah wie
eine wandelnde Vogelscheuche, folgte lautlos und kniete
schließlich nieder ins Feld. Als Zwischenzahl aufgestiegen

und abgefahren war, flog die plötzlich wieder lebendig gewordene Vogelscheuche über das Feld zurück zu den Jüngern. Sie lauschten, bis das Rattern des Bauernwagens verklungen war. „Laßt uns beginnen", sagte Petrus pathetisch.

Sie zogen die fünf Handwagen zum Haus, an die Rückseite, und stiegen über den Gartenzaun. Da Zwischenzahl glaubte, und mit Recht, daß kein menschliches Wesen durch das winzige runde Abortfenster eindringen könne, ließ er es im Sommer immer offen. Der Schlangenmensch zog den Rock aus. Becken und Hinterchen waren so schmal, daß sie mit zwei Händen umspannt werden konnten. Aber er hatte breite Schultern. Die dünnen Arme baumelten körperfrei.

Petrus bildete mit den Händen einen Steigbügel für den Schlangenmenschen, der federnd emporschnellte. Zuerst schob er wie ein Schwimmer, der krault, den linken Arm und den ins Profil gelegten Kopf hinein. Die Jünger beobachteten, wie er sich, nachdem die linke Schulter durch war, schmiegsam auf den Bauch drehte und mit derselben Bewegung die rechte Schulter durchzwängte. Innen händelte er sich, während er den durchgedrückten Körper nachzog, am Wasserrohr empor. Das schmale Becken und das übrige waren glatt durchgerutscht. Er glitt am Rohr herunter, kam auf den Abort zu sitzen und sagte: „There we are."

Die Erregung der Jünger stieg, als sie hörten, wie der Schangenmensch, der seinen Namen verdiente, am Riegel rüttelte und ihn schließlich knallend zurückriß. Er machte unter dem Türrahmen eine einladende Handbewegung. Sie drängten hinein, hinter Petrus, der mit der Taschenlampe voranging. Zögernd und von Grauen durchrieselt, betrat David als letzter das Haus des Mannes, durch dessen Schuld seine Eltern ums Leben gekommen waren.

Unten waren Wohnzimmer und Küche, oben das Schlafzimmer und der große Raum, in dem nur ein paar Stühle, ein mit braunem Packpapier bespannter Küchentisch und die acht Regale standen. Petrus ließ zuerst den Strahl der Taschenlampe über die Regale gleiten und drehte dann das Deckenlicht an. Sekundenlang brachte keiner ein Wort hervor angesichts des überwältigenden Reichtums. Sie gingen auf den Zehen von Regal zu Regal, stumm und staunend. Schließlich sagte der Schlangenmensch: „Quite a lot."

Drei hohe Weidenkörbe hatten sie mitgebracht. Der Lagerverwalter notierte auf einem Kanzleibogen jedes Stück, das in den Korb geworfen wurde. Wenn ein Korb voll war, trugen zwei ihn zu den Handwagen. Sie hatten beschlossen, jeden beladenen Wagen für alle Fälle gleich in Sicherheit zu bringen. Nach zwanzig Minuten waren zwei Wagen verschwunden und nur noch sieben Jünger bei der Arbeit. Den Knaben David, der unfähig gewesen war, die Hände zu heben, hatte Petrus schon mit dem ersten Wagen fortgeschickt.

Bis jetzt war alles planmäßig verlaufen. Aber sie mußten wie so mancher Feldherr erfahren, daß auch die bestgeplante Schlacht durch einen nicht vorherzusehenden Zufall ganz anders verlaufen kann, als sie geplant gewesen war.

Als Zwischenzahl etwas verspätet ins Vereinslokal kam, wurde ihm mitgeteilt, daß die Samstagsitzung auf Montag verschoben worden sei. Die Sternenfreunde und der Vorstand, der auch Vorstand des Kegelklubs der Sternenfreunde war, hatten sich in die Gartenwirtschaft „Zum Kugelfang" begeben. Sie wollten gemeinsam den Wirt überreden, die in Grund und Boden gebombte Kegelbahn wieder instand setzen zu lassen. Zwischenzahl beschloß, gleich wieder heimzufahren mit dem Bauern.

Es war eine dunkle Nacht. Während der langen Fahrt auf der menschenleeren Landstraße sah er, in Zeitabständen von zehn Minuten, undeutlich einige Handwagen, die in die entgegengesetzte Richtung stadtwärts gezogen wurden.

Nur der Schlangenmensch, der seine zerschundene rechte Schulter mit Speichel kühlte, und Petrus und der Lagerverwalter befanden sich noch im Haus. Die Regale waren leer.

Aber der Lagerverwalter wollte der amerikanischen Militärbehörde eine schön geschriebene Liste zurücklassen. Petrus las die Notizen vor, Anzahl und Art der Waren, und der Lagerverwalter malte hingegeben auf einen neuen Kanzleibogen seine schnurgeraden Zeilen. Es war ja erst halb zehn Uhr.

Zwischenzahl sah schon von weitem, und mit Schrecken, daß Licht im Hause war. Das konnte nur zweierlei bedeuten — Einbrecher oder die Beamten der Militärbehörde. Wenn die Militärbeamten hinter ihm her sind, ist er ja sowieso schon so gut wie im Gefängnis, ob er ins Haus geht oder nicht. Jedenfalls muß er herausbekommen, wer im Haus ist. In seinem Warenlager steckt Geld, viel Geld.

Er lehnte die Leiter an die Rückseite des Hauses und stieg leise hinauf. Das Fenster war geschlossen. Zuerst sah er nur die drei barfüßigen zerlumpten Knaben, die in aller Ruhe am Tisch saßen. Einer schien zu sprechen, der andere schrieb und einer hob die Hand zum Mund und spuckte auf die Finger. Erst als er den Blick von den dreien abwandte, sah er, daß die Regale leer waren. Er glaubte es nicht und starrte angestrengter hinein. Die Knie zitterten, während er leise die Leiter wieder hinunterstieg. Auf dem Weg zur Haustür packte er die Reitpeitsche fester. Er drehte vorsichtig den Schlüssel im Schloß und stieg unhörbar die Treppe hinauf.

„Achtundsechzig Salamiwürste. Wenn du in Zahlen schreibst, geht's schneller", sagte Petrus. „68 Stück. Meiner Schätzung nach ungefähr ein Zentner. Schreib: ,unserer' Schätzung nach."

„Davon könnten wir eigentlich ein paar für uns behalten, wo doch jetzt so viel da sind. Let's say three per cent, or two. Ich mein, als Geschäftsspesen."

„17 Schachteln Zigaretten aus Amerika."

„Schreib ,cartons'. The American say ,cartons'... Es sollen ja zwanzig gewesen sein. Demnach hat das Schwein schon drei cartons verkauft."

„Schlangenmensch, wenn du immer dreinredest, verschreib ich mich."

„55 Paar Schuh. Neu. 23 für Damen, 32 für Männer."

„Jetzt, da muß ich euch aber wirklich fragen, ob wir nicht elf Paar weniger aufschreiben sollen. Männerschuh, mein ich. Oder schreib einfach ,Elf Paar für uns', und erklär's. Wir brauchen unbedingt Schuh für den Winter. That's clear."

„Braucht ihr?" fragte Zwischenzahl. Er stand unter der Tür, weiß vor Wut.

Zwei blieben sitzen. Der Schlangenmensch war wie eine Forelle hochgeschnellt. Langsam und den Blick starr auf Zwischenzahl gerichtet, standen auch die anderen auf.

Er zog mit der Reitpeitsche einen pfeifenden Kreis an den Regalen entlang. „Wo sind meine Waren?"

Petrus hatte das Gefühl eines Nichtschwimmers, der ins

Meer gestürzt ist. Er stotterte schließlich: „Die sind nicht mehr da."

„Wo sind sie?" Zwischenzahl hatte mit der Reitpeitsche auf den Tisch geschlagen, quer über die Liste.

Der Lagerverwalter griff nach seiner schön geschriebenen Liste, glättete sie und hielt sie hinter den Rücken.

Da sagte der Schlangenmensch, der nicht in Reichweite war und sich rückwärtsgehend noch weiter entfernte: „Wenn Sie mit Ihrer Reitpeitsche herumfuchteln, reden wir überhaupt nicht."

Zwischenzahls Stirn lief rot an. Er war ein dünner kleiner Mann, dunkelhaarig und fehlerlos gewachsen, und hatte trotz seiner vierzig Jahre nicht die winzigste Falte im Gesicht. Wie er hier stand, mit der Reitpeitsche, die Füße geschlossen, hatte er die Haltung und Spannung eines Florettfechters. Vor der Naziherrschaft war er der Leiter eines kleinen Nachtlokals gewesen, wo junge vollbusige Animierkellnerinnen den letzten Pfennig aus liebeshungrigen Gästen herausgelockt hatten.

Er schmetterte mit dem dünnen festen Mund wie eine Trompete: „Das ist Einbruch. Darauf steht Zuchthaus. Wenn ihr die Waren nicht sofort wieder beischafft, liefere ich euch aus an die Amerikaner."

Bei dem Wort „Amerikaner" schnappte der Plan der Jünger lautlos wieder ins Gleis. Petrus, der plötzlich wieder Boden unter den Füßen fühlte, sagte trotzig: „Das glauben Sie ja selber nicht. Wir brauchen keine Angst zu haben vor den Amerikanern."

„Wir nicht!" rief der Schlangenmensch und lehnte sich bequemer an das leere Regal.

Zwischenzahl schien einzusehen, daß er es nicht mit Dummköpfen zu tun hatte. Er ging zuerst ein paarmal hin und her, die Hände mit der Reitpeitsche im Rücken, bevor er fragte, mit veränderter Stimme: „Wißt ihr, wo meine Waren sind?"

Der Schlangenmensch lächelte frech. „Oh, die sind in Sicherheit. Da können Sie ruhig sein."

Von dieser Sekunde an dachte Petrus nur noch darüber nach, wie sie rechtzeitig aus dem Haus kommen sollten.

Punkt elf Uhr würde Johannes das Plakat an das Tor des Militärgebäudes kleben. Mit dem Auto könnten die Amerikaner ein paar Minuten später hier sein. Dann platzte die Geheime Gesellschaft der Jünger Jesu. Sie müssen raus, um jeden Preis. Die Liste können sie jetzt natürlich nicht zurücklassen.

Auch Zwischenzahl hatte nachgedacht. Er legte die Reitpeitsche auf den Tisch, blickte die drei an, einen nach dem anderen, und sagte freundlich und ein wenig verzerrt lächelnd: „Wenn ihr die Waren zurückbringt, könnt ihr euch aussuchen, was ihr wollt."

Sie schwiegen wie Steine. Aus dem Gesicht des Schlangenmenschen, in dem sich jede Gemütsbewegung sofort klar ausdrückte, sprang der Triumph.

Die Tür zum Schlafzimmer stand offen. Der Schlüssel steckte. Petrus ging auf und ab, nachdenklich, als überlegte er Zwischenzahls Angebot.

„Ihr könnt euch meinetwegen nehmen, soviel ihr wollt. Schokolade. Was ihr wollt. Auch ein Paar Schuh für jeden."

Da flog er durch die Tür und stürzte im Schlafzimmer zu Boden. Noch bevor er wieder aufgestanden war, hatte Petrus abgeschlossen.

Sie rannten die nächtliche Landstraße entlang, im Dauerlauf zur Klosterkirche, und hinab in den Keller. Der ganze Keller war voll Waren, die in hohen Haufen auf

dem Boden lagen. Ein Stoß Hosen lag zu Füßen des verstümmelten Christus, wie eine Opfergabe. Die Jünger
sprachen durcheinander, außer sich vor Begeisterung.

Der Lagerverwalter kniete sofort vor einem Betstuhl
nieder, legte seine Liste auf den Sitz und schrieb weiter:
„138 Tafeln Schokolade." Sie hatten während des Dauer-
laufs beschlossen, auch die Liste an das Tor des Militärgebäudes zu kleben. Es mache sich besser. Petrus diktierte
die Notizen. Es war höchste Zeit. Alle schwiegen. Nur der
Lithographenlehrling, Jünger Jakobus, der das Plakat geschrieben hatte, konnte nicht an sich halten. Er trat hinter
den Knienden und flüsterte: „Die Zahlen solltest du vielleicht mit roter Tinte schreiben. Weil's viel schöner aussieht."

Ein paar Minuten vor elf kam der Schlangenmensch
mit der Liste angerast. Nur noch ein Fenster des Militärgebäudes war beleuchtet. Der weiche Johannes saß auf dem
Brunnenrand neben einer der Barockfiguren — ein uner-
kennbares Etwas, grau wie die Figur und kaum von ihr zu
unterscheiden. Das Plakat, an dem schon der Klebstoff war,
hielt er vorsichtig in beiden Händen. Während sie auch
die Ecken der Liste mit Klebstoff beschmierten, flüsterte
Johannes: „Aber der Posten geht ja nicht weg vom Tor."

Er lehnte neben dem Tor an der Hausmauer. Hin und
wieder leuchtete die Glut seiner Zigarette auf im Dunkeln.
Sie blickten unverwandt hin. Er zündete eine neue Zigarette an, das Gewehr zwischen den Beinen.

„Nicht zu glauben, daß der Amerikaner rauchen darf
im Dienst", flüsterte der Schlangenmensch. „Ich geh jetzt
hin und sag: ,Da vorne an der Ecke liegt eine Frau. Vielleicht ist sie krank oder ohnmächtig', sag ich."

Er ging vollständig lautlos auf ihn zu und deutete zur

Ecke. Der Posten wippte sich los von der Mauer und sagte, noch bevor der Schlangenmensch seine Geschichte begonnen hatte: „You go home to bed."

„I don't have a bed." Dabei ging er, immer noch zur Ecke deutend und halb zum Posten gewandt, langsam weiter. Der Posten folgte: „Where do you live?"

„In a cellar."

„It's eleven o'clock. About time for you. Your father will be worried, if you come home so late at night."

„My father is dead."

„Oh."

„He was a member of the international brigade."

„Was he? That's quite interesting."

Das Militärgebäude war lang. Während sie weitergingen, erzählte der Schlangenmensch die Geschichte seines Vaters. An der Ecke — sie waren zwischendurch ein paarmal stehengeblieben — sagte er: „And in his last letter he wrote that the Pope is supporting Franco."

Kapitän Ralph Lieban, der nach der Dienstzeit Privatbriefe geschrieben hatte, verließ erst gegen viertel zwölf Uhr das Militärgebäude. Nach ein paar Schritten kehrte er um, in dem Gefühl, etwas gesehen zu haben am Tor.

Die Liste klebte unter dem großen Plakat, das die Hälfte der Tür bedeckte. (Der Schlangenmensch hatte als Anrede „Dear General" vorgeschlagen, war aber überstimmt worden.) Das Plakat hatte folgenden Wortlaut:

„21. Juli 1946,
im zweiten Jahr des Friedens

An die geschätzte amerikanische Militärbehörde!

Wir halten es für unsere heilige Pflicht, darauf hinzuweisen, daß dieser Zwischenzahl ein gewissenloser, hundsgemeiner Schieber ist. Wir waren heute abend zwischen acht und elf Uhr in seinem Haus und haben sein Lager ausgeräumt. Wir, die Vollstrecker der Gerechtigkeit, werden die Sachen den Ärmsten der Armen geben, umsonst und kostenlos. Da wir Würzburger sind und auch einen geheimen Ermittlungsdienst haben, wissen wir natürlich besser als die geschätzte amerikanische Militärbehörde, wer nichts zu beißen hat. Das ist klar. Wenn die geschätzten Militärbeamten heute nach elf Uhr abends in das Haus Himmelspfortengasse 28 kommen, sind die acht Regale leer. Was wir hiermit der geschätzten amerikanischen Militärbehörde mitgeteilt haben, ist die reine goldene Wahrheit. Als Beweis dafür werden wir die Zigaretten aus Amerika, die wir bei dem Schieber Zwischenzahl geholt haben, an die geschätzte amerikanische Behörde senden. Wir können uns leider nicht demaskieren, denn unsere Gesellschaft bewegt sich untergrund und ist absolut geheim.

Im Namen der Jünger Jesu

gez. Petrus.

PS. Ich möchte bei dieser Gelegenheit auch gleich darauf hinweisen, daß dieser Zwischenzahl ein Haus mit drei Zimmern, einer Küche und einem Abort ganz allein bewohnt. Da muß etwas dahinterstecken. Tausende wissen nicht, wo sie nachts ihr müdes Haupt hinlegen sollen.

Petrus."

Kapitän Lieban zog die noch nassen Anschläge herunter und ging wieder ins Haus. (Zwei Tage später lasen die Jünger in der Zeitung, daß Zwischenzahl verhaftet worden war.)

Jakobus und der Sohn des Kirchendieners, Jünger Bartholomäus, waren noch im Mönchsfriedhof. Sie saßen im schwarzen Schlagschatten eines Grabsteins. Das Mondlicht gab der Efeumauer das Grün des Tages, und es war unirdisch still. Sie hatten einander nicht eingestanden, daß sie sich fürchteten, zu so später Stunde heimzukommen.

„Mir ist es ganz gleich, wenn er Krach macht, ich geh jetzt", sagte Jakobus. Aber er blieb sitzen. In Gedanken schlüpfte er unbemerkt ins Bett. Schließlich stand Bartholomäus auf und sagte seufzend: „Da hilft alles nichts. Es wird ja nur immer ärger."

Die zwei riesigen Glocken, die viel schneller als der Turm herabgesaust waren, hatten das angebaute Häuschen des Kirchendieners wie Pappendeckel flachgedrückt. Seitdem wohnte er in der Waschküche des Klosters. Er schlief mit seiner Frau in einem braunpolierten riesigen Kleiderschrank, der auf dem Betonboden lag. Die Schranktür war jetzt ein Tisch. Bartholomäus tauchte die Fingerspitzen in den Weihwasserkessel und schlug das Kreuz, während er auf den Zehen durch den dunklen Gang schlich.

Jakobus war noch auf dem Heimweg. Sein Vater hatte aus den Zimmertüren seines zerstörten Hauses wieder eine Schreinerwerkstatt zusammengenagelt und aus den Backsteinen ein winziges Häuschen gebaut, in die Kellerecke — nur zwei Wände und ein Dach, da die Außenmauern noch standen. Er saß mit seiner Frau wartend am Tisch. Sie sagte: „Wenn dem Buben nur nichts passiert ist! Tu ihm nichts, wenn er kommt. Wenn ihm nur nichts passiert ist!"

Die Fünfjährige schlief. Neben ihr auf dem Fensterbrett lag die vertrocknete Schale der Orange auf einem Stück Papier, blau mit Silbersternchen.

Jakobus hatte zu rennen begonnen. Die Nachtstille war

ihm unheimlich erschienen. Über den Schutthaufen, die einstens Häuser und Straßen und eine Stadt gewesen waren, schien es seit tausend Jahren totenstill zu sein. Der einzige Überlebende blieb vor der Außenmauer stehen und blickte durch das tote Fensterloch hinab. Im Kellerhäuschen war Licht. Er stieg mit dem Mute der Verzweiflung die Treppe hinunter.

V

Ein brauner Vorhang trennte das Innere der Holzhütte in zwei winzige Räume. Hinten war nur Platz für das Feldbett, auf dem Martin schlief. Ruth schlief vorne, auf einem Biedermeierkanapee. Gegenüber stand ein schmales, hohes Bücherregal. Der blaue chinesische Teppich, viel zu groß, war dreifach zusammengelegt. Jakobus' Vater hatte in die Stirnwand ein Fensterloch gesägt und aus dem herausgesägten Stück einen Fensterladen geschreinert, von innen verschließbar mit einem Riegel. Glas gab es nicht. Im Grasboden hinter der Hütte war ein dünnes Brunnenrohr, einen Meter hoch, mit einem Messinghahn.

Sie sahen einander selten. Martin hatte Nachtdienst, von acht Uhr abends bis acht Uhr früh. Wenn er heimkam, war sie in der Regel schon fort. Er hatte einen seiner Kollegen gebeten, Ruth zu untersuchen, für alle Fälle, damit man sehe, ob etwas getan werden müsse. Doktor Groß hatte alles untersucht und lächelnd erklärt: nur kräftiges Essen. Aber das gäbe es ja leider nicht. „Daran fehlt's Gott sei Dank nicht", hatte Martin gesagt. „Diese geheimnisvollen Jünger Jesu haben schon dreimal Eßwaren gebracht. Die reinsten Wunderdinge. Sogar Schokolade! Plötzlich lagen die Sachen da. Wie von den Heinzelmännchen!"

Martin hielt den Kopf unter den Messinghahn und drehte auf. Als er prustend zurückging, sah er, daß auf der Außenwand etwas mit Kreide geschrieben war. „Wir zünden dir die Hütte überm Kopf an, weil du mit der Judensau schläfst."

Ruth war in den Festungsgraben gegangen. Brombeerbüsche, rundgeschwollen, meterhohe Brennesseln und die rosa blühenden Disteln wucherten an der alten Mauer, aus der im Laufe der Jahrhunderte viele Steine heruntergefallen waren ins Gras. Außer Kindern, die hier Beeren suchten, und Knaben, die in dieser versunkenen Welt große Abenteuer erlebten, kam selten jemand in den Festungsgraben. Er gehörte den Bienen und Schmetterlingen. Ruth saß im Schatten eines riesigen Dornbusches. Er war schon lange abgeblüht. Die roten Beeren leuchteten in der Sonne.

Petrus' Freundin, Katharina, die ebenfalls in der Lochgasse wohnte, trug ihr Körbchen auf dem Kopf wie einen Hut, den Henkel unterm Kinn. Der Schritt der Barfüßigen im dicken Gras war unhörbar. Sie bog um den Busch, blieb erschrocken stehen und sagte, Hand auf dem Herzen: „Heiliger Gott, wenn Sie jetzt ein Mann gewesen wären, hätt ich aber Angst gehabt. Ich will Hiffen pflücken." Sie hatte helle blaugraue Augen und dunkelblondes Haar mit hellgebleichten Strähnen. Das Gesicht war gebräunt und apfelrund. Sie war elf.

Katharina stellte das Körbchen ab und begann, die roten Beeren zu pflücken. „Wenn die andern wüßten, daß es hier so viel gibt, wär schon lang nichts mehr an dem Busch. Aber man muß kolossal aufpassen, daß man sich nicht sticht."

Ruth sah immer nur das schmal gewachsene Kind an. Wenn es sich streckte, um eine Beere zu erreichen, zog der verwaschen-blaue Rock weit über die Knie hoch.

65

„Vor Buben hab ich keine Angst. Sie werden's vielleicht nicht glauben — aber ich kann schneller rennen als die meisten. Vor einem Mann hätt ich Angst. Natürlich nicht in der Stadt. Aber hier im Festungsgraben oder allein im Wald. Heiliger Gott, da würd ich rennen." Sie lächelte hinunter zu Ruth. „Und ich weiß eigentlich gar nicht, warum. Vielleicht tun sie einem gar nichts. Aber ich hab Angst."

Ruth hatte eine Vorstellung. Das Kind liegt bei ihr, den Kopf an ihrer Brust, und schläft.

Als das Körbchen voll war, setzte Katharina sich neben Ruth. „Wissen Sie, wie Hiffenmark gemacht wird? Meine Mutter sagt immer, es ist eine Viechsarbeit." Sie spaltete mit den Daumennägeln eine Beere und zeigte Ruth die hellgelben feinbehaarten Kernchen. „Die jucken elend. Das kann man überhaupt nicht aushalten. Also, die Kernchen müssen alle raus. Dann werden die Schalen gekocht, stundenlang, sag ich Ihnen. Und dann wird der Brei durch ein ganz, ganz feines Haarsieb getrieben und dann wieder gekocht und wieder durchs Sieb. Wirklich eine Viechsarbeit! Und zum Schluß bleibt furchtbar wenig übrig. Aber wenn Sie's noch nie versucht haben, können Sie sich gar nicht vorstellen, wie gut Hiffenmark schmeckt zu einer Semmel. Die reinste Delikatesse!"

Sie legte eine halbe Schale auf den Nagel ihres Mittelfingers und zeigte Ruth den roten Fingernagel. „Schön, nicht wahr? Man könnte auf jeden Finger eine kleben, mit Gummiarabikum, dann hätt man rotlackierte Nägel... Hatten Sie auch Angst vor den Großen, ich meine, vor den Männern, als Sie noch klein waren?"

Ruth nickte.

Sie gingen hinunter in die Stadt und über die Brücke, auf den Vierröhrenbrunnen zu.

„Das ist Philippus' Schwester", sagte der Schlangenmensch. „Ich hab zwischen ihr und ihrem Bräutigam ein feines Wiedersehen gemanaged. Quite a surprise."

Der Lagerverwalter sagte unzufrieden: „Sie sieht ja immer noch so elend aus wie ein verhungerter Spatz, und wir haben ihr doch einen Haufen Eßwaren gebracht."

„Wahrscheinlich geht's langsamer, wenn eine im Bordell war", sagte der Schlangenmensch nachdenklich. „Was ist das eigentlich — ein Bordell?"

„Oh, ein türkisches Gasthaus, wo auf der Harfe gespielt wird... Schuh braucht sie."

Ruths Schuhe, die früher weiß gewesen waren, hatten keine Absätze mehr. Katharina faßte Ruth am Arm und betrachtete die Knöpfe der gestrickten rosa Bettjacke. „Gott sei Dank haben die Knöpf Löcher. Wenn Sie den oberen Knopf noch haben, kann man ihn anbinden. Nähnadeln gibt's ja nicht."

Auf der Steineinfassung des Vierröhrenbrunnens saßen drei Burschen. Einer sagte: „Da kommt die Freudenheim, die Judenschicks. Sie war im Puff." Er stieg vom Brunnen herunter und vertrat Ruth den Weg. „Wieviel kost's bei dir?" Sie wollte ausweichen. Er packte sie an beiden Schultern. „Dreckiges Jüdlein, wieviel?"

„Laß sie los!" rief der Lagerverwalter und stürzte sich auf den Burschen, der eine Windjacke trug. Der knallte dem Lagerverwalter die Faust ins Gesicht. Der Schlangenmensch sprang mit einem Satz auf den Rücken des Burschen und umklammerte mit beiden Händen den Hals. Die andern stürzten sich auf den Lagerverwalter und den Schlangenmenschen. Katharinas Körbchen fiel zu Boden. Die roten Beeren kollerten übers Pflaster. Obwohl der Lagerverwalter mit den Fäusten wie mit Hämmern um sich schlug und der Schlangenmensch, der schon am Boden lag, mit den Füßen trat, wurden die zwei Jünger von den drei Achtzehnjährigen fürchterlich zugerichtet. Der Schlangenmensch war todbleich, Blut rann aus Mund und Nase, als der ungleiche Kampf beendet war.

Katharina starrte wie eine wahnsinnig gewordene Katze den Burschen mit der Windjacke an und schlug ihm plötzlich das Körbchen ins Gesicht. Tränen hingen an ihren Wimpern. Ruth hatte während der Prügelei gleichgültig vor sich hingeblickt. Sie sammelte die Beeren ins Körbchen.

Als sie heimkam — sie hatte ihre ersten Lebensmittelkarten geholt —, zog sie die rosa Bettjacke und das Hemd aus und hakte den schwarzen Rock, der hinuntergerutscht war, wieder in die Taille. Der Oberkörper war zart und beweglich. Sie sah aus wie ein Kind, das schon kleine Brüste hat. Nachdem sie Hemd und Jacke unter dem Brunnenhahn hinter der Hütte gewaschen und in die Sonne gebreitet hatte, legte sie sich daneben auf die Kamelhaardecke, die sie nachts als Schlafdecke benützte.

Die gewaschenen Sachen waren noch feucht, als Martin den Hügel hinaufstieg. Er hatte bis Sonntagabend keinen Dienst. Es war Samstag und erst zwei Uhr. Sie wickelte sich in die Decke ein und blieb sitzen. Martin sah das Hemd auf dem Rasen, und da er wußte, daß sie nur dieses besaß, ging er nicht zu ihr. Er legte sich vor der Hütte ins Gras. Nach Minuten war er eingeschlafen.

Die Vorgänge in seinem Traum waren nicht im geringsten traumhaft-phantastisch; sie peinigten ihn wie erlebte Wirklichkeit. Ein Soldat kommt in das verschmutzte kleine Bordellzimmer und nimmt Ruth. Sie hat nichts an. Er sieht ihr Gesicht. Der nächste kommt und nimmt sie. Draußen warten viele. Der nächste kommt. Sie ist ein Gegenstand. Auch in den Pausen zwischen zwei Besuchern ist ihr Gesicht ausdruckslos starr wie während der Besuche. Martins Gefühl war hektisch rot durchzucktes weißes Licht, als er erwachte, flüsternd: „Es ist nicht sie." Während er sich aufrichtete, ekstatisch blickend wie ein Mensch in der Sekunde, da er über sich hinauswächst, wiederholte er flüsternd das Wort, das sein verwundetes Innere kühlte: „Es ist nicht sie."

Ruth kam, mit der Decke überm Arm. Er sah sie an. Es war das starre, ausdruckslose Gesicht aus dem verschmutzten Bordellzimmer. Sie grüßte und ging in die Hütte.

„Es war nicht sie, und ich darf nicht kleiner sein als sie."

Sie hatten bisher nur das Nötigste gesprochen, gleich einer Frau und einem Mann, die einander nicht näher kennen und hin und wieder nur Grüße wechseln, wenn sie einander im Stiegenhaus begegnen. Er ging hinein und sagte, daß er dienstfrei sei. Sie kochte Tee, schnitt Salamiwurst in Scheiben — alles aus Zwischenzahls Lager — und stellte Tassen und Teller auf ein niedriges Tischchen, das vor dem Kanapee stand.

Während sie eingoß, die Spitze des Zeigefingers auf dem Deckel der Kanne, sah er die dünnfingerige Hand an, in deren Gebärde die Grazie ihres Körpers zum Ausdruck kam. Er sagte unwillkürlich: „Es muß alles wieder gut werden, Ruth." Sein Gefühl brach durch in seinem Blick und stieß auf Glas.

Sie goß zuerst die zweite Tasse voll, gab Zucker hinein, setzte sich und sagte ruhig und als wollte sie ihm von Anfang an und ein für allemal erklären, warum nichts mehr gut werden könne: „Es waren tausend, Martin."

Aber er war schon der Gefangene seines neu erwachten

Gefühls. Er sagte eindringlich: „In deinem Fall, Ruth, in deinem Fall sind tausend weniger als einer."

Sie sah geradeaus ins Nichts. Etwas entstand in ihrem Gesicht. Es war die Abart eines Lächelns — weder bitter noch traurig — über einen Menschen, der von Sinnen ist und nicht weiß, daß ihre Erlebnisse im Bordell durch nichts ungeschehen gemacht werden konnten. Sie sagte: „Andere würden sich wahrscheinlich das Leben nehmen. Mir ist's gleich."

Sie hatten den Schritt nicht gehört, das Gras war dick. Frau Hohner und der Uhrmacher Krummbach standen im Türrahmen. Beide wurden von Martin behandelt und kamen jeden Samstag. Ruth spülte die zwei Tassen unter dem Brunnenhahn und kochte frischen Tee. Sie schnitt Brot und Wurst. „Alles von den Jüngern Jesu", sagte Martin und reichte den Wurstteller herum. Ein junges Ehepaar hatte Besuch.

Die ängstliche Witwe hatte den Uhrmacher gebeten, von dem Kaffee und den Schuhen niemand etwas zu erzählen. Man könne nicht wissen, was dabei herauskomme. Sie sagte: „Uns haben die Jünger Jesu, scheint's, vergessen. Hoffentlich bringen sie auch uns einmal etwas." Der Uhrmacher schüttelte den Kopf. „Jetzt so was!" Aber mehr wagte er nicht zu sagen.

Während Martin Frau Hohner untersuchte, saßen Ruth und der Uhrmacher hinter der Hütte im Gras. Er hatte schon zu lange geschwiegen. Schließlich sagte er: „Sie sind noch so jung. Sie haben noch Ihr ganzes Leben vor sich. Zeit heilt."

Ruth sagte gleichgültig: „Man wird nicht zweimal geboren."

Außerhalb der Stadt, bei der Ruine einer Raubritter-
burg aus dem Mittelalter, von der nur noch der Turm
stand im Dickicht der Schlehdornbüsche, waren diesen
Nachmittag zwanzig Burschen versammelt, darunter auch
die drei, die den Lagerverwalter und den Schlangenmenschen verprügelt hatten. Sie standen in Habtacht-Stellung
vor dem früheren SS-Korporal Christian Scharf, der seine
Kriegsauszeichnungen an die Brust gesteckt hatte.

Christian Scharf, Sohn eines Würzburger Volksschullehrers, vierundzwanzig, rothaarig und gewachsen wie ein
griechischer Athlet, erhielt seine Instruktionen aus Stuttgart von einem früheren SS-Leutnant namens Siegfried
Kabus, der seine Instruktionen von einem Münchener SS-
Major namens Blum in Codeschrift durch Kuriere erhielt.
Die Aufgabe war, in allen Städten und Landesteilen die
zersprengte Hitlerjugend wieder zu organisieren, Kurier-
verbindungen zwischen den einzelnen Gruppen herzustel-
len, Waffen und Sprengstoffe zu sammeln, Sabotageakte
zu verüben, Antisemitismus und den Haß gegen die Besatzungstruppen zu schüren und bereit zu sein für „Den
Tag".

Christian Scharf hatte die Würzburger Gruppe zu-
sammengebracht. Er hielt zuerst eine Ansprache (alles wie
früher — Nieder mit den Juden! Hoch Deutschland!) und
beauftragte dann die drei, die den Lagerverwalter und den
Schlangenmenschen verprügelt hatten, in dieser Nacht
Martins Holzhütte anzuzünden. Er steckte seine Kriegsauszeichnungen wieder in die Hosentasche. Sie marschierten ab.

Der Jüngste, der auf dem Hügel Wache gehalten hatte,
schloß sich an. Es war Petrus. Er hatte nur Johannes, dem
Sohn des alten Sozialisten, sein Geheimnis mitgeteilt und

nahm zu den Zusammenkünften sein im Griffe feststehen-
des Messer mit, für alle Fälle.

In der Nacht hielten die Jünger sich in dem Birkenwäldchen versteckt, an dessen Rand die Holzhütte stand. Sie
hockten hinter dichtem Gestrüpp. Jeder hatte sich einen
handlichen Prügel abgeschnitten. Johannes stand in der
Nähe der Hütte hinter einem alten Holzbirnbaum.

Es war schon nach Mitternacht, als die drei den Hügel
heraufschlichen. Johannes hob den Arm. Die Jünger standen auf. Petrus flüsterte: „Noch nicht."

In den sechs fest zusammengeschnürten Strohbündeln,
die sie anzünden und durch das glaslose Fensterloch in die
Hütte werfen wollten, steckten Holzstücke. Ein roter
Feuerschein leuchtete auf. Petrus gab das Zeichen. Die
Jünger schlichen aus dem Wäldchen heraus und auf beiden Seiten um die Hütte. Petrus, der im Wäldchen zurückgeblieben war, hörte Schmerzensschreie und zwischendurch harte, dumpfe Schläge — Holz auf Kopf. Die drei
rasten den Abhang hinab. Die Jünger eilten zurück ins
Wäldchen.

Nur eines der Strohbündel, lichterloh brennend, war
durch das Fensterloch in die Hütte geflogen, neben das
Kanapee, auf dem Ruth lag. Martin stürzte durch den
Vorhang und trat das Feuer aus. Er lief hinaus und blickte
umher. Da war niemand. Das war Petrus' Regie.

Ruth besaß kein Nachthemd. Sie zog die Decke bis zum
Kinn, als Martin wieder hereinkam. Er hielt die Pyjama-
jacke über der Brust zusammen. Ihm schien, daß Ruth
lächelte, als sie sagte: „Da werd ich jetzt wohl ausziehen
müssen."

Aber ihn interessierte nur das winzige Lächeln. Es war
ihm plötzlich leicht zumut. In diesem Gefühl beugte er

sich hinab zu ihr. Sie hob abwehrend die Hand. Das Gesicht war wieder starr.

Er setzte sich auf den Stuhl und legte die Hand auf ihre. Sie hatte die Lider geschlossen. Es war, als säße er am Bett einer Todkranken, für die es keine Hilfe mehr gibt. Nach Minuten erkannte er an ihrem Atem, daß sie schlief. Er sah die entblößten dünnen Arme an, bewegt, weil ihre Hand unter seiner lebenswarm geworden war.

Den folgenden Morgen ging Ruth hinunter zu Johanna. Dicht über dem Fluß hing ein rollendes, flockiges Morgengebräue, hier und dort durchbohrt von der noch schwachen Sonne. Fische schnellten. Es war frisch.

Johanna stand reglos vor dem Spiegel. Sie sah nicht sich im Spiegel, sondern Steve. Kurz vorher hatte sie geträumt: Sie stehen vor dem Stall. Es ist Abend. Er beugt sich beim Abschied zu ihr herunter, und diesmal überläßt sie ihm den Mund.

Als sie Schritte vernahm, schnellte sie herum und hielt den Atem an. Sie war enttäuscht und erleichtert zugleich. Es war noch nichts entschieden. Vielleicht kam er wieder. Alles lag noch vor ihr.

Ruth setzte sich aufs Bett. Johanna ging ein bißchen zu geschäftig aufräumend im Stall umher, während sie ihre Begegnung mit Steve erzählte. „Plötzlich kam er aus den Weidenbüschen heraus. Ich hatte nichts an. Ein richtiger Badeanzug ist das ja nicht. Aber auch er war furchtbar verlegen. Und das war's. Sonst hätte ich gleich zu ihm gesagt, er solle fortgehen. Er ist mir natürlich ganz gleichgültig, das kannst du mir glauben. Ich hab ihn ja erst einmal gesehen. Mindestens einen Kopf größer als ich. Es ist nur... ich weiß selbst nicht... vielleicht, weil er so einfach ist. Weißt du, so einfach wie ein Baum. Ich meine — man hat sofort Vertrauen zu ihm." Sie wandte sich um. „Und doch hatte ich Angst. Kannst du das verstehen?"

Ruth nickte, wie damals im Festungsgraben, als Katharina sie gefragt hatte, ob auch sie Angst vor Männern habe. Sie blickte nachdenklich zurück ins Paradies der Unschuldigen, und es erging ihr nicht, wie dem Amputierten, der hin und wieder noch Schmerz empfindet in dem Arm, den er nicht mehr hat. In ihr regte sich nichts.

Johanna setzte sich aufs Bett und schmiegte die Wange an die Wange der Kindheitsfreundin. Ruth wußte, daß die Liebkosung nicht ihr galt. Sie legte den Arm um Johanna und sagte: „Vielleicht wird alles gut."

„Ach, Ruth! Ruth! Ich weiß gar nicht, wie mir ist. Und bitte, verzeih. Ich bin so schrecklich egoistisch."

Als Ruth heimkam, stand ein katholischer Geistlicher bei Martin vor der Hütte. Sie ging herum und setzte sich hinten ins Gras.

Der Geistliche, lang und dünn, in schwarzer Soutane, war nicht älter als Martin. Das Rot seiner flachen Wangen war unter den Backenknochen scharf abgegrenzt. Er senkte die Lider und sagte: „Ich kann nur wiederholen, daß Sie durch das Zusammenleben mit diesem Mädchen schwer gegen die Gesetze der Heiligen Kirche verstoßen. Sie geben damit in moralischer Hinsicht dem Volk ein überaus schädliches Beispiel."

Martin blickte an dem Geistlichen vorbei, schief zu Boden, und zog die Oberlippe über seine langen Zähne hoch. Es wurde ein böses Lächeln. „Glauben Sie nicht, daß das Volk, jeder einzelne von uns, Ruths Schicksal moralisch mitverschuldet hat? Glauben Sie, daß die moralische Wiedergesundung des deutschen Volkes möglich ist, solange es die Opfer seiner Verbrechen kreuzigt? Sie wollen, daß ich Ruth auf die Straße werfe, obwohl das heutzutag in ihrem Fall den Tod bedeuten würde. Sie wollen das, obwohl wir, nämlich die Deutschen, jeder von uns, auch ich und auch Sie, Ruth ins Bordell geschickt haben. Ein unschuldiges Mädchen, siebzehn Jahre alt. Da möcht ich Sie etwas fragen, weil Sie ein Priester sind: Wenn Ruth zu Jesus gekommen wäre und vor ihm gestanden hätte, was würde Jesus getan haben?"

Der Geistliche senkte den Kopf. Das Rot seiner Wangen wurde dunkler. Er war noch jung. Er ging.

VI

Vor dem verstaubten, engmaschigen Fenstergitter des Kellers, in dem die Witwe Hohner wohnte, stand eine dickliche Frau mit fleischlosem Knochengesicht und roten Augenlidern, die seit jeher Das Huhn genannt worden war, weil sie gleichzeitig nach allen Seiten zu blicken schien, blitzschnell, und auch aussah wie ein Huhn. Sie hatte früher mit Hühnern gehandelt, auf dem Marktplatz, Sommer und Winter, fünfzig Jahre lang.

„Ob unser Herr Magistratssekretär Hörnle im Lauf der Zeit seinem Hund ähnlich wurde, oder ob er gerade diesen zu sich nahm, weil der Mops ihm ähnlich sah, ist mir zwar nie recht klargeworden. Aber was Frau Korn anbelangt, möcht ich eher behaupten, daß sie so aussieht, weil sie ihr Leben lang mit Hühnern umgegangen ist", hatte der Uhrmacher Krummbach zu Frau Hohner gesagt.

Das Huhn bog den Zeigefinger zu einem Haken und rief flüsternd: „Frau Bach, pst, kommen Sie her." Frau Bach, die Mutter des Schlangenmenschen, unterbrach ihren

Weg durchs Leben und blieb stehen. Das Huhn fragte: „Träum ich oder bin ich wach? Ich mein, riecht's hier nach Kaffee oder nicht?"

Noch zwei Frauen, vom Huhn herbeigewinkt, blieben vor dem Fenstergitter stehen. Die vier verdunkelten den Keller. Sie fragten sich und fragten einander, wie das möglich sei, und konnten es nicht glauben. Aber hier standen sie an diesem sonnigen schönen Sonntagmorgen, und es roch nach frischgekochtem Kaffee wie in alten Zeiten.

Die Witwe Hohner sah von dem tiefliegenden Keller aus nur die vier Röcke. Aber sie hörte, was die Röcke sagten, und trippelte erschrocken in den hintern Teil des Kellers zum Uhrmacher Krummbach. Sie hatte aus zwanzig frischen Bohnen, zusammen mit dem wieder und wieder gekochten alten Satz, der schon hellgelb war wie Semmelbrösel, ihren Sonntagskaffee gekocht und im Vorgenuß vergessen, das Fenster zu schließen.

Anfangs konnte sie vor Aufregung nicht sprechen. Das spitze, vorgeschweifte Kinn zitterte. Es dauerte eine Weile, bis der Uhrmacher herausfand, daß sie befürchtete, der rechtmäßige Besitzer würde jetzt kommen und sein Eigentum verlangen, von dem sie schon die Hälfte verbraucht hatte.

Er ging in den glänzend gewichsten Schuhen hinaus zu den vier Frauen, die verstummten, und erzählte ein Märchen, das er sich schon lange ausgedacht hatte, um gerüstet zu sein, falls er einmal gefragt werden sollte, woher er die Schuhe habe. Diese Schuhe habe er vor ein paar Wochen ganz unverhofft unter seinem alten Kram gefunden, und das verdanke er seiner seligen Frau. „Sie hat immer Sachen auf die Seite getan für den Fall der Not und dann ganz daran vergessen."

Das Huhn blickte, ohne den Kopf zu bewegen, blitz-schnell alle gleichzeitig an und sagte: „Wir wundern uns, weil's hier nach Kaffee riecht."

Der Uhrmacher war ein Kavalier, er nahm die Sache mit dem Kaffee auf sich. Ja, das sei ja auch wirklich zum Verwundern. „Aber so war meine selige Frau. Manchmal hab ich mich halb tot geärgert. Ich such und such etwas und kann's nicht finden. Einfach vom Erdboden ver-schwunden. Jetzt, natürlich, ist es ein Mordsglück, daß sie die Schuh und den Kaffee auf die Seite getan hat. Der Kaffee, ein ganzes Pfund, muß schon jahrelang unter dem alten Gerümpel gesteckt haben."

Die Mutter des Schlangenmenschen nahm ihren Weg wieder auf. Sie hatte in ihrer Gasse einstens als das schönste Mädchen von Würzburg gegolten. Frau Bach war durch ihr ideal proportioniertes zierliches Skelett ein Be-weis dafür, daß Widerstandskraft, Gesundheit und Schön-heit und deren Dauer vom Knochenbau mitbestimmt wer-den. Wenn die Fünfunddreißigjährige während eines Ge-spräches über den schläfenschmalen Kopf strich mit den dünngegliederten Fingern, deren Nägel gewölbt waren wie das Pänzerchen des Goldkäfers, und dann den Blick der dunkelgrauen Augen auf ihr Gegenüber richtete, wurde es verständlich, warum der Vater des Schlangen-menschen alle Hindernisse überrannt hatte, um die Acht-zehnjährige zu gewinnen. Er war in einem Anfall von Eifersucht überstürzt auf und davon gegangen, nach Spa-nien, weil er geglaubt hatte, sie habe ihn betrogen.

In dem winzigen Giebelhäuschen, von dem nur noch die Frontmauer stand und gleich einer Theaterkulisse ein Häuschen vortäuschte, hatte außer Frau Bach nur noch ein altes Ehepaar gewohnt, das während des Flugangriffes getötet worden war. Frau Bach und der Schlangenmensch lebten allein im Keller, zusammen mit David, den sie zu sich genommen hatte. Der Keller bestand aus zwei kleinen Lattenverschlägen, luftigen Holzkäfigen, die Frau Bach besonders komfortabel erschienen.

Die zwei Jünger saßen in ihrem Käfig. David hielt ein Pfund Grieß in der Hand und in der andern eine der Büchsen amerikanischer Kondensmilch, die sie in Zwischenzahls Haus geholt hatten. „Aber laß dich nicht erblicken", sagte der Schlangenmensch. „Und komm gleich zurück, schneller als ein Hund heult. Wir haben heut noch mehr abzuliefern."

David verbarg den Grieß und die Kondensmilch hinterm Rücken, während er sich in der Gasse an Frau Bach vorbeidrückte, und eilte weiter zwischen den ausgebombten Häuschen durch. Vor einem Kellerloch, das weder Glas noch Gitter hatte, blieb er stehen und blickte vorsichtig hinunter. Eine blonde junge Frau öffnete die Bluse und legte ihr Kind an die Brust.

David preßte sich an die Hausmauer. Die Frau sah nur eine schmutzige Hand, die zuerst eine Tüte auf den Fensterrahmen legte, dann eine Büchse, darauf einen Zettel und auf den Zettel einen Stein. Sie stand auf und trat, den Säugling an der Brust, zum Fensterloch.

David war schon zehn Hausruinen weit entfernt. Ein Mann mit einem verstaubten Soldatenmantel über den Schultern, unterm Arm ein Bündel, das in Zeitungspapier eingewickelt und mit Bindfaden verschnürt war, blickte suchend die Schutthaufen entlang und fragte schließlich David, ob er wisse, wo Nummer 37 sei. „Da hab ich gewohnt, und jetzt kann ich den Platz nicht finden."

„Nummer 37 ist kaputt."

„Weißt du vielleicht, wo dann jetzt Frau Pauline Herzenberg wohnt?" Er lächelte. „Das ist meine Frau."

„Aha! Dann gehen Sie nur noch ein Stück weiter, bis zu einem Kellerfenster, das überhaupt kein Glas und gar nichts hat. Da wohnt sie. Es ist nicht mehr weit bis zu Ihrer Frau."

Er war aus einem französischen Kriegsgefangenenlager geflüchtet und hatte den langen Weg größtenteils zu Fuß zurückgelegt. Jetzt war es nicht mehr weit bis zu seiner Frau. Nach einer Minute stand er vor dem Kellerfenster und sah das trinkende Kind an ihrer Brust, das nicht von ihm sein konnte, da er sie zwei Jahre nicht gesehen hatte.

Sie saß auf der Holzpritsche und las den Zettel: „Die Jünger Jesu." Als sie den Kopf hob, sah sie ihren Mann. Sie starrte in seine Augen, entsetzt und schuldbewußt, und konnte seinen Blick nicht finden. Er wandte sich um.

Sie stürzte hinaus. Da war niemand. Mit dem Kind im Arm lief sie zu Frau Bach und erzählte weinend, was sich ereignet hatte. Frau Bach legte die Fingerspitzen an den Mundwinkel und sagte: „Es ist ein Drama."

David und der Schlangenmensch schoben sich an den zwei Frauen vorüber. Jeder hatte ein Paket unterm Arm. Um den Weg abzukürzen, stiegen sie über die hohen Schutthaufen, wie Steinflöhe, und hüpften hinunter in eine andere Gasse, die ebenfalls aus Schutthaufen bestand. Vor einer Kellertür, zu der fünf Stufen hinunterführten, blieben sie stehen.

„Ich muß die Salamiwurst auf sein Bett legen, weil er ja nicht mehr aufstehen kann", sagte der Schlangenmensch. „Wart so lang, bis ich durch die Tür bin, und geh dann zum Kellerfenster und frag ihn, wieviel Uhr es ist."

Der Klavierlehrer Vierheilig, der Kindern Stunden gegeben hatte und es schon lange nicht mehr tat, weil es in Würzburg keine Klaviere mehr gab, lag reglos wie ein Toter im Bett. Alles war weiß — Gesicht, Haar und Bart.

„Herr Vierheilig, können Sie mir sagen, wieviel Uhr es ist?“

Der Kopf sank von selbst ins Profil, als wäre der Klavierlehrer in dieser Sekunde gestorben. Aber die Augen blickten zum Fenster. Während er sagte: „Mir ist es ganz gleich, wieviel Uhr es ist“, fiel das Paket mit der Wurst auf sein Bett.

Sie gingen den Fluß entlang, in der Richtung zum Weidenland.

„Sie hat schon die Wolldecke bekommen. Und jetzt auch noch Seife?“

David sagte: „Als ich noch klein war, hat Johanna mir sogar einmal ein Butterbrot geschenkt. So dick mit Butter!“

„All right. Aber zu was braucht sie Seife? Dann bring ihr doch lieber was zum Essen.“

Sie sahen nur Johannas Kopf, draußen in der Flußmitte, und im feinen, nassen Ufersand den Abdruck ihrer Füße. David schnitt einen Weidenzweig ab und maß sorgfältig den Abdruck, Länge und Breite. „Sie hat verdammt kleine Füß. Ob wir in unserm Lager so kleine Schuh haben? Aber wenn sie ein bißchen zu groß sind, macht's auch nichts. Schuh muß sie haben.“

„Ich glaub, du bist ganz einfach in sie verliebt“, sagte der Schlangenmensch verächtlich.

„Wie ist denn das, wenn man verliebt ist?“

„Oh, das kann ich dir ganz genau erklären. Ich hab's letzthin gelesen. Wenn man verliebt ist, dann will man sie heiraten. Aber da ist ein anderer, der sie auch heiraten will. Den bringt man um.“

„Wenn man ihn aber nicht umbringt?"

„Dann ist man nicht verliebt. Das ist doch klar. Es ist am besten, du kaufst dir das Buch. Es heißt ‚Stürmische Liebe'. Es kostet zehn Pfennig. Aber mit vielen Bildern."

Der Kopf war uferwärts geglitten. Johanna spürte Grund unter den Füßen. Als sie sich aufrichtete, waren die zwei Jünger schon zwischen den Weidenbüschen verschwunden. Einige Sekunden stand sie auf dem Grasstreifen, den Kopf ein wenig schulterwärts geneigt und reglos wie ein Modell, als wollte sie der Natur zeigen, daß auch sie fehlerlos gewachsen sei.

Eine halbe Stunde später zerrte Steve einen Handwagen, beladen mit einem Kübel voll Lehm, alten Ofenrohren, Eisenplatten und mit Backsteinen, an denen noch der jahrhundertealte Mörtel hing, auf dem holprigen Grasboden zwischen den Weidenbüschen durch, bis vor das senkrecht hängende Bettuch. Er hatte tagelang in den Schutthaufen der riesenhaften Stadtruine herumgestöbert.

Johanna war vor Hunger auf dem Eisenbett eingeschlafen, in ihrem improvisierten Badeanzug. Er klopfte ein paarmal an den Türpfosten und trat schließlich ein. Sie lag auf dem Rücken, im Schoß ein wenig abgebogen, die Hände unterm Kopf. Seine Mundwinkel zogen sich in die Wangen zurück. Es war kein Lächeln; es war das Gefühl, daß er etwas nahm, das sie ihm nicht freiwillig gab. Dennoch konnte er den Blick nicht abwenden.

Als er hinausschleichen wollte, öffnete sie die Augen und zugleich auch ein wenig die Lippen und streckte, noch halb in Schlaf und Traum, die Arme nach ihm aus.

Erst im Kuß erwachte sie ganz. Sie wich zurück und blickte den Mann an, vor dem sie soeben geträumt hatte.

Die porzellanweißen Ohren und die Augen wurden brennend heiß. Erröten konnte das weiße Gesicht nicht.

Auch Steve, noch unerfahren wie sie, fand kein Wort. Sie konnten den nächsten Schritt nicht tun, weder vorwärts noch rückwärts, gleich dem Bergsteiger, der sich an der senkrechten Gebirgswand verstiegen hat.

Auf dem schiefstehenden Handwagen geriet das Ofenrohr ins Rollen und stürzte dröhnend herunter. Erlöst eilte er hinaus.

Sie schlüpfte ins Kleid. Aber der Kuß, der erste in ihrem Leben, wirkte weiter. Sie mußte sich aufs Bett setzen, noch bevor sie die Gürtelschnalle geschlossen hatte. In den kraftlos hängenden Armen strömte die Empfindung auf und nieder, und die Lider schlossen sich von selbst und blieben geschlossen, bis die Angst sie wieder auftat und als riesenhafte Frage an das Unbekannte in den Augen stand.

In der linken Ecke war der Platz für den Ofen. Sie trugen die Backsteine und Rohre herein, hintereinandergehend, den schweren Lehmkübel gemeinsam, und berieten dabei ausführlich, wie der Ofen werden solle, in übertrieben sachlichem Tone, als hätten sie den Kuß vollständig vergessen.

Johanna sprang flußwärts, um einen Eimer Wasser zu holen, und blieb plötzlich stehen. Der Angstdruck in der Brust verging. Alles wurde weich und fließend. Daß er für sie einen Ofen baut! Daß er das tut für sie! An den Ofen selbst dachte sie dabei gar nicht.

Steve hatte alles mitgebracht — Hammer, Meißel, Maurerkelle, Winkel, eine Wasserwaage, die Bolzen für das Eisentürchen und zwei Kerzen. Sie brannten. Er feuchtete den Betonboden an, legte eine dicke Schicht Lehm auf und bettete die Backsteine hinein, bis eine Fläche, ungefähr sechzig Zentimeter im Quadrat, bedeckt war.

„Das ist der Sockel, der den Ofen zu tragen hat. Der muß selbstverständlich auf den Millimeter horizontal sein." Er prüfte immer von neuem mit der Wasserwaage und klopfte zwischendurch mit dem Hammer leicht auf die Sockelsteine, hier und dort.

Zuerst schlug er wieder den jahrhundertealten Mörtel herunter von einer Anzahl Backsteine, die dann allmählich zu vier winkelgenauen Wänden wurden. In der Frontwand war das Feuerloch ausgespart, und darüber lag die Eisenplatte mit auswechselbaren Ringen, auf der sie eine Gans braten konnte, falls sie eine hatte.

Johanna kniete neben ihm, auf den Fersen sitzend, und sah zu, wie Amerika in Uniform einen Ofen für Europa baute.

Erst gegen neun Uhr war er fertig — ein Backsteinwürfel, der oben und unten je einen schmückenden Vorsprung hatte und aussah wie ein Modell der alten Backsteinhäuser in New York. Nur daß es keine Fenster hatte und an Stelle des Haustors ein Feuerloch, verschließbar durch das Eisentürchen. Das Rohr, mittels eines Knies durch das Luftloch dicht unter dem Dach hinausgeführt, stieg einen Meter über den Stall empor. Auch eine zugespitzte Blechmütze zum Schutz gegen den Regen hatte er, zu seinem besonderen Vergnügen, dem Rohre aufgesetzt.

Sie saßen auf dem Betonboden vor dem Ofen. „Wunderbar", sagte sie und meinte: ‚Daß er ihn für mich gebaut hat.'

Erfüllt von Freude, lächelte er sie an — ein Mund voll schöner Zähne und seine ganze Arglosigkeit wurden sichtbar. Johanna wünschte zu sagen: ‚Lieber Mensch.'

Sie gingen hinaus. Der Mond, der in den letzten Tagen schneller zugenommen hatte, war noch nicht ganz rund. Er hing über dem Trümmerfeld, wo Würzburg gewesen war und dreißig Kirchtürme tausend Jahre zeitlos in den Himmel gestanden hatten. Im Mondlicht sah es aus wie ein riesiges Feld fahlweißer Knochen. Beide blickten hin, verstummt.

„Haßt ihr uns, weil wir eure Städte zerstört haben?" fragte er im Tonfall eines Menschen, den das Gewissen drückt.

Johanna antwortete erst nach einer langen Pause: „Nicht, wenn man nachdenkt." Sie senkte den Kopf und es vergingen wieder Sekunden, bevor sie sagte, mehr zu sich selbst: „Aber man denkt nicht immer nach."

„Und dann haßt ihr uns."

„Nicht ich", sagte sie und begann zu erzählen, warum Niederlage und zerstörte Städte der Naziherrschaft vorzuziehen seien. Sie blickte dabei, als sähe sie, was sie erzählte, und erleide von neuem, was sie erlebt hatte.

„An einem Sonntagmorgen wurden die Freudenheims von der SS abgeholt. Sie hatten eine Fellhandlung in der Gerbergasse, nur so kleines Zeug, meistens Hasenfelle. Es waren gutherzige Leute, die niemand etwas Böses antaten. Sie wurden zuerst durch die ganze Stadt geführt, immer hin und her, und dann erschlagen, auf dem Marktplatz... Die Tochter wurde nicht erschlagen. Ruth war meine Freundin gewesen. Wir hatten schon als ganz kleine Kinder zusammen gespielt. Ruth wurde nach Polen gebracht in ein Haus. Sie wissen schon, was ich meine. Ruth war damals siebzehn. Jetzt ist sie zurückgekommen."

„Zurückgekommen?" fragte er ins Nichts, als hätte er alles andere eher erwartet.

Johanna verstand nicht viel mehr als nichts von Weltpolitik. Sie beurteilte die Ereignisse — die Entfesselung des Krieges durch Deutschland, die Verwüstung Europas, das unfaßbar bestialische Abschlachten von Millionen unschuldiger Menschen — nur von ihrem persönlichen Erlebnis aus. An jenem Sonntagmorgen hatte ihr verwundetes Herz sich abgewendet von dem triumphierenden Vater und von allem, für das er stand, von allem, das in Deutschland geschah. Nichts konnte gut sein, da alles mit der Ermordung der Freudenheims begonnen worden war. Für ihr verwundetes Herz war alles dasselbe wie die bestialische Ermordung der Freudenheims. Sie hatte, gelähmt vor Entsetzen, dabeigestanden, auf dem Marktplatz, und erst zu schreien begonnen, fassungslos, als die blutverschmierten Leichen an den Beinen fortgeschleift worden waren.

Als Johanna den Kopf hob, sah Steve das Schuldgefühl in ihrem Blick, der zu fragen schien, ob er ein Mädchen gern haben könne, das schicksalhaft verbunden war mit denen, die das namenlose Leid in Europa verursacht hatten. Es war ein schwerer, dunkler Blick.

Steve fühlte das blutige Gespenst, das trennend zwischen ihr und ihm stand. Er wandte sich ab. Nach einer Pause, während der er in die Ferne geblickt hatte, auf das fahlweiße Trümmerfeld, sagte er, und schloß ganz offenbar sich selbst ein: „Viele von uns sind der Meinung, daß manchmal viel mehr als nötig zerstört wurde ... Das ist arg. Nicht wahr?"

Johanna antwortete nicht und rührte sich nicht. Ihr Schuldgefühl und seines hoben nicht einander auf. Der Gewissenskonflikt, der zwei schuldlose Menschen trennte, konnte nur durch die Gefühlsgewalt der zwei Herzen überwunden werden.

Er begleitete sie zum senkrecht hängenden Bettuch, sagte gute Nacht und ging. Johanna blieb stehen. Sie dachte an nichts. Sie wünschte, daß sie weinen könnte, und konnte nicht. Sie lehnte noch lang am Türpfosten, eine schuldlos an der Welt-Untat Beteiligte.

Als Steve auf dem schmalen Graspfad zwischen den Weidenbüschen durchging, sagte der Schlangenmensch, der mit David hinter einem Busch hockte: „Das ist mein Freund Steve. Ein sehr guter Freund von mir. Ich könnte zu ihm hingehen und sagen: ,Hallo, Steve, how are you?' Aber wir haben jetzt keine Zeit mehr."

Sie wollten in der Küche des Frauenarztes Georg Groß, der Ruth untersucht hatte, eine Bratpfanne „holen" und mußten dann noch zum Lagerverwalter, um sich mit ihm zu beraten über einen unfreiwilligen Spender, den sie zwischen neun und zehn Uhr besuchen sollten.

Seit dem großen Beutezug war der Segen reichlicher zu den Ärmsten der Armen geflossen, die auf der Liste des Lagerverwalters von Tag zu Tag an Zahl zugenommen hatten. Aber auch die unfreiwilligen Spender hatten von Tag zu Tag an Zahl zugenommen. Der Lagerverwalter hatte darauf bestanden, daß „geholt" werde. Er gab, von einer Art Berufsgeiz besessen, nur ungern etwas heraus, wenn nichts eingegangen war. In der Stadt gingen schon Gerüchte um. Einige unfreiwillige Spender hatten an die Polizei geschrieben und die Quittung der Jünger Jesu mitgeschickt. Außerdem hatte der Schlangenmensch ein paar Tage nach dem Besuch bei Zwischenzahl von seinen Soldatenfreunden zufällig erfahren, daß Kapitän Lieban, Intelligence Officer of the Occupation Army, sich für die uneigennützigen Einbrecher interessiere. Sie lebten seitdem in prickelnder und beflügelnder Erregung.

Das kleine Landhaus des Frauenarztes — nur ein Zimmer und eine Küche, das Stadthaus war zerstört — stand hinter dem Weidenland in einem alten Baumgarten. Frau Bach brachte das Häuschen zweimal in der Woche in Ordnung. Der Schlangenmensch hatte seiner Mutter oftmals geholfen und kannte jeden Gegenstand.

„Ich tu's ja nicht gern, wenigstens nicht sehr gern. Der Herr Doktor Groß ist nämlich ein piekfeiner Mann, mußt du wissen. Aber schließlich braucht er ja keine zwei Pfannen, wenn die andern gar keine haben", sagte der Schlangenmensch, bevor er über den Zaun stieg. Im Haus brannte kein Licht, das Küchenfenster war offen.

Doktor Groß saß unsichtbar auf der Bank unter den tief herabhängenden Ästen einer Blutbuche. Es war eine helle Nacht, er erkannte den Schlangenmenschen sofort. Auch Doktor Groß hatte von den Taten der Jünger gehört. Bisher hatte er gleich den anderen geglaubt, die sonderbaren Diebe seien erwachsene Leute. ‚Aber wer weiß, vielleicht ist der kleine Bach einer dieser Jünger Jesu', dachte er. ‚Wir wollen sehen, was geschieht. Meine medizinischen Bücher wird er ja wohl nicht mitnehmen.'

Er beobachtete, wie der Schlangenmensch durchs Fenster in die Küche stieg und Sekunden später wieder heraus und über den Zaun, mit einer Bratpfanne.

Auf dem Küchentisch lag ein Zettel. Doktor Groß las lächelnd: „Quittung für eine Aluminiumpfanne. Die Jünger Jesu."

Das schmalbrüstige hohe Giebelhäuschen, das dem Vater des Lagerverwalters gehörte, stand in der vollständig zerstörten Gasse wie ein letzter Zahn in einem Mund. Der

Lagerverwalter saß im Kolonialwarenladen seines Vaters und hielt erwartungsvoll Ausschau nach David und dem Schlangenmenschen.

Das Geschäft war seit vielen Generationen vom Vater auf den Sohn übergegangen. Die Rückwand bestand aus mehr als hundert polierten Mahagonischubladen, jede mit einem Porzellanschildchen, auf dem stand, was früher in den Schubladen gewesen war. Die Schubladen waren leer. Der vertraute Geruch — eine Mischung von Gewürznelken, Seife, Zuckerwaren und Petroleum —, der hundert Jahre lang in die Nasen der Kunden und sogar in die der Vorübergehenden gestiegen war, hatte seine anlockende Kraft nicht mehr.

Von den drei Männern, die sich über den Ladentisch hinweg mit dem Vater des Lagerverwalters unterhielten, waren zwei unfreiwillige Spender. Der Optiker Scheibenkäs stieß den kugelrunden, vollständig haarlosen Kopf vor, als er sein Erlebnis zum zweitenmal zu erzählen begann. „Wie gesagt, ich steh vor meinem Keller, um vor dem Schlafengehen noch ein bißchen Luft zu schnappen, und plötzlich hab ich einen Zettel in der Hand, wie aus der Luft. Und auf dem Zettel steht: ‚Quittung für eine blaue Mechanikerhose. Die Jünger Jesu.‘ Ich geh gleich in mein Gartenhäuschen, das nur noch zur Hälfte steht. Die Hose ist weg.“ Er zog den Kopf zurück.

„Wir sind nicht die einzigen, Herr Scheibenkäs“, sagte der Privatier Philippi, eine fünfundsiebzigjährige Eule mit Schnurrbart und runden Augen, dem die Jünger zwei alte Hemden und ein paar wollene Unterhosen quittiert hatten. „Beileibe nicht die einzigen! Ich kenn mehr als ein Dutzend, die beraubt wurden. Diese Jünger Jesu sind eine reine Landplage.“

Der Geschichtsprofessor Häberlein rückte seine funkelnde Brille zurecht. „Die Jünger Jesu waren auch damals, vor zweitausend Jahren, eine Landplage. Aber sie hatten bekanntlich großen Zulauf unter den Mühseligen und Beladenen."

Der Lagerverwalter nickte. „Für die waren sie keine Landplage."

„Du bist still, wenn erwachsene Leute reden", sagte der Vater, der gleich seinem Sohn dem Holzschnitzer Tilman Riemenschneider vor einem halben Jahrtausend als Modell gedient zu haben schien.

Der Privatier, trotz seiner fünfundsiebzig Jahre noch straff aufrecht wie ein Laternenpfahl, rief erbost: „Nur daß die Jünger keine Unterhosen gestohlen haben. Sie waren Christen."

„Das waren sie allerdings. Sie trugen die heilige Flamme hinaus in die Welt." Der Professor hob bedeutungsvoll den Zeigefinger. „Aber die Religionsgeschichte lehrt uns, daß die Christen des zwanzigsten Jahrhunderts das Gegenteil der Ur-Christen sind, die den Jüngern in den Fußstapfen folgten. In den Ur-Christen brannte die heilige Flamme. Heute ist die Flamme..."

Die Flamme interessierte den Lagerverwalter nicht. Er stand auf. Der Schlangenmensch hatte schon ein paarmal die Arme ausgebreitet, schief nach oben wie der Gekreuzigte, und zwischendurch heftig gewinkt. Der Lagerverwalter ging hinaus zu den zwei Jüngern und sagte: „Wißt ihr, was wir sind? Wir sind Ur-Christen."

„Ich weiß nicht, was das ist. Es ist mir auch ganz wurscht. Wenn der Baumeister Himmelhoch um neun Uhr in die Singprobe geht, wie du sagst, dann haben wir keine Zeit mehr zu verlieren. Es ist schon halb zehn."

Der Baumeister Himmelhoch, seit dreißig Jahren Vorstand des Gesangvereins „Singende Stadt", hatte in der letzten Probe zu den Mitgliedern gesagt, da keine Häuser mehr stünden, schlage er vor, den Verein umzutaufen in Gesangverein „Zwischen grünen Bäumen". Sein Vorschlag war angenommen worden.

Sie gingen die nächtliche Straße entlang. Der Lagerverwalter sagte eindringlich: „Ich weiß bestimmt, daß er drei Wintermäntel hat. Ich war dabei, wie er's meinem Vater erzählte. Da hab ich mir natürlich gesagt, er braucht nur einen Mantel. Ich weiß auch, daß die Mäntel in dem Schrank hängen, der unten im Wohnzimmer steht. Der Schrankschlüssel steckt zwar. Aber das Fenster ist geschlossen. Ich war vorhin schon einmal dort."

Zehn Minuten später – die Nacht war kühl – schlüpften David und der Schlangenmensch in die Mäntel, die bis zu den Füßen reichten, und gingen heimwärts. David hielt den Mantel hinten ein wenig hoch, damit der Saum nicht das Pflaster streife.

Frau Pauline Herzenberg saß im Bretterverschlag bei Frau Bach und erzählte glücklich lächelnd unter einem Tränenstrom, daß ihr Mann zurückgekommen sei. „Ich hab ihm alles gesagt, wie's dazu gekommen ist, und daß ja auch die Verhältnisse mit schuld waren, und jetzt will er bei mir bleiben."

„Solang die Weiber tratschen, können wir nicht hinein mit den Mänteln", sagte der Schlangenmensch. „Wir müssen warten, bis meine Mutter schläft." Sie gingen weiter.

Als sie dünne, jauchzende Quacktöne hörten, blieben sie stehen vor dem glas- und gitterlosen Kellerloch. Der Säugling hatte die Decke von sich heruntergestrampft. Der

Heimkehrer stand auf. Eine Weile blickte er den strampfenden, jauchzenden Säugling an. Er deckte ihn zu und legte sich wieder auf die Pritsche, seufzend, als habe er soeben mit einer Anstrengung des Herzens die ganze Vergangenheit zugedeckt.

VII

Seit Ruths Rückkehr waren sieben Wochen vergangen. Sie hatte ein paar Pfund zugenommen und war körperlich ausgeruht. Wenn sie auf ihren Wanderungen im Wald stehenblieb und im Anblick eines Strauches ganz und gar auf sich vergaß, konnte es geschehen, daß sie in erdhaft dumpfer Zufriedenheit das Empfinden hatte, selbst ein Bestandteil des Waldes zu sein, ein Ast, ein moosbewachsener Stein. Es war, als atme sie mit der Natur und söge Leben aus ihr.

Vor ein paar Tagen hatte sie auch wieder einmal etwas nach der Natur gezeichnet, ein Stück Moosboden mit dem vielgestaltigen Leben in der besonderen Stille des Waldesinnern. Nach stundenlanger Arbeit hatte sie das Blatt zerrissen, seufzend und zugleich belebt von einer Art fluktuierender Fröhlichkeit. Sie hatte als junges Mädchen mit leidenschaftlichem Ernst gezeichnet und davon geträumt, „etwas" zu werden.

An einem Morgen, Ende September, stand Ruth auf der Mauer des Festungsgrabens und blickte hinab ins weithin übersehbare Tal, in dem klar wie dieser Tag die hellblaue Riesenschlange glänzte. Über der Landschaft lag schon ein herbstgelber Schimmer, nur ein Hauch. Die Rebhügel hatten noch das starke frische Grün. Aber die schneller absterbenden Blätter der Birken neben Martins Hütte waren stellenweise schon goldgelb. Der schöne Tag zwischen Sommer und Herbst gehörte auch ihr. Ein mildes Daseinsgefühl bewegte sie.

Es war Samstag. Martin hatte keinen Dienst. Sie schlug einen Bogen um die Holzhütte, überquerte die Landstraße und die dahinterliegenden Wiesen und ging den Fluß entlang, bis zu einer winzigen Insel, die nur ein paar Meter vom Ufer entfernt war. Nachdem sie die Schuhe auf die Insel geworfen hatte, hob sie den Rock bis zum Leib und watete hinüber. Drüben zog sie alles aus und löste das Haar auf. Als sie im hohen Grase lag, bedeckte sie sich mit dem Haar. Es reichte bis zum Leib.

Zu dieser frühen Morgenstunde kam niemand ans Ufer, und auch auf dem Fluß war niemand. Die Insel — nur ein paar Schlehdornbüsche und zwei dünne Birken — hatte die Form eines Fischerbootes und war auch nicht viel länger. Die Vorstellung, daß sie in dem Boot den Main hinunter in den Rhein und hinaus ins Meer fuhr, kam von selbst, und im Rücken spürte sie dabei die kühle Erde und hatte das Empfinden, selbst Natur und Erde zu sein.

An der Spitze der Insel war eine Brennesselstaude. Das oberste Blatt stand senkrecht gegen die helle Himmelswand. Wenn sie die Lider halb schloß, war das zugespitzte, scharf gezackte Blatt ein gotischer Kirchturm. Sie verwandelte es mehrmals in einen gotischen Turm und zurück in ein Blatt.

Ein junges Hündchen, brotgelb, kurzhaarig und jenseits einer noch erkennbaren Rasse, kam ans Ufer und kratzte wimmernd mit den Pfoten. Sie stützte sich auf den Ellbogen und sagte: „Komm." Dazu hatte er nicht den Mut. Er kratzte noch ein paarmal und tappte schnuppernd hinter einen Busch.

Sie bog die langen Gräser auseinander und betrachtete,

bewegt von diesem Wunder der Natur, eine am gebogenen Stengel graziös schaukelnde Glockenblume, die dünnen hellgelben Samenfäden, die vollendet geformte blaßblaue Blüte. Wie einen Gegenpol des Lebens sah sie plötzlich Auschwitz und das Bordell, die Schreckensbilder, die sie nicht einmal mehr im Traum gesehen hatte. Aus ihrem verzerrten Mund kam ein tierischer Ton.

Sie warf sich auf den Bauch. Der Körper wand und bäumte sich. Es waren keine menschlichen Laute mehr; es war ein brustrauhes Grölen, bis die seit Jahren nicht geweinten Tränen endlich herausbrachen, zugleich mit einem langgezogenen Schrei. Sie weinte und wimmerte und blieb verwimmernd liegen, Gras und Erde im Mund.

Die Tatsache, daß tausend Männer sie mißbraucht hatten, konnte sie nicht aus sich herausweinen. Aber sie fühlte, als sie wieder aufrecht saß, daß ihr trotz der Verwüstung etwas geblieben war, etwas Unzerstörbares, das die Zerstörer nie besessen hatten. Ihr Gesicht, in diesen Minuten um Jahre gealtert, war nicht mehr starr.

Als das Hündchen wieder am Ufer erschien und verlangend mit den Pfoten kratzte, stand sie auf und blickte forschend umher. Da war niemand. Sie nahm die Haarflut in den Ellbogen, watete hinüber und kam mit dem zitternden, ängstlich leckenden Hündchen zurück. Es inspizierte sofort alles, von Spitze zu Spitze, und bellte zwischendurch entrüstet zwei Sperlingen nach, die gewagt hatten, seine Insel zu überfliegen.

Als sie heimkam, das Hündchen wie einen Säugling im Arm, ging sie zu Martin, der lesend im Schatten der Birken lag, und sagte: „Wenn du nichts dagegen hast, behalt ich ihn." Ihr Gesicht war weich.

Er bemerkte die Veränderung sofort und hatte das Gefühl, daß in Ruth ein neues Lebensgewebe im Entstehen sei. ‚Es kann durch ein falsches Wort vernichtet werden‘, dachte er. ‚Ich muß vorsichtig sein. Ich muß Geduld haben.‘

Sie ging zur Hütte und fragte zurück, ob sie jetzt die Suppe kochen solle. ‚Auch ihr Gang ist anders.‘ Er erkannte den dünnen, weichen Körper von ihrem zarten Nacken aus. Seine Hoffnung schoß über die Gegenwart hinaus und schuf beglückende Zukunftsbilder. Sie sind verheiratet. Weißes Landhaus. Sie steht wartend im Garten, als er heimkommt, und legt die Arme um seinen Hals. Er nimmt den dargebotenen Mund. Plötzlich überkamen ihn die Vorstellungen. Zerreißende Qual verzerrte sein Gesicht. ‚Tausend hatten sie.‘

Martin und Ruth hatten als kleine Kinder täglich zusammen gespielt, in einem winzigen Höfchen, in dem nie ein Grashalm gewachsen war. An der Mauer hatten Gänseställe gestanden, aus Kisten zusammengenagelt, und ein abgestorbenes Bäumchen mit blattlosen schwarzen Ästen. Eine alte Frau hatte für Ruths Eltern die Tiere mit Maiskörnern gestopft. Der schwarze Boden war mit Gänsedreck bedeckt gewesen. Aber als die Geschichte von Adam und Eva im Paradies in der Schule gelehrt wurde, hatte der Siebenjährige das stinkende Höfchen gesehen als das Paradies. Und auch im späteren Leben, wann immer das Wort Paradies ausgesprochen worden war, hatte er das verdreckte Höfchen gesehen und Ruth. Martins Vater, ein berühmter Kriminalpsycholog, hatte eine Berufung an die Grazer Universität angenommen. Erst als Neunzehnjähriger hatte Martin Ruth wiedergesehen. Sein Gefühl für sie, das im Paradiese seiner frühen Kindheit wurzelte, war so selbstverständlich wie sein Atem gewesen in den

paar unvergeßlich glücklichen Wochen mit dem kaum er-
blühten Mädchen. Auschwitz. Und jetzt war zwischen ihm
und ihr das Bordell, und es half ihm nicht, daß er sich
wieder und wieder sagte: ‚Es war nicht sie, und ich darf
nicht kleiner sein als sie.‘

Ruth brachte die Kartoffelsuppe heraus, in den zwei
Teetassen. Sie hatte Katharinas Rat, den oberen Knopf
anzubinden, nicht befolgt. Als sie hinkniete und die vollen
Tassen vorsichtig auf den Grasboden stellte, sah er die
kleinen Brüste. Er blickte weg, erschüttert von der Zart-
heit ihres mißbrauchten Körpers.

„Zum Trinken ist die Suppe fast zu dick. Glaubst du,
daß ich Löffel schnitzen könnte aus Holz?"

Er sagte seitwärts: „Ich stehle zwei im Spital." — ‚Mitleid wäre vielleicht ein Weg zu ihr gewesen‘, dachte er.
‚Aber eher hat noch sie Mitleid mit mir.‘

Der Postbote kam schräg den Hügel herauf und gab
Martin einen Brief. Gleichzeitig war Johanna aus dem
Birkenwäldchen herausgetreten. In dem Brief der Spital-
verwaltung stand, Fräulein Freudenheim sei um ihres
tragischen Schicksals willen gewiß zu bemitleiden. Aber
Martin müsse Rücksicht nehmen auf die öffentliche Mei-
nung, um so mehr, da er im städtischen Dienst sei. Die
Verwaltung hoffe, daß er die Beziehung lösen werde.

Als Ruth ihn fragend ansah, sagte er: „Nichts Besonderes", und schob den Brief in die Tasche. Plötzlich
war ihm gut zumut. Die Vorstellung, daß er ihretwegen
Schwierigkeiten haben werde, erleichterte und freute ihn.
Er lächelte. Wenn sie ihn entlassen, übersiedelt er mit
Ruth in die Spessartgegend. Dort sind keine Ärzte. Ein
schwer erkrankter Bauer muß in die Stadt fahren. Aber er
fährt nicht. Er stirbt. Die Bauern würden ihn mit Lebens-

mitteln bezahlen. Im Spessart könnte Ruth ganz ungestört mit ihm leben. ‚Heiraten natürlich‘, dachte er und war auf dem Umweg über seine praktischen Überlegungen wieder angelangt bei dem weißen Landhaus. Sie steht wartend im Garten.

„Und dann hat er aus den alten Backsteinen einen richtigen Ofen gebaut."

Er sah Johannas Augen an, die vor Glück leuchteten, und dachte: ‚Ruths Augen sind um ein ganzes Menschenleben älter. So würde jetzt auch Ruth sein. Wie dieses unberührte Mädchen. Hoffnungsvoll und glücklich. Alles wäre wunderbar.‘

Die Freundinnen standen auf und gingen Arm in Arm das Wäldchen entlang. Neben Johanna, obwohl sie dünn und nicht einmal mittelgroß war, sah Ruth aus wie ein Kind, das den viel zu weiten Rock seiner älteren·Schwester trägt.

‚Und ich kann Ruth nicht erreichen‘, dachte Martin. Die Machtlosigkeit verursachte einen körperlichen Schmerz in seiner Brust.

„Er wollte mich küssen. Ach, Ruth, ich hatte Angst. Was wird sein?"

Ruth, wunschlos jenseits dieser Gefühle, blickte nachdenklich wie ein Automobilfahrer, der auf seiner Karte nachsieht, ob die Straße in die Irre führt. Seit ihrer Rückkehr hatte sie für Johanna eine mütterliche Zuneigung. Sie drückte Johannas Arm.

Katharina und der Schlangenmensch kamen den Hügel herunter. Sie waren in Höchberg gewesen, wo der Schlangenmensch erfolglos versucht hatte, einen Schinken aus dem Kamin eines Bauern zu holen. Katharinas Füße waren erdbraun, die Beine verstaubt, bis zu den Knien. Am Kleid steckte links an der Brust eine Nähnadel mit weißem Faden, die sie von ihrem Freund Petrus geliehen hatte. Ihr sonngebräuntes Apfelgesicht wurde tiefrot, als sie sagte: „Wenn Sie wollen, näh ich den oberen Knopf jetzt an."

Die drei Mädchen setzten sich zu Martin ins Gras. Der Schlangenmensch hatte die Hemdsärmel aufgekrempelt. Beide Hände in den Taschen der blauen Baumwollhose, die das schmale Hinterchen straff umspannte, ließ er unter seiner Oberaufsicht Katharina den Knopf annähen und folgte ihr dann zum Brunnenrohr. Sie hob den Rock, streckte das Bein vor und stützte sich dabei auf den Schlangenmenschen, der den Messinghahn aufdrehte. Ihre Füße wurden beträchtlich heller.

Er sagte: „Wenn du sie mit meinem Hemd abtrocknen willst — ich zieh's aus. Und Schuh mußt du bekommen, unbedingt."

„Du hast ja auch keine."

„Das ist etwas ganz anderes. Aber ein Mädchen —!"

„Du meinst, ich muß Schuh haben, weil ich ein Mädchen bin? Warum?"

„Ach, so ist es halt. Ich kann dir übrigens selber ein Paar machen. Aber da muß ich natürlich zuerst Maß nehmen."

Der Schlangenmensch wollte Schuhmacher werden. Er hatte einige Tage vorher den Schuhmachermeister Lämmlein gefragt, ob er einen Lehrling brauche. „Leder hab ich zwar nicht", hatte Herr Lämmlein gesagt. „Aber einen Lehrling kann ich brauchen. Du kannst am Montag anfangen".

Herr Lämmlein besohlte alte Schuhe mit Buchenholz und schnitzte neue Holzschuhe, die er vom Messer weg verkaufte. In seinem Keller, über dem kein Haus mehr war, lagen drei dicke Buchenstämme, die er sich rechtzeitig im Wald geholt hatte — Holz für tausend Paar Schuhe.

Martin brachte den beiden zwei Rippen Schokolade und ging wieder auf die Hütte zu. Der Schlangenmensch rief nach: „Woher haben Sie denn Schokolade?"

„Von den Jüngern Jesu."

„Aha!" Während sie den Hügel wieder hinaufstiegen, fragte Katharina: „Wer sind denn eigentlich die Jünger Jesu?"

„Oh, es sind Sozialisten."

„Teilen die Sozialisten Schokolade aus?"

„Natürlich!" Er brach seine Rippe in zwei Teile und sagte heroisch-gleichgültig: „Hier — die Hälfte von meiner kannst du auch noch haben."

Johanna und Ruth hatten minutenlang schweigend im Gras gesessen. „Vorhin, als du in der Hütte warst, hat Martin zu mir gesagt, er möchte mit dir im Spessart leben. Er möchte, daß ihr heiratet."

Ruth knöpfte den oberen Knopf fortwährend auf und zu. „Ich muß fort. Er wird ja nur unglücklich. Es wäre am besten gewesen, sie hätten mich in Auschwitz vergast. Dann wär auch für ihn alles vorbei. Ich muß fort."

„Wenn er dich doch aber liebt, Ruth, wenn er dich doch liebt."

„Auch wenn ich es könnte, was ja ganz unmöglich ist, ging es nicht. Ich kann dir das nicht erklären, Johanna, dir nicht."

„Du kannst mir alles sagen, Ruth, wenn ich auch... ich meine, wenn ich auch nicht viel weiß."

„Nein, du weißt nicht viel."

„Für mich bist du dieselbe wie früher. Du bist jetzt noch

98

viel mehr für mich. Ach, Ruth. Und so geht's auch Martin. Verstehst du denn das nicht?"

Sie sah Johanna zuerst prüfend an und sagte es schließlich. „Zehn Männer jeden Tag! Mir war's schon gleich. Mir war alles gleich. Aber Martin kann das nicht gleich sein. Nie! Und ich — ich würde ihn hassen, wenn ich seine Frau sein müßte. Er wäre nur einer von den tausend. Ich würde ihn umbringen. Oder mich. Wenn ich seine Frau sein müßte." Ihr Mund war verzerrt vor Abscheu.

Johanna holte ihre Brotration ab. Vor dem Schutthaufen, wo ihr Elternhaus gewesen war, blieb sie stehen, nur aus Gewohnheit, da sie früher hin und wieder etwas noch Brauchbares in den Trümmern gefunden hatte. Auf dem schmalen Weg, der aus dem Schutt herausgeschaufelt worden war, gingen ein paar Bekannte vorüber. Alle grüßten schweigend mit demselben gespenstischen Lächeln — aus dem Nichts ins Nichts.

Sie sah etwas Farbiges, das unter einem verkohlten Balken lag, und erkannte den Öldruck nach einem Porträt von Bismarck, das im Studierzimmer ihres Vaters gehangen hatte. In ihr bewegte sich nichts. Sie hatte keine bewegenden Erinnerungen an das Elternhaus. Vom Schutthaufen stieg ein Staubwölkchen in die klare Luft. Ein Stein war ein paar Zentimeter gerutscht, nur durch seine eigene Schwerkraft. Die Naturgesetze waren nicht zerstört.

Die Soldaten der Besatzungstruppen wohnten in unversehrt gebliebenen Häusern, die meisten in Villen, die vereinzelt im weiteren Umkreise des Stadtgebietes standen. Steve, der mit Kameraden im Garten einer kleinen weißen Villa auf dem Rasen lag, sah Johanna schon von weitem und stand auf. Auch die anderen traten an den Gartenzaun und blickten auf das Mädchen, das langsam näher kam.

Seit dem schweren Gespräch in der Mondnacht war Steve, zurückgehalten von unentwirrbaren Gefühlen, nicht zu Johanna gegangen. Als sie so nah war, daß er den Ausdruck ihres Gesichtes schon erkennen konnte, ging er hinaus zu ihr. Sein Wunsch, den er nicht mehr hatte, sich mit einem schönen Mädchen vor den Kameraden zeigen zu können, war erfüllt. Alle blickten ihr nach. Ein kleiner, dicklicher Sergeant pfiff anerkennend.

Johanna, in Gedanken versunken, war erschreckt zur Seite gewichen, als Steve gesagt hatte: „Hallo, Johanna!" Und jetzt ging sie neben ihm. Etwas Drittes, Feindliches ging mit.

Er sagte: „Hoffentlich haben Sie noch kein Feuer gemacht im Ofen. Der Lehm muß zuerst trocknen, und das erste Feuer darf nur sehr schwach sein. Ich möchte gerne dabeisein. Wollen Sie?"

Sie nickte nur, und auch das tat ihr im Herzen wohl. Neben dem langen Steve sah sie sehr klein aus, obwohl er vornübergebeugt ging, unwillkürlich, als wünschte er, ihr näher zu sein.

Plötzlich sagte er mit der Direktheit der Einfachen: „Sie sind nicht verantwortlich dafür, was die Nazis getan haben. Unsinn! Sie tun sich da selber Unrecht!"

Sie waren bei den Weidenbüschen angekommen. Für Johanna, die den Stolz der Mädchen hatte, die sich bewahren für den, den sie einstens lieben würden, wäre es unmöglich gewesen, seine Neigung als ein nicht ganz verdientes Geschenk zu empfangen. Jetzt, da für ihn der Konflikt nicht mehr bestand, war ihr plötzlich leicht in der Brust. Sie sah ihn an im Gehen, und ihr ganzes Gefühl für ihn brach durch, als sie sagte: „Jetzt machen wir gleich das erste Feuer im Ofen. Wollen Sie?"

Er nahm als Antwort ihre Hand, und ihr erschien das schon ganz selbstverständlich. Hin und wieder mußten sie weiter auseinandergehen, getrennt durch halbmeterhohe Wurzelstöcke. Auch dabei hielten sie einander bei den Händen. Johanna tat durch Blick und Lächeln ein bißchen so, als wäre das nur ein kindliches Spiel. Aber plötzlich mußte sie sich, schon auf den Zehen balancierend, über einen Wurzelstock hinweg an ihn hinfallen lassen, und es wurde ernst. Sie begann zu zittern, als Steve sie besser zu sich nahm und küßte. Aber sie küßte zurück, dort, wo gerade ihre Lippen waren.

Die letzten hundert Schritte gingen sie nicht mehr Hand in Hand. Johanna hielt den Kopf gesenkt. Sie war nicht verlegen; sie war ernst und ganz bei sich. Es war, als hätte sie soeben ein Lebenstor durchschritten und wüßte nun, daß früher oder später alles bezahlt werden muß, auch das Glück.

Steve blickte hinunter auf ihr Haar, das er soeben geküßt hatte, und sah plötzlich den blühenden Dornbusch auf der Farm in Pennsylvania. Er sagte unwillkürlich: „Er steht hinter dem Stall", und wurde verwirrt, als sie ihn fragend ansah, weil er auch sich selbst nicht zu erklären vermochte, was der blühende Dornbusch mit Johanna und ihrem Haar zu tun hatte.

Dürre Äste und kleine Stücke Treibholz, an das Ufer angeschwemmt und von der Sonne steingrau gebraten, gab es hier genug. Steve machte ein schwaches Feuer. Johanna horchte erfreut auf das Krachen. Den Ofenbauer interessierte mehr das kaum vernehmbare leise Singen des Lehms, der die Feuertaufe bekam.

Im Stall stand jetzt der feuchte Mischgeruch von Farbe, Kalk und frischen Mauern, wie in einem Neubau. Aber nach kurzer Zeit ging von dem roten Backsteinwürfel die weiche, geruchlose Wärme aus — Johanna hatte einen Ofen.

Zwischen dem Rohrende und der zugespitzten Regenmütze, einen Meter über dem Dach, quirlte der blaue Rauch heraus und stieg empor in die klare Luft des Septembertages, so anheimelnd und tröstlich, als hätte die europäische Zivilisation, die sich im Kriege selbst aufgefressen und in Schutt und Asche verwandelt hatte, durch Steves Ofenbau den ersten Schritt zu einem neuen Anfang getan.

Johanna hatte, in der Hoffnung, daß Steve vielleicht doch wiederkommen werde, den Ziegenstall verschönert. Vor dem glaslosen Fensterloch hing jetzt ein zweiteiliges weißes Vorhängchen, unten mit Bindfaden schwungvoll seitwärts gerafft, auf dem Tisch stand ein Strauß Löwenzahn, trompetengelb, in einer Konservenbüchse, verhüllt mit hellblauem Packpapier, in dessen Rand sie rundherum eine Krause geschnitten hatte, und vor dem Bett lag, lang und breit genug für zwei nackte Sohlen, eine Matte aus hellgrünen Weidenruten, geschmückt mit einem roten Bändchen, kreisrund in die Mitte geflochten.

Sie saßen nebeneinander auf dem Bettrand. Es dunkelte schon. Sie hatte eine seiner Kerzen angezündet, deren Schein weich auf ihrem Gesicht lag. Der Kranz hellbrauner Sternchen um die Pupillen herum leuchtete.

Sie beobachtete, wie er ihre hausfraulichen Verschönerungen ansah, mehrmals eine nach der anderen, und wurde verlegen. Erst daran bemerkte er und sah es bestätigt durch ihren Blick, über den sie die Lider senken mußte, daß sie es seinetwegen getan hatte.

Nun machte auch er ihr eine Liebeserklärung. Er sagte: „Jetzt können Sie hier kochen."

Sein Ton bewegte sie. Wie weich das Leben war! Nur war es bisher an ihr vorbeigegangen. Sie rückte unwillkürlich ein bißchen besser an ihn hin. Es war so gut, neben ihm zu sitzen. Nichts auf der Welt kann ihr geschehen.

Nach einer inhaltsschweren Pause legte Steve, der kein Verführer war, den Arm um sie, wie er es nach Überwindung seiner Scheu schon in Pennsylvania tapfer gelernt und einigemal getan hatte.

„Mögen Sie mich, Johanna?"

Sie nickte nur. Aber plötzlich stürzten die Tränen. Aus dem Munde kam dabei kein Laut.

Zuerst wollte er sie nur trösten — er küßte sie. Und küßte sie wieder und wieder, schließlich auch den Mund, der nicht mehr widerstand. Sie lag in seinen Armen, vergehend, und ließ sich vergehen.

Erst als er, die Lippen an ihrer Wange, flüsternd fragte, ob er bei ihr bleiben dürfe, machte sie sich frei, besessen von der dunklen Scham der Unschuldigen. Die Keuschheit, der riesige Wächter, war stärker als ihr Verlangen.

Als keine Gefahr mehr war, ließ sie sich wieder küssen und küßte zurück, leuchtend und noch naß von Tränen.

Er ging.

Johanna mußte mit dem, den sie liebte, zuerst um die Welt gehen, Hand in Hand, bevor sie sich bereit fand zu der großen Intimität, die bei einem Mädchen ihrer Art in die Lebensgemeinschaft führt.

Als Steve durch das Gartentor der Villa trat, wurde er sofort umringt von den Kameraden, die am Nachmittag mit ihm auf dem Rasen gelegen hatten. Jeder hatte ein Glas in der Hand. Alle waren außer sich vor Freude und schon ein wenig angetrunken. Sie berichteten ihm, alle gleichzeitig, was ihnen kurz vorher plötzlich mitgeteilt worden war: daß sie und er den folgenden Morgen abfahren würden – ab in die Heimat. Um zehn Uhr gehe der Zug.

Auf diese Nachricht hatte auch Steve seit Monaten Tag für Tag gewartet. Es war ein gewaltiges Ereignis – nach zwei Jahren Not und Tod und bitterschwerem Heimweh in einem fremden Erdteil. Er zupfte, als bereite er sich schon vor für die Reise, unwillkürlich seinen Uniformrock straffer, während zugleich Johannas Bild mitten durch die Freude schnitt, die verzuckte wie Wetterleuchten, das den Blitz nur vortäuscht.

Sie gaben ihm ein Glas in die Hand. Er stellte es auf den Rasen, wandte sich wortlos um und ging hinaus. Der kleine, dickliche Sergeant, der mit einiger Anstrengung noch vollständig gerade stehen konnte, obwohl dabei das Eis im Whisky fortwährend gegen die Glaswand klopfte, sah ihm verblüfft nach und fragte, was ihn gebissen habe.

Steve ging zurück zu Johanna, um Abschied zu nehmen.

Sie hatte, seit er fortgegangen war, immer an ihn gedacht. Sie lag schon im Bett, einen Arm unter dem Kopf, und konnte nicht einschlafen. Ihre Hand lag an der entblößten linken Brust, die hoch und fest war und keine Stütze brauchte.

Johanna bedeckte sich hastig, als Steve draußen leise ihren Namen rief. Er setzte sich auf den Bettrand. Es war von ihr ein Blick aus weit offenen Augen gewesen.

Steve, der auf dem Weg an alles gedacht hatte, das er ihr sagen wollte, blickte sie verstört an und berichtete plötzlich nur die nackte Tatsache.

Die Wirkung des Messerstiches wurde, als wäre Johanna

in derselben Sekunde gestorben, nicht sichtbar in dem wachsweißen Oval. Nur die Lippen öffneten sich ein wenig und blieben offen. Sie atmete durch den Mund, während eine Welt, die ihr gehört hatte, versank.

Er sagte verloren: „Und ich lieb dich!"

Und sie wird ihn nie mehr wiedersehen. Nie mehr.

Sie erlitt in Minuten die lebenslange Reue, sich ihm versagt und sich vom Leben nicht genommen zu haben, was ihr an Glück zugeteilt war.

Sie schloß die Lippen und schloß die Augen. Das Gesicht wurde starr und leblos wie eine Totenmaske. Sie hob mit zitternden Händen das Hemd nach beiden Seiten herunter von den Brüsten.

VIII

Das Bauerngasthaus, in dem Christian Scharfs Gruppe ihre Sitzungen abhielt, stand in einem einsamen Waldtal. Auf der weitab liegenden Landstraße fuhr hin und wieder ein amerikanisches Militärauto vorbei. Der Bauer war tagsüber auf dem Feld. Seine Tochter, die schwachsinnig war und nur lallen konnte, besorgte den Kuhstall und die Gaststube. An der Wand hing ein verräuchertes Plakat, auf dem ein sitzender Ziegenbock ein Glas Bier in den Klauen hielt. Es gab schon lange kein Bier mehr, und seit dem Ende des Krieges war selten ein Gast eingekehrt.

An diesem Tag hatte Christian Scharf nur die drei achtzehnjährigen Burschen bestellt, die bei dem Versuch, Martins Hütte niederzubrennen, von den Jüngern in die Flucht geschlagen worden waren. Den Tag vorher war wieder ein sorgfältig vorbereiteter Sabotageakt mißglückt. Karl Sieck, der Bursche mit der Windjacke, der Ruth angehalten und beschimpft hatte, war in Anwesenheit aller Mitglieder von

Christian Scharf beauftragt worden, in die Druckerpresse der sozialistischen Zeitung Sand zu streuen, in die Ölkapseln über den Lagern, um die Maschine unbrauchbar zu machen. Vor dem Druckereigebäude hatten ihn zwei Schriftsetzer angehalten und ihm auf den Kopf zugesagt, was er vorhabe. Sie hatten ihn verprügelt, durchsucht und den Sand in seiner Hosentasche gefunden. Auf dem Wege zur Polizeiwache war er entkommen.

Nach ergebnislosem Hin und Her, welches Mitglied der Gruppe der Verräter sein könne, sagte Christian Scharf: „Jedenfalls muß jetzt beschlossen werden, was mit ihm geschehen soll. Ich sage, wenn wir unsern Laden nicht zumachen wollen für immer, gibt es nur eins."

Nachdem sie den noch nicht ermittelten Verräter Petrus unter zeremoniellen Schwüren zum Tod verurteilt hatten, schickte Scharf die drei Burschen fort. Siegfried Kabus, der SS-Leutnant aus Stuttgart, sollte zu einer Beratung in dieses Gasthaus kommen.

Er stieg den Waldweg herunter. Sein greisenhaftes Gesicht mit breitem, schlappig weichem Mund war bis auf die Knochen abgemagert, sein Haar kurzgeschnitten wie das eines Sträflings. Zuerst glaubte Scharf, der am Fenster stand, die Erscheinung in dem knöchellangen schwarzen Offiziersmantel sei ein Geistlicher in schwarzer Soutane.

Er ging hinaus. Sie begrüßten einander bedeutungsvoll schweigend. Erst im Wald zeigte Kabus seine Legitimation — eine Photographie des SS-Leutnants Kabus in Uniform. Er begann sofort zu sprechen. „Ich war in München bei Blum. Ich kann Ihnen mitteilen, daß wir Querverbindungen mit Argentinien haben, mit Franco in Spanien, mit der im Ausland organisierten polnischen Armee und — was mir besonders wichtig erscheint — mit emigrierten russischen Offizieren, die voll und ganz auf unserer Seite sind. Bei Blum laufen die Berichte aller Untergrundgruppen in Deutschland und Österreich zusammen, und hinter Blum stehen die höchsten Offiziere der Wehrmacht. Unsere Organisation ist vertikal und horizontal zugleich. Weltweit! Ein Block! Ein gigantischer Granitblock gegen Rußland!"

Scharf sah ihn von der Seite an, als fragte er sich, ob Kabus betrunken sei. Eine Woche vorher war er selber in München gewesen bei Blum, der zu ihm gesagt hatte: ‚Zur Zeit sind wir noch Lumpensammler. Von einer organisierten Bewegung kann noch nicht die Rede sein. Und wie die Dinge bei uns liegen, kann auch eine jahrelange organisatorische Arbeit nutzlos sein, falls nicht eine weltpolitische Wendung zugunsten Deutschlands eintritt.‘ Hoffend auf die weltpolitische Wendung zugunsten Deutschlands, war er nach Würzburg zurückgefahren.

Kabus packte Scharfs Arm. „Bereit sein ist alles. Bereit für Den Tag! Unser Block gegen Rußland ist unüberwindlich. Was haben Sie an Waffen gesammelt?"

Scharf sagte gereizt: „Zwei Handgranaten." Er verabschiedete sich unter einem Vorwand von Kabus und ließ ihn stehen im Wald. Als er nach ein paar Schritten zurückblickte, riß die schwarze Gestalt den rechten Arm hoch und rief: „Nächste Woche steigt in Stuttgart das große Ding."

Fünf Tage später las Scharf in der Zeitung den Bericht über den Bombenanschlag in Stuttgart. Die vier Bomben hatten wenig Schaden angerichtet am Gerichtsgebäude, in dem die Verhandlungen gegen die Nazis stattfanden. Aber die Explosion Nummer 1, der erste Gewaltakt der Nazis gegen die Siegermächte, erregte riesiges Aufsehen in

Deutschland, und die Weltpresse brachte ausführliche Berichte.

(Kabus wurde erst zwei Monate später verhaftet, im November. Es wurde ermittelt, daß er während des Krieges hinter der Front beschäftigt worden war und trotzdem an die Stuttgarter Zeitungen geschrieben hatte, er sei für besondere Tapferkeit vor dem Feind zum Leutnant befördert worden. Seine Photographie — als SS-Leutnant — hatte er beigelegt. Er war Korporal gewesen. Kabus wurde zum Tode verurteilt. Er brach erst in der Zelle zusammen. Als ein amerikanischer Zeitungsmann ihn fragte, warum er während der Verhandlung die Rolle des hartgesottenen Helden gespielt habe, sagte Kabus: „Weil meine Mutter an mich glaubt.")

Scharf und Sieck, der seine Windjacke über dem Arm trug, standen in der Domstraße zwischen zwei Schutthaufen. Sie lasen wieder und wieder den Bericht über den Bombenanschlag. Schließlich erzählte Scharf, was Kabus und was Blum zu ihm gesagt hatten, und fragte: „Wem soll man jetzt glauben?"

„No, wem! Wahrscheinlich wollte Blum dich nicht einweihen. Dafür kann's ja Gründe geben. Daß Kabus ein Kerl ist, der nicht nur redet, ist ja klar."

Scharf schob die Zeitung in die Tasche. „Vielleicht liegt die Wahrheit in der Mitte. Sicher ist, daß ich Kabus unterschätzte. Was er da gemacht hat, ist ein Ding. Das bringt Feuer in die Bewegung."

Siecks Auge war noch blaugrün umrahmt. „So ein Ding müssen auch wir loslassen. Handgranaten sind besser als Sand. Und es ist sogar leichtere Arbeit. Einfach durchs Fenster hineingeschleudert! Mit unsern zwei Handgranaten können wir die Druckerpresse und den ganzen Saal in die Luft sprengen, und die Setzer sind auch hin. Dann können sie ihr Scheißblatt im Himmel drucken."

„Das ist ja sehr schön und gut", sagte Scharf. „Aber solang wir den Verräter nicht entdeckt und erledigt haben, können wir nichts unternehmen, sonst sind wir selbst erledigt. Wie soll man den Schuft herausfinden? Wer kann es sein? Was meinst du?"

Sieck schlüpfte in die Windjacke und sagte dabei: „Wenn ich das wüßte, wär er schon hin."

Sie gingen zum Flußufer, wo sie bei der Brücke verabredet waren. Auf der Kaimauer saß Petrus neben einem Hitlerjungen, der eine geschlachtete Gans am Hals hinaushielt über das Wasser, als wollte er sie hinunterfallen lassen. Die Gans habe er von der schwachsinnigen Bauerntochter bekommen.

„Nicht für Geld, Oskar", sagte er und blickte dabei zwinkernd empor zu einem stämmigen Burschen, der hinter den beiden stand.

Oskar, mit dem Scharf und Sieck verabredet waren, schob die dicken Lippen vor und sagte: „Das ist eine ekelhafte Lumperei." Im Gegensatz zu allen Mitgliedern der Gruppe, die sich seit dem Ende des Krieges beschäftigungslos umhertrieben, wartend auf Den Tag, bereitete er sich auf einen Beruf vor. Er war der Sohn einer Offizierswitwe und hatte sein Medizinstudium wieder aufgenommen.

„Lumperei? Quatsch! Ihr gefällt es." Als Scharf und Sieck ankamen, schleuderte er die Gans über seinem Kopf im Kreis herum, wie ein Lasso, und sagte: „Die verkauf ich jetzt im ‚Goldenen Anker'." Er ging.

Sie setzten sich zu Petrus und Oskar auf die Kaimauer. Es war schon dunkel. Unter ihnen schaukelte ein Fischerboot auf dem welligen Wasser. Sieck sprach begeistert über den Bombenanschlag. Scharf berichtete Oskar, was Kabus von der weltweiten Organisation und dem Block gegen Rußland erzählt hatte, und fügte Blums Hoffnung auf eine weltpolitische Wendung zugunsten Deutschlands in das Bild. Vielleicht habe Kabus ein bißchen übertrieben. Es werde wahrscheinlich noch einige Zeit dauern, bis Deutschland seine Stimme wieder erheben könne. Aber man sei auf dem Weg.

Oskar schwieg. Petrus ließ hin und wieder ein Steinchen ins Wasser fallen. Sie beachteten ihn nicht. Er wurde nicht ernst genommen. Seine Aufgabe war nur, Knaben seines Alters für die Gruppe zu werben.

Sieck stieß die Faust vor. „In jeder Stadt müssen Bomben platzen, bis unsere Gegner in die Hosen scheißen. Die nächste Bombe platzt in Würzburg."

Da sagte Oskar, wie zu sich selbst, als dächte er laut: „Ein Haus zu bauen wäre besser, als eins in die Luft zu sprengen."

Eine Äußerung dieser Art hatten sie noch nicht von einem Mitglied der Gruppe gehört.

Beide schnellten den Kopf ins Profil zu ihm und horchten erstaunt, als er fortfuhr: „Mit Bombenwerfen, Sabotageakten, Judenhetze ist Deutschland nicht zu helfen."

„Und auf welche Weise ist zu helfen?"

„Das weiß icht nicht. Was wissen wir denn! Wir kamen als Buben in die Hitlerjugend. Es war ja ganz unmöglich, selbständig denken zu lernen. Aber das kann ich mir jetzt ausrechnen, daß Deutschland nicht auf die Beine gebracht werden kann mit den Mitteln, durch die es auf den Hund gebracht wurde."

„Und wenn wir den Krieg gewonnen hätten? Da hat ja gar nicht viel gefehlt."

„Wenn du mich fragst, dann sag ich dir, das wär noch viel furchtbarer gewesen. In der letzten Zeit hab ich über vieles nachgedacht. Wenn man — um allein nur davon zu sprechen — wenn man sechs Millionen umbringt, nur weil sie Juden sind, und in Rußland neun Millionen Zivilisten! Und mir kann man nicht erzählen, daß das Greuelmärchen sind: Ich war in Rußland, zweimal, und zweimal in Polen. Ich war in Auschwitz. Ich war in dem Zug, in dem Ruth Freudenheim von hier nach Auschwitz gebracht wurde. Ich hab die Öfen gesehen."

„Nun, und wenn schon!" rief Scharf. „Sag mal, warum bist du eigentlich in unserer Gruppe, wenn du diese Ansichten hast?"

„Ich hätte mit euch schon über diese Dinge gesprochen. Ich wollte nur zuerst selber klarwerden, auch darüber, was getan werden sollte."

Sieck fragte lauernd: „Warst du schon damals dieser Meinung, als wir die Holzhütte niederbrennen wollten, wo diese Judenhur wohnt?"

Petrus ließ ein Steinchen ins Wasser fallen, während Oskar sagte: „Ich war dagegen."

„Du warst dagegen. Demnach warst du auch gegen den Beschluß in bezug auf die Druckerpresse."

„Auch dagegen war ich."

„Das hast du uns aber damals nicht verraten — uns nicht."

Scharf preßte heimlich Siecks Arm und legte gleichzeitig die Hand freundschaftlich auf Oskars Schulter. „Was du da sagst, daß man Deutschland so nicht wieder auf die Beine bringen kann, interessiert mich. Wir sollten über diese Dinge sprechen. Wer weiß, vielleicht hast du recht."

Oskar zog die Nummer der sozialistischen Zeitung heraus, in der ein Artikel über das Bombenattentat war, den
der Vater des Jüngers Johannes geschrieben hatte. „Was
diese Leute über den Stuttgarter Irrsinn schreiben, hat
Hand und Fuß und kommt auf dasselbe heraus, was ich
darüber denke."

Sieck, der neben Scharf saß, am Ende der Reihe, flüsterte:
„Er kann nicht schwimmen."

„Sie schreiben nicht nur über das Attentat. Sie gehen
nur davon aus und erklären dann, warum Sozialismus die
Rettung für Deutschland sei. Vielleicht haben sie recht.
Ich versteh zuwenig davon."

„Das ist jedenfalls interessant und sollte gründlich
durchgesprochen werden", sagte Scharf. „Machen wir doch
eine Bootsfahrt. Ich hab eine Taschenlampe. Du liest uns
den Artikel vor, und dann sprechen wir gleich darüber.
Auf dem Fluß sind wir ganz ungestört. Da hört uns niemand, auch wenn wir uns in die Haare geraten."

Petrus stand auf. „Ich geh jetzt." Scharf sagte: „Was
du da gehört hast, ist geheim. Kein Wort darüber! Auch
nicht zu unsern Leuten, mein ich. Verstehst du?" Er machte
das Boot los, das angebunden war an einen Eisenring in
der Kaimauer. Sie stiegen ein.

Es war eine dunkle Nacht. Oben stand nur hier und dort
ein Stern. Das Boot glitt flußabwärts, langsam vorüber an
Johannas Ziegenstall. Hier gab es keine Häuser mehr.

Sieck steuerte das Boot in die Flußmitte. Nach einer
Weile sagte Scharf zu Oskar, der zwischen den beiden auf
dem Mittelbrett saß: „Setz dich lieber hierher. Dann hören
wir besser, wenn du vorliest."

Das Boot schwankte, als sie sich erhoben, um Platz zu
wechseln. Auch Sieck war aufgestanden. Beide gingen ba-

lancierend auf ihn zu. Sie stießen ihn hinein. Er kam noch einmal hoch, schrie und versank.

Die Leiche wurde den folgenden Morgen in der Nähe des Nonnenklosters Himmelspforten ans Ufer geschwemmt.

Als Petrus gegen Abend die Nachricht in der Zeitung las — er stand hinter dem Schanktisch —, flüsterte er entsetzt: „Sie haben ihn umgebracht." Er hörte, wie der Fischer Kreuzhügel, der am Stammtisch selten ein Wort sagte, aufgeregt rief: „In fünfunddreißig Jahren, solang ich fische, wurde mein Boot nicht geklaut. Es liegt immer an der Brücke. Heut früh fand ich es weit unten am andern Ufer. Es war angebunden. Und das ist es. Falls er nämlich in meinem Boot gefahren ist, muß noch jemand drin gewesen sein. Ein Ersoffener kann kein Boot anbinden."

Universitätsprofessor Häberlein trank zuerst einen Schluck und sagte dann: „Es wird nur ein Zufall sein, daß Ihr Boot in derselben Nacht unrechtmäßig benützt wurde... Ein schreckliches Schicksal! Vier Jahre an der Front! Kommt mit dem Leben davon. Und jetzt so etwas. Er wollte Arzt werden. Seine Mutter kann einem leid tun. Er war ihre einzige Hoffnung."

Petrus stand schon vor dem Haus. Katharina, die auf der Türschwelle saß und probierte, ob sie die Zehen so weit auseinanderspreizen könne wie die Finger, stand auf und trat zu ihm. „Was hast du denn? Ist dir schlecht?" Er ging langsam weiter, abwesend wie ein Schlafwandler. „Da muß ich... da muß ich..." Er wußte nicht, was er mußte.

Es dunkelte schon, als er sich bewußt wurde, daß er vor dem Häuschen, das Johannes' Vater gehörte, stehengeblieben war. Das Fenster war offen. Er rief ein paarmal Johannes' Namen, in steigender Erregung. Es klang wie ein Hilferuf. Johannes schlenderte die Straße herunter und legte ihm von hinten die Hand auf die Schulter. Er schnellte entsetzt herum.

Während sie zum Flußufer gingen, berichtete Petrus fast wortgetreu, was den Abend vorher gesprochen worden war.

Bei der Brücke blieb er stehen, an derselben Stelle. Unter ihnen lag Kreuzhügels Boot. „Und dann schlug Scharf eine Bootsfahrt vor. Mir lief's kalt den Rücken herunter. Aber ich weiß erst jetzt, warum. Was soll ich tun? Soll ich's der Polizei oder den Amerikanern sagen, daß sie ihn umgebracht haben?"

Johannes sagte nachdenklich: „Wenn gestern abend außer dir niemand dabei war, wissen sie ja, daß du sie angezeigt hast. Dann bringen sie dich um."

„Wenn Scharf und Sieck verhaftet sind, können sie niemand mehr umbringen."

„Und die andern?"

„Ich glaub nicht, daß sie die andern eingeweiht haben. Ein Mord! Die werden sich hüten."

„Das kannst du nicht wissen. Sie haben sich ja auch nicht gehütet, in deiner Gegenwart mit ihm ins Boot zu steigen."

„Mich halten sie für einen Dummkopf. Das ist ja die Rolle, die ich spiele."

„Ich sag dir, es ist verdammt gefährlich."

„Ich riskier's. Ich muß."

„Ich glaub, es ist besser, ich frag zuerst meinen Vater, wie man's machen soll. Davon versteht er ja etwas, obwohl er sonst ... Nun gut. Natürlich sag ich ihm nichts von dir."

„Wenn er dich aber fragt, woher du es weißt?"

„Dann sag ich, das ist ein Geheimnis."

„Gut, frag ihn. Aber angezeigt müssen sie werden." Er begleitete ihn bis zum Häuschen. Es war außen mit drei Balken gestützt. Ein Riß ging querdurch. Aber es war noch bewohnbar.

Johannes' Vater saß am Fenster und las bei Kerzenlicht den zweiten Artikel, den er im Zusammenhang mit dem Bombenanschlag geschrieben hatte. In sein zertrümmertes Gesicht waren die vier Jahre Dachau eingeprägt wie ein Stempel in Siegellack. Erst als er aufsah, bemerkte er, daß Johannes im Zimmer war. Er lehnte an der Wand, das Bein quer übergeschlagen, die Hand in der Hüfte.

„Du kommst immer wie ein Geist herein."

„Ich brauch einen Rat von dir."

„Was du sagst! Das kommt selten vor. Das ehrt mich."

„Was würdest du dazu sagen, wenn du wüßtest, daß es hier in Würzburg wieder Nazis gibt, und daß..."

„In Würzburg gibt es mehr Nazis als Brot."

„Du mußt mich aussprechen lassen. Also, da ist doch gestern nacht der Medizinstudent ertrunken. Aber es war kein Unglücksfall, wie in eurer Zeitung steht. Die Nazis haben ihn umgebracht."

„Woher weißt du das?"

„Das muß ein Geheimnis bleiben. Aber ich kann dir alles erklären, dann wirst du's schon begreifen."

„Das traust du mir zu."

Johannes wippte sich los von der Wand. „Gestern abend, ungefähr um diese Zeit, saßen die vier bei der Brücke auf der Kaimauer." Er zeigte mit den Händen, wie die vier nebeneinander auf der Kaimauer gesessen hatten.

„Der eine war Oskar, der Medizinstudent, der andere Christian Scharf und der dritte Karl Sieck, der Sand in eure Druckerpresse streuen wollte. Den habt ihr erwischt und verprügelt, weil euch vorher jemand einen anonymen Brief geschrieben hatte."

Der Vater legte seinen Artikel auf den Tisch. „Woher weißt du das alles?"

Johannes wischte die Frage mit der Hand weg. „Christian Scharf ist der Führer der Würzburger Hitlerjugend. Er hat sie neu organisiert. Ihr, natürlich, wißt davon nichts. Also, sie sprachen über den Bombenanschlag, und da sagte Oskar, er sei dagegen, und es sei überhaupt besser, daß Deutschland den Krieg verloren habe, weil die Deutschen Millionen umbrachten für nichts und wieder nichts. Er sei selber in Rußland gewesen und auch in Auschwitz, wo die Öfen für die Juden waren. Er sprach auch über deinen Artikel und sagte, vielleicht sei Sozialismus das Richtige. Kurzum, sie bemerkten, daß er abgefallen war. Verstehst du? Da schlug Scharf eine Bootsfahrt vor. Oskar solle den Artikel vorlesen, und dann würden sie darüber sprechen. Am andern Morgen wurde seine Leiche gefunden."

Der Vater stand auf. „Wer war der vierte?"

„Das ist einer, der nur so tut, als ob er ein Nazi wäre, nämlich, um alles herauszubekommen, was sie vorhaben. Er hat euch auch den anonymen Brief geschrieben. Jetzt wirst du begreifen, daß ich dir nicht sagen kann, wer es ist, weil sie ihn ja umbringen, wenn's rauskommt."

Der alte Sozialist staunte seinen konspirierenden Sohn an, der wieder an der Wand lehnte, die Hand in der Hüfte.

„Soll man es der Polizei sagen oder den Amerikanern? Aber es muß so gemacht werden, daß meinem Freund nichts passiert. Von diesen Dingen verstehst du ja etwas, hab ich mir gedacht."

Eine Stunde später saß Johannes' Vater im Büro des Kapitäns Lieban, Intelligence Officer of the Occupation Army. In der Nacht wurden Scharf und Sieck verhaftet.

IX

Der Krieg war seit eineinhalb Jahren aus. Der Krieg um das bißchen Leben, das übriggeblieben war, ging weiter. Die kleinen Leute hatten erfahren, was das Wort „Kalorie" bedeutet, und daß der Mensch ohne ein bestimmtes Minimum an Kalorien unaufhaltsam schwächer wird. Wer ernstlicher krank wurde, starb, und es starben viele im unsterblichen Europa.

Der Jünger Lebbäus liebte es, das Haar ganz kurz zu tragen. Die Jünger nannten ihn „Maus", weil er ein zu kleines mausartig zugespitztes Näschen hatte und flinke Augen, denen nichts entging. Er saß auf einer Kiste im Keller eines Freundes, eines arbeitslosen Friseurgehilfen, der ihm das Haar umsonst schnitt, mit der Maschine, in zwei Minuten.

Die Maus hatte in der vergangenen Nacht dem schwindsüchtigen Zimmermaler Hohlfuß den Kamelhaarmantel des Baumeisters Himmelhoch heimlich aufs Krankenbett gelegt, zusammen mit dem Lieferschein der Jünger und einem Schreiben von Petrus, in dem stand, daß der Zimmermaler den Mantel vor der Benutzung vorsichtshalber zuerst schwarz färben lassen sollte.

Am Morgen schlüpfte der Schwindsüchtige, obwohl in seinem Keller die Strahlen der warmen Spätherbstsonne lagen, fröstelnd in den molligen Kamelhaarmantel und ging fort, um seine Brotration zu holen. Der lange, dünne Zimmermaler, erst dreißig Jahre alt, hatte den ganzen Sommer täglich viele Stunden im Freien gesessen, hoffend auf die Heilkraft der Sonne. Sein bartloses, eingefallenes Gesicht war tiefbraun. Nach ein paar Wochen starb er.

Die Maus trat aus dem Keller auf die Straße und strich

mit der Hand nach hinten über den Kopf. Er spürte im Handinnern und in der Kopfhaut, wie die kurzen Härchen widerstrebten und sich sofort wieder legten. Es prickelte angenehm. Er beschloß, in der nächsten Sitzung vorzuschlagen, daß sein Privatfriseur, der keine Arbeit und nichts zum Leben hatte, in die Liste der Bedürftigen eingeschrieben werde.

In Würzburg gab es nur noch ein paar brauchbare Kamelhaarmäntel, und keiner war so dick und so splendid weit geschnitten wie der des Baumeisters Himmelhoch. Er erkannte seinen Mantel schon von weitem an der Farbe und an den elegant fallenden dicken Falten. Der Schwindsüchtige hatte den Gürtel eng geschlossen.

Vor dem Haus, in dem die Brotrationen ausgegeben wurden, standen mehr als zweihundert Leute, darunter auch Johanna, die Witwe Hohner und Das Huhn. Der Schwindsüchtige stellte sich hinten an. Die Nächststehenden warfen begehrliche Blicke auf den Mantel, der noch ganz neu aussah.

Der Baumeister, der ebenfalls seine Brotration hatte abholen wollen, eilte direkt auf den Mantel zu und schrie: „Den haben Sie gestohlen. Mein Mantel!" Sein roter Schnurrbart sträubte sich wie eine Bürste.

Der Schwindsüchtige sagte, ohne das geringste Interesse für das Leben und den Baumeister zu zeigen, hohl aus dem Halse: „Ich hab nichts gestohlen." Er konnte die Tasche des weiten Mantels nicht gleich finden. Schließlich zog er den Lieferschein der Jünger heraus und Petrus' Brief.

„Die Jünger Jesu? Was wollen Sie mir damit erzählen! Ha, die Jünger Jesu! Mir machen Sie nichts vor. Das ist mein Mantel." Er rief den Schutzmann herbei, der die Brotausgabe überwachte.

Die zerbröckelnde Menschenschlange verwandelte sich in einen dicken Kreis, in dessen Mitte die drei standen. Das Huhn, hypnotisiert von dem Ereignis, starrte unverwandt den Schutzmann an, der laut las: „Die Jünger Jesu."

Die Witwe Hohner, die schon lange bezweifelte, daß die Jünger Jesu im Himmel den Kaffee geschickt hatten, trippelte eilig davon. Johanna sah betroffen hinab zu ihren zierlichen Halbschuhen, die David vor einiger Zeit in den Ziegenstall gestellt hatte.

Die Maus, die sich vorsichtig hinter dem dicken Menschenkreis aufhielt, rief hetzend: „Was will denn der eigentlich? Er hat ja drei Wintermäntel. Einer hat sogar einen Pelzkragen und sogar auch innen Pelz."

Da sagte der Schornsteinfeger Kletterer, der arbeitslos war, da es keine Schornsteine mehr gab: „Er wohnt ja auch in einem Haus, und er kann sich jeden Tag besaufen. Manche Leute haben eben alles. Die andern verrecken im Keller." Der Schornsteinfeger Kletterer hatte einen Klumpfuß.

Die toten Fensterlöcher der Ruinen starrten herunter auf den sonnigen Platz, der schwarz von aufgeregten Menschen war. Die Stimmung hatte sich gegen den Baumeister gedreht. Er schrie wütend, daß ja schließlich nicht er den Mantel gestohlen habe.

Der Schutzmann führte den Schwindsüchtigen am Arm heraus aus dem Gedränge und auf die nahe Polizeistation, begleitet vom Baumeister, der gestikulierend erklärte, daß ihm zwei Mäntel gestohlen worden seien. „Und mein Wohnzimmerfenster hat er eingeschlagen. Wo krieg ich jetzt Glas her."

Die Menschenschlange stand wieder an. Die Maus war zu Petrus ins „Gemütliche Loch" geeilt.

119

Abends stand im Lokalanzeiger, daß man jetzt endlich auf der Spur dieser berüchtigten Jünger Jesu sei. Auf den besonderen Wunsch des Kapitäns Ralph Lieban werde schon das Vorverhör des Manteldiebes öffentlich abgehalten, damit die Aufklärung dieser schändlichen Diebstähle gleich an Ort und Stelle durchgeführt werden könne. Alle Geschädigten sollten sich im Saal des Polizeigebäudes einfinden und alles genau zu Protokoll geben.

Punkt sechs Uhr waren die Jünger Jesu versammelt.

Der Keller hatte ein anderes Aussehen. Jeder Zentimeter des vollgestopften Lebensmittelregals war ausgenützt. Am Kleider- und Wäscheregal, in dem jetzt auch Schuhe auf drei Brettern standen, ebenfalls noch aus Zwischenzahls Lager, hing der alte Frack über einem Bügel und auf der anderen Seite, in gleicher Höhe, der Mantel des Baumeisters, ein kurzer Jagdpelz mit Otterkragen und Bisamfutter. Links und rechts von den zwei Regalen war je ein Mäuerchen ordentlich aufgestapelter Lebensmittel und neben den Mäuerchen je ein Zentnersack Mehl. Diese Anordnung war die Idee des Lagerverwalters, der seine Vorliebe für Symmetrie hatte.

Um Platz zu gewinnen, hatten sie die Betstühle umgestellt. Sie standen nicht mehr im Halbkreis um den verstümmelten Christus in der Ecke herum, sondern an der Mauer entlang. Die elf zerlumpten Jünger Jesu — sie saßen schon — waren jetzt das lebendig gewordene „Abendmahl" von Leonardo da Vinci. Nur saß an Jesus Stelle jetzt Petrus in der Mitte, und er verteilte nicht Brot unter die Jünger, sondern eine Salamiwurst. Links und rechts vom „Abendmahl" brannten Kerzen in zwei hohen Barockstandleuchtern, die zerbrochen und notdürftig mit Draht gebunden waren.

Petrus hatte seine Wurstscheibe noch in der Hand. Die Aufregung über die Zeitungsnotiz und die Angst, daß durch das öffentliche Verhör des Zimmermalers und der unfreiwilligen Spender das Geheimnis entdeckt werden würde, hatten ihm den Appetit verschlagen. Aber er nahm sich zusammen und sprach den vorgeschriebenen Satz pathetisch wie immer:

„Wir, die Jünger Jesu, Vollstrecker der Gerechtigkeit, nehmen von den Reichen, die alles haben, und geben es den Armen, die nichts haben... Die Sitzung ist eröffnet." Er fuhr gleich fort: „Es ist soweit. Über uns hängt das Beil."

Der Schlangenmensch wischte die fetten Finger an der Hose ab und sagte: „Da hängt gar kein Beil. Der Herr Hohlfuß hat ja die Maus nicht gesehen. Die wissen einen Dreck, wer wir sind."

Die Maus strich genußsüchtig nach hinten über die kurzen Härchen. „Das mit dem Mantel war ein Blödsinn. Und der Pelz dort ist auch nichts. Den erkennt er ja sogar, wenn er besoffen ist."

„Certainly. Mäntel sind überhaupt gefährlich. That's clear. Ja, wenn sie schwarz wären. Schwarze Mäntel gibt's genug in der Stadt. Aber wir haben natürlich die zwei besten genommen. So ist es doch, wenn man die Wahl hat."

Der Jünger Johannes sagte nachdenklich: „Vielleicht sollten wir so schnell wie möglich alles verteilen, damit nichts mehr da ist, wenn sie uns erwischen." Aber der Lagerverwalter schüttelte den Kopf, während er sein wohlgeordnetes, reichhaltiges Lager melancholisch ansah.

Petrus richtete sich straff auf im Betstuhl. „Ein Unschuldiger soll ins Gefängnis kommen. Das darf nicht sein.

Wenn es das Schicksal will, daß gesühnt werden muß, soll nicht ein unschuldiger Kranker dafür büßen, was wir getan haben. Wir sind diejenigen, die ins Gefängnis gehen. Wir werden einstehen für unsere Sache wie ein Mann. Ich mache somit folgenden Vorschlag. Wir schreiben einen Brief an den Richter. Wir weisen die Unschuld des Verdächtigten nach, indem wir alles auf uns nehmen. Wir werden unser Schicksal zu tragen wissen. Natürlich sagen wir nicht, wer wir sind. Soll der Richter uns die Maske vom Gesicht herunterreißen, wenn er kann. Was immer uns geschehen möge — wir sind bereit", schloß Petrus und schob die Wurstscheibe in den Mund.

Sie glaubten, die Sitzung sei beendet. Aber Petrus nahm ein altes Hemd aus dem Kleider- und Wäscheregal und hielt es an beiden Ärmeln hoch. Es war zerrissen. Er drehte es um und um. „So sehen unsere Gaben aus." Plötzlich sagte er tapfer heraus, was er auf dem Herzen hatte: „Ich mache den Vorschlag, ein neues Mitglied aufzunehmen, ein Mädchen, das flicken kann."

Sie blickten ihn begriffsstutzig an. Der Schlangenmensch tippte sich an die Stirn und fragte Petrus, ob er schwach im Kopf sei. Alle schrien ablehnend durcheinander. Petrus rief in den Tumult: „Es ist ein Jammer, daß wir den Leuten unbrauchbares Zeug geben, das sie nicht flicken können. Niemand hat Nähnadeln. Einen Kochtopf oder so etwas konnten sie wiederfinden im Schutt, aber keine Nadeln." Er nahm eine Streichholzschachtel, die im Regal zwischen zwei Fadenrollen lag. „Wir haben drei Nähnadeln. Aber wir brauchen ein Flickmädchen."

Der Schlangenmensch rief: „Die sind jetzt sowieso hinter uns her. So ein Klatschmaul hat uns grad noch gefehlt. Es gibt nämlich keine, die das Maul halten kann."

„Es wäre natürlich wunderbar", sagte der Lagerverwalter, der sein Lager hütete wie eine sorgsame Hausfrau ihren Wäschevorrat. „Wer ist denn das Mädchen?"

„Käthchen."

Sie verstummten. Vor Katharina hatte jeder Respekt. Erst vor ein paar Tagen hatte sie wieder etwas getan, das nach Ansicht der Jünger kein anderes Mädchen gewagt haben würde. Sie war ein hohes, steiles Ziegeldach hinabgeklettert und hatte ein kläglich miauendes drei Wochen altes Kätzchen aus der Dachrinne geholt. Der Schlangenmensch schob mürrisch die Lippen vor, als er sich daran erinnerte, daß sie dem Burschen mit der Windjacke ihr Körbchen ins Gesicht geschlagen hatte.

Petrus, ein geübter Versammlungsleiter, ließ die Sekunde, da alle beeindruckt waren, nicht ungenützt verstreichen. Er verlangte sofort die Abstimmung. Nur die Maus schüttelte energisch den Kopf — er hatte drei Schwestern. Als letzter hob schließlich auch der Schlangenmensch die Hand und sagte: „Du kannst sie ja einmal mitbringen."

Petrus errötete. „Sie wartet draußen." Er eilte hinaus. Katharina saß im Mönchsfriedhof auf einem Grabstein.

Das reichhaltige Warenlager, die umherliegenden Köpfe und Glieder der alten Holzbildwerke, der verstümmelte Christus, die schweigenden Jünger in den Betstühlen, flankiert von den zwei hohen Barockstandleuchtern, machten auf Katharina, die barfüßig im Türrahmen stand, einen gewaltigen Eindruck.

Petrus sagte: „Käthchen, von jetzt an bist du Mitglied der Geheimen Gesellschaft der Jünger Jesu, die eine vollständig geheime Untergrundbewegung ist. Du darfst niemals darüber sprechen, zu niemand, auch nicht zu deiner

Mutter, und auch wenn du gefoltert wirst, mußt du schweigen, bis in den Tod."

Sie flüsterte entgeistert: „Ich sag nichts. Eher beiß ich mir die Zunge ab."

Das fühlte jeder.

Nach dem Ende der Sitzung lieferte die Maus noch zwei Gaben ab — für seinen arbeitslosen Privatfriseur eine Salamiwurst und für den Schornsteinfeger Kletterer die alte Frackhose, die er ja auch bei der Arbeit tragen könne, sobald es wieder Schornsteine geben würde.

Es war schon spät, als er heimwärts ging, ein dunkles Etwas im Dunkeln. Straßenbeleuchtung gab es nicht; es gab nur noch die Erinnerung an Straßen. Im Dunkeln sahen die Schutthaufen aus wie riesenhafte versteinerte Urtiere, krepiert vor undenklichen Zeiten. Als in der gespenstischen Stille plötzlich ein Mensch aus seiner Erdhöhle herauskroch, auf allen vieren wie vor hunderttausend Jahren, schlug die Maus erschreckt einen Bogen.

Sein Elternhaus war zerstört. Der Vater entstammte einer wohlhabenden Weinhändlerfamilie und war selbst Weinhändler gewesen. In einer Ecke des Kellers lag noch ein leeres 1000-Liter-Faß. Die meterdicken, unverputzten Mauern, zwischen denen dreihundert Jahrgänge gegärt und geblumt hatten, waren mit dem Duft des Weines imprägniert.

Die Eltern, die am Boden auf einem Strohsack lagen, bewegten sich, als die Maus eintrat. Seine drei Schwestern — die jüngste sieben, die älteste dreizehn — lagen dicht nebeneinander auf einer Art Pritsche, aus alten Zaunbrettern zusammengenagelt.

Ein Boden des riesigen Weinfasses war herausgesägt und stand jetzt in der Mitte als runder Tisch. Die Maus zündete den Kerzenstummel an, den er vom Sohn des Kirchendieners bekommen hatte, und nahm ihn mit ins Faß. Seine Mutter hatte nach langem Widerstreben schließlich zugegeben, daß das Faß noch der beste Schlafplatz für die Maus sei.

Das Innere des Fasses war vollständig austapeziert mit Zeichnungen. Die Maus zeichnete seit einiger Zeit von früh bis abends Häuser, die Dächer hatten. Er hatte eines Tages von der Festung aus die zehntausend dächerlosen Häuser Würzburgs betrachtet und angesichts der riesigen Stadtruine beschlossen, Architekt zu werden. Seit zwei Monaten arbeitete er als Lehrling bei zwei jungen Architekten, die sich zusammengetan und das Architekturbüro „Optimismus" gegründet hatten. Zu tun hatten sie nichts. Sie erklärten, froh, einen wißbegierigen Zuhörer zu haben, der Maus „die Schönheit des sachlichen Bauens", „den Goldenen Schnitt", „die ästhetische und praktische Bedeutung der Proportion", sie zeigten ihm ihre exakt ausgeführten Pläne und Grundrisse für Projekte, die sie bauen würden, wenn sie Bauaufträge bekämen, und entwarfen unverdrossen neue Pläne für wohlproportionierte Gebäude, für die sie keine Aufträge hatten. Baumaterial gab es sowieso nicht. Sie waren vom Bauen so weit entfernt wie ihr Lehrling.

Die Maus lag in dem riesigen Weinfaß jetzt bequem auf dem Rücken, die Hände unterm Kopf, und betrachtete gelassen seine gezeichneten Häuser, die Dächer hatten. Die Dreizehnjährige richtete sich noch einmal auf und schilderte, getroffen vom Schein der Kerze, ihren Schwestern das Kleid, das sie sich wünschte.

„Hellgrün mit rosa Streifen. Ganz dünne Streifen!" Sie strich mit beiden Händen über die zarte Brust herunter

125

in die eckigen Hüften. „Hier oben ganz, ganz eng!" Strahlend breitete sie die nackten dünnen Arme aus. „Aber der Rock — so weit!"

Die Mutter war erwacht und hatte zugehört. Die Maus wälzte sich herum auf den Bauch, streckte den Kopf heraus und sagte: „Du hast ja kein Geld dazu, und du hast keine Schuh, und außerdem gibt's keinen Stoff."

Obwohl sie schon nicht mehr an ihr Traumkleid glaubte, legte sie, die Finger delikat gespreizt, das Krägelchen noch um den Hals. „Ein schmales Pikee-Krägelchen und Pikee-Manschetten."

Die Mutter unterdrückte ein Schluchzen und sagte lächelnd: „Schlaft jetzt, Kinder, schlaft. Löscht das Licht aus." Es wurde finster.

X

Die Farm in Pennsylvania war hinter dem Delaware-Strom und vom nächsten Städtchen aus praktisch nur mit dem Auto zu erreichen. Zwischen den riesigen rostroten Scheunen und dem Wohnhaus war viel freier Platz. Das Land ist groß.

Steve saß in einem ärmellosen Wolleibchen auf der Terrasse. Sein Rock hing über der Stuhllehne. Er hatte Gesicht und Brust gewaschen, das Haar war noch feucht. Der leicht abfallende Rasen, durch den ein Bach floß, hatte schon das tiefe Grün der Stunde zwischen Tag und Abend. Unten lagen weiße Enten fast reglos auf dem Teich. Ein Vogel, kurz und eilig pfeifend, durchschnitt hin und wieder die Stille. Steve nahm Johannas Photographie aus dem Rock.

Fünftausend Kilometer und ein Gesetz, das ihm verbot, ein deutsches Mädchen zu heiraten, waren zwischen ihr und ihm. Als er das Bild betrachtete — sie sah darauf so

ernst aus, wie sie und ihr Leben waren —, hatte er das Gefühl, eine Stahlnadel ritze über sein Herz. Das Bild ver-
schwamm unter seinem Blick — Johanna, seine Frau,
kommt heraus auf die Terrasse und setzt sich zu ihm. Nur
der stille Abend spricht. Das Leben liegt vor ihnen. Und
auch einen Sohn werden sie haben.

Steves Mutter — sie hatte mit siebzehn geheiratet und
sah viel jünger aus als die Mutter eines dreiundzwanzig-
jährigen Sohnes — sagte überzeugt, während sie mit einer
Schüssel voll frischem Gemüse an Steve vorüberging: „Die
können das ja nicht für immer verbieten." Er hatte ihr alles
erzählt, nur nicht den Abschied.

In der Stille ertönte Schnattern. Er hob den Kopf. Unten
wackelten die vierundzwanzig weißen Enten quer über den
Rasen auf den Stall zu — ein wackelnder, schnatternder,
schneeweißer Strich im abendlichen Grün. Steve hatte sich
schon oft gefragt, wie es dazu komme, daß die Enten abends
immer genau zu derselben Minute und alle zugleich plötzlich zu schnattern begannen und stallwärts zogen. Als wäre
dieses friedliche Bild ein Grund, an Johanna zu schreiben,
nahm er den Rock und stieg hinauf in seine Stube.

An der geweißten Wand hing seine Militärmütze. Er
setzte sie auf, unwillkürlich, als wollte er die fünftausend
Kilometer überbrücken und wieder Soldat und bei Johanna
sein. Das Schreiben fiel ihm schwerer, als er gedacht hatte.
Schließlich stand er wieder auf und blickte in Gedanken
über das hügelige, in Wellen abfallende Land hinweg zum
Delaware-Strom, der in der Ferne blinkte. Es ist so viel
zu schreiben. Mit was anfangen? So viel! Wie ihm zumut
ist, und daß er wünschte, sie wäre hier bei ihm? Und dann?
Was ist dann mit ihr — so weit entfernt und das Verbot?
Er könnte die Mutter fragen, ob sie glaubt, daß er etwas

tun kann. Aber er weiß ja selbst, daß es nicht möglich ist. Nichts ist möglich.

Ratlos blickte er hinab zu den weißen Enten, die noch vor dem Stall standen. Andere Gedanken kamen und Vorstellungen. Ihr Gesicht, als er eintrat, um Abschied zu nehmen. Er sah die weit offenen Augen. Und sie hat es getan. Das kann er nie vergessen. Und am Morgen – der Abschied. Sie war tapfer. So tapfer. Sie sagte nur „Leb wohl!", und als er zurückblickte, hob sie die Hand und hob sie zögernd noch einmal, nur ein bißchen.

Michael, der Welshterrier, kratzte an der Tür. Er ließ ihn herein, setzte sich vor das Briefpapier und war bei Johanna im Stall. Er kann nicht an sie schreiben, wenn er nicht die Wahrheit sagen darf.

„Liebe Johanna!

Es war schwer im Zug, als ich abfahren mußte, und auf dem Schiff immer weiter weg, und so bin ich jetzt hier, und Du bist so weit. Ich habe meinem Vater Dein Bild gezeigt. Er sagte: ‚It's a fine girl.' Und der Mutter wär's auch recht. Aber das ist es nicht. Es ist, weil ich mich sehne nach Dir. Aber es geht ja nicht, das weißt Du. Vielleicht geht's später, meint die Mutter. Hier wär's schön für Dich, und alles wäre gut. Es wäre, wie es sein soll. Vergessen kann ich Dich nicht. Ich will warten. Aber das ist schwer, weil man ja nichts weiß und es so lang dauern kann. Wenn Du mir schreiben würdest, einen langen Brief, ob Du an mich denkst, dann wär's leichter."

Er ging zur Garage und fuhr ins Städtchen, zum Eckhaus, wo der Postkasten war.

Johanna hatte Martin noch an demselben Nachmittag, kurz nach dem Gespräch mit Ruth auf dem Rasen unter den Birken, angstvoll warnend Ruths Zustand geschildert. Daß sie fort wolle und sich umbringen würde, wenn sie seine Frau sein müßte. Seitdem war er äußerst zurückhaltend gewesen — ein Mann, der nur freundschaftliche Gefühle hat. Im Leben der beiden hatte sich nichts geändert. Auch seine Arbeit tat Martin wie früher. Doktor Groß, Oberarzt am städtischen Spital, hatte nach langem Kampf schließlich erklärt, wenn man Martin entlassen werde, weil er Ruth Freudenheim bei sich aufgenommen habe, gehe auch er. In Würzburg gab es viel zuwenig Ärzte und zu dieser Zeit keinen Arzt, der Doktor Groß hätte ersetzen können.

Ruth, Katharina und der Schlangenmensch, in dessen Hintertasche ein Schraubenzieher und ein zusammengeklappter weißer Meterstab steckten, waren auf dem Weg zu Johanna. Die Blätter der Weidenbüsche, die hart sind und spät welken, waren schon angegelbt, und viele lagen im Gras.

Es war Ende Oktober und auch an sonnigen Tagen nur noch in den Mittagsstunden warm. Die Nächte waren kalt. Die Kellerbewohner froren schon.

Johanna saß vor dem Stall in der Sonne und versuchte, ihre Halbschuhe zu putzen, mit den Wachstropfen, die von Steves Kerzen übriggeblieben waren. Schuhcreme gab es nicht.

„Wenn Sie das Wachs noch einmal warm machen, ich meine, ganz flüssig, dann geht's leichter. Aber mit Spucke ging's auch", sagte Katharina und lächelte. In ihren Backen entstanden Grübchen.

Der Schlangenmensch blickte den Türrahmen, in dem

das Bettuch hing, prüfend an, bevor er mit Katharina zum Ufer ging. „Wie soll man jetzt die zwei wegbringen vom Stall? Viel Zeit ist nicht, wenn wir die Tür heut noch holen wollen. Aber ich muß doch vorher Maß nehmen, um zu sehen, ob sie überhaupt paßt."

Katharina legte die Hand an die Wange. „Heiliger Gott, das ist aber sicher sehr schwer, die Tür vom Gartenhäuschen abzuschrauben und wegzuschleppen, ohne daß Herr Scheibenkäs uns erwischt."

„Glaubst du, es war leicht, die Mechanikerhose zu holen? Da hockte er vor dem Gartenhäuschen und hat seine Pfeife geraucht."

„Wenn aber Herr Scheibenkäs seine Tür selber braucht im Winter, weil's doch kalt ist?"

„Er schläft ja nicht in seinem Gartenhäuschen. Davon stehen nur noch drei Wände."

„Dort gehen sie", rief Katharina. „Jetzt kannst du messen."

Ruth und Johanna verschwanden zwischen den Weiden. Sie hatten wieder von Martin gesprochen. Als Johanna, um Ruth zu prüfen, eine erfundene Geschichte erzählte, daß eine Bekannte von ihr zwei Wochen im Spital gelegen und sich furchtbar in Martin verliebt habe, ein sehr hübsches Mädchen und reizend, sagte Ruth ruhig: „Es wäre gut für Martin, wenn daraus etwas würde."

Der Schlangenmensch maß eilig den Türausschnitt des Stalles, Höhe und Breite, und steckte den Meterstab wieder in die Hintertasche wie ein alter Schreinermeister. „Merk dir – einen Meter neunzig hoch, achtzig Zentimeter breit. Wenn die Tür vom Scheibenkäs zu groß ist, schneid ich ein Stück ab."

Ruth und Johanna, die nur hin und her spazierten, gingen jetzt in der Richtung zum Stall. Ruth fragte: „Über was lächelst du denn?"

„Ich krieg ein Kind."

„Ach!" Ruth schob die Hand unter Johannas Arm. Nach einer Pause sagte sie: „Das ist gut. Schreib's ihm."

Johanna schüttelte den Kopf. „Oh, nein!" Plötzlich kamen die Tränen. „Nur weil ich ihn so gern habe." Sie atmete tief aus. „Ich war bei Doktor Groß. Ich wußte ja gar nicht, was mit mir los ist. Er hat mich untersucht." Sie lächelte wieder. „Ach, Ruth! Ob es ein Mädchen sein wird?"

Vor dem Stall blieben sie stehen. Katharina, die jetzt ein vollberechtigtes Mitglied der Geheimen Gesellschaft der Jünger Jesu war, konnte sich nicht enthalten, schnell noch zu Johanna zu sagen: „Jetzt ist es ja noch nicht sehr kalt! Aber im Winter! Heiliger Gott, ohne Kohlen! Und nicht einmal eine Tür!" Sie eilte sofort dem Schlangenmenschen nach, der schon stadtwärts ging.

Als sie den Angstschrei hörten, den Johanna ausstieß, sprangen sie zurück. Der Bursche, der die Gans von der schwachsinnigen Bauerntochter bekommen hatte, und ein anderes Mitglied von Scharfs Gruppe standen vor dem Stall. Ruth erhob sich soeben. Der Bursche hatte sie zu Boden geschleudert. Er ging wieder auf sie zu. „Ich will dir den Weg schon zeigen zurück ins Puff."

Der Schlangenmensch konnte nicht dabeistehen und zusehen, ohne etwas zu tun. Aber ein nervöses Zittern lief durch den ganzen Körper, als er sich blind in den aussichtslosen Kampf stürzte. Der Bursche stieß ihn mit der Faust ins Gras. Katharina schrie gellend.

Ein amerikanischer Soldat kam auf den Stall zu. Die zwei Burschen verschwanden eilig zwischen den Weidenbüschen. Der Soldat blickte in diese Richtung und sah dann unsicher Ruth und Johanna an. Er zog den Brief aus der Tasche, den Steve an ihn geschickt hatte, da der Ziegenstall auf dem Weidenland eine zu unbestimmte Adresse war, und fragte Ruth in gebrochenem Deutsch, ob sie Johanna sei.

Der Schlangenmensch blickte heimlich Katharina an, beschämt, weil er zum zweitenmal in ihrer Gegenwart gedemütigt worden war. Sie gingen wieder stadtwärts.

Der Soldat sprach mit Ruth. Johanna saß auf dem Eisenbett und las Steves Brief. Sie schluchzte ununterbrochen und las ihn wieder und wieder, und die Tränen liefen.

Die zwei Burschen saßen am Ufer. Sie sprachen über Petrus. Nur er könne Scharf und Sieck verraten haben. „Frau Rosenkranz — das ist die neue Wirtin vom ‚Goldenen Anker‘ — war in der Küche und hat die Gans gewogen. Ich wartete in der Gaststube am Fenster. Ich sah, wie Scharf, Sieck und Oskar ins Boot stiegen. Auch er sah zu: Und außer ihm war niemand da. Später, auf dem Fluß, können sie nicht gesehen worden sein, es war schon Nacht, und davon wär ja auch etwas im Zeitungsbericht gestanden. Also kann's nur er gewesen sein."

„Wahrscheinlich", sagte der andere. „Aber Scharf war verdammt leichtsinnig. Wenn ich so ein Ding vorhabe, steig ich nicht ins Boot, solang ein Unbeteiligter dabeisteht, ganz gleich, ob er zu uns gehört oder nicht. Von so einer Kapitalssache sollten nur die direkt Beteiligten wissen. Darüber hat Scharf selber uns einen langen Vortrag gehalten. Aber wenn wir diesen Hund erledigen, muß es ein vollständig stichhaltiger Unglücksfall sein. Ich will nicht mein Leben lang im Zuchthaus sitzen. Wir müssen eine gute Sache ausdenken."

Als Katharina die beiden erblickte — sie waren noch hundert Schritte entfernt —, zog sie den Schlangenmenschen hinter einen Weidenbusch und sagte, um ihn nicht in seiner Ehre zu kränken: „Wir haben jetzt keine Zeit." Sie zog den nur scheinbar ungern Folgenden am Arm weiter, heimlich lächelnd wie ein Frau, die ihren Mann nicht bemerken läßt, daß sie ihm überlegen ist.

Sie eilten zum Optiker Scheibenkäs. Das Häuschen stand in der Theaterstraße, die zum größten Teil zerstört war. Hinten war der kleine Garten, umgeben von einer Mauer, bei der eine Sackgasse endete.

Der Volksschullehrer Scharf saß auf dem goldbronzierten Stühlchen vor dem Ladentisch. Er hatte seinen Freund, Universitätsprofessor Häberlein, begleitet. Der Optiker sagte: „Den Rahmen der Brille kann ich zur Not löten, Herr Professor. Aber neue Gläser gibt's nicht. Und weiter?" fragte er begierig den Volksschullehrer.

„Wie gesagt, mein Sohn kam mit nassen Kleidern heim und erzählte mir, wie die Sache passiert ist. Sie wollten Platz wechseln, und dabei stürzte Oskar ins Wasser. Ein kleines Boot, verstehen Sie! Mein Sohn sprang ihm sofort nach. Aber er konnte ihn nicht finden, es war Nacht. Und daraus will man jetzt einen Mord konstruieren, obwohl nicht das geringste Motiv für einen Mord vorhanden war. Wahrlich eine Ungeheuerlichkeit!"

Als noch ein Kunde in den Laden ging, eilten Katharina und der Schlangenmensch um den Häuserblock herum in die Sackgasse. Der Schlangenmensch stieg in den Garten. Katharina hielt Wache. Sie saß rittlings auf der Mauer, die mit Ziegeln gedeckt und zugespitzt war wie ein Dachgiebel. Er zog die acht Schrauben aus den Scharnieren und schob die Tür der Länge nach auf die Mauer.

Katharina ließ sie in die Sackgasse gleiten und rutschte darauf hinunter. Sie schleppten die Tür wie eine Tragbahre durch die ganze Stadt zum Weidenland. Der Schlangenmensch pirschte sich an den Ziegenstall heran. Da war niemand.

Johanna hatte Ruth begleitet. Sie saß neben ihr auf dem Rasen hinter der Hütte und betrachtete Ruths Zeichnungen. Martin hatte im Spital einen Stoß alter Bögen gefunden. Auf jedem Bogen, fünfzig Zentimeter im Quadrat, war die Fieberkurve eines verstorbenen Patienten, das Zickzack seiner Leidensgeschichte, bis zum Tod, und auf der Rückseite eine lebensprühende Landschaft.

Ruth hatte auf einer viel höheren Stufe wieder begonnen. Begabung und schwerste Erlebnisse befähigten sie, mit Feder und Tuschpinsel wiederzugeben, was sie sah und fühlte. Die Blätter, meistens Ausschnitte des Waldesinnern, ohne Himmel, waren auch in den hervorgehobenen Einzelheiten sicher gezeichnet, kraftvoll und nervös.

Johanna wendete das letzte Landschaftsbild um und sah Auschwitz — nackte Leichen, aufgehäuft wie Schutt, die vergasten Körper abgemagert bis zum Skelett, die schwarzen Münder weit offen. Sie sagte: „Das haben wir getan. Das!"

In der Mappe waren viele Auschwitz-Bilder, Johanna zwang sich, alle anzusehen — Szenen unfaßbarer Menschenschändung, durch die im Gefühl der Welt das ganze deutsche Volk getroffen und verurteilt war.

Ruth sagte: „Ich habe das jeden Tag gesehen." Dabei blickte sie Johanna so ruhig an, als hätte sie persönlich von den Schreckensszenen nichts erlebt. Es waren nur noch Zeichnungen.

„Sieh das nicht an. Das lieber nicht", rief sie schnell.

Aber Johanna starrte auf das Blatt, von Grauen durchronnen. Ein nackter Mann, die Soldatenmütze schief auf dem Kopf, das Gebiß lächelnd gebleckt, greift nach Ruths Körper, der nackt auf dem Bett im Bordell liegt. Ihr Gesicht ist tot.

„Ruth! Oh, Gott, wie furchtbar! Ach, Ruth!"

„Komm, gib mir das Zeug. Diese Dinge zeichne ich ja nur für ... nur für ... ich weiß selbst nicht, warum." Sie legte die Mappe neben sich ins Gras. Beide schwiegen.

Es war fünf Uhr. Martin, dessen Nachtdienst um acht Uhr begann, hatte geschlafen. Er wußte nicht, daß Ruth schon daheim war. Als er herauskam, um sich unter dem Brunnenhahn zu waschen, war er barfüßig und hatte nur die Pyjamahose an. Sein Oberkörper war weiß und jung wie der eines Knaben.

Ruth schnellte hoch. „Geh! Geh!" Ihr Gesicht war vor Zorn und Abscheu verzerrt. Plötzlich gaben die Knie nach, als hätte jemand die Krücken weggenommen, mit denen sie bisher notdürftig gegangen war. Sie fiel um. Sie wälzte sich auf den Bauch, strampfte krampfartig mit den Beinen und schrie mit voller Lungenkraft und bis die Schreie in der Höhe abbrachen. Johanna hob sie zu sich. Sie hielt und streichelte Ruth, die schluchzte und wimmerte, kläglich wie ein kleines Kind. Martin war in die Hütte geeilt, Ruth beruhigte sich von einer Sekunde zur anderen und blickte fragend, als hätte sie vergessen, warum sie umgefallen war.

Als Johanna auf ihren Stall zuging — sie war noch eine Weile bei Ruth geblieben —, sah sie schon von weitem die Tür. In dem kleinen Messingring in der Mitte steckte der Lieferschein.

Der Schlangenmensch hatte mit Druckschrift geschrieben: „Eine Tür, um Sie vor Wintersnot zu schützen. Die Jünger Jesu."

Während Johanna Steves Brief noch einmal las, hatte sie das Gefühl, nach einem zerstörerischen Nachtgewitter am klaren Morgen erwacht zu sein. Sie schrieb:

„Lieber Steve!

Ich bereue nichts. Das will ich Dir nur gleich sagen. Ich würde sicher unglücklich sein, wenn ich es nicht getan hätte. Lieber Steve, ich weiß erst jetzt, wie gut es ist, wenn man jemand hat, nach dem man sich sehnt. Und Du bist ja noch auf der Welt. Wenn es auch schwer ist. Du bist so weit. Und das andere. Aber Dein Brief! Hier ist jeder unglücklich. Nur ich nicht. Ich weiß nicht, was sein wird. Vielleicht ist uns das Schicksal gnädig. Ich will tapfer sein und alles aushalten. Ach, wenn Du da wärst und ich bei Dir einschlafen könnte. Ich habe alles gern an Dir, Steve. Wie du blickst. Und ich lieb Dich. Vielleicht sollte ich Dir das alles nicht schreiben. Aber laß mich. Es hilft. Oh, Gott, und wenn ich Dich nie mehr wiedersehe? Ich schreibe lieber nicht weiter.

Johanna."

XI

Der provisorische Vernehmungssaal – der alte war zerstört – hatte gotische Spitzbogenfenster mit Mittelpfeilern aus Granit. Den Parkettboden, der vor hundertfünfzig Jahren erneuert worden war, schmückte ein geschwungenes Louis-Seize-Ornament aus eingelassenem Ebenholz. Früher war in diesem meisterhaft proportionierten Saal eine Mehlniederlage gewesen.

In Erwartung einer großen Menge hatten sie alle verfügbaren Stühle und Bänke hineingestellt. Zwanzig Stuhl-

reihen überquerten den Saal, und an den Wänden entlang
standen die Bänke. Alle unfreiwilligen Spender hatten sich
eingefunden, auch eine Anzahl Beschenkter und ein paar
hundert Neugierige, die nicht direkt beteiligt waren. Der
Saal war voll. Ein paar Dutzend mußten stehen. Die unfreiwilligen Spender, durch besseres Aussehen und bessere
Kleidung unterschieden von den Hohlwangigen, die in
Lumpen gekleidet und zum größten Teil barfüßig waren,
saßen in den ersten fünf Stuhlreihen. Zwischen der fünften Stuhlreihe und der sechsten hatte die Not einen schar-
fen Trennungsstrich gezogen.

Hinter dem drei Meter langen Tisch saßen ein Protokollführer, Kapitän Lieban und in der Mitte der Untersuchungsrichter, der Vater des Knaben, der sich geweigert hatte,
Judas Ischariot zu sein. Im leeren Raum zwischen dem Tisch
und der ersten Stuhlreihe saßen der Baumeister Himmelhoch und der schwindsüchtige Zimmermaler. Der Kamelhaarmantel lag über dem Tisch. Es war zehn Uhr morgens.
Durch die hohen Spitzbogenfenster schien die Sonne herein.

Kapitän Lieban, dessen Idee diese Veranstaltung war,
hatte das öffentliche Verhör des Zimmermalers und der
unfreiwilligen Spender nicht der Jünger Jesu wegen gewünscht. Er wollte vor diesem Querschnitt der Einwohnerschaft eine Rede halten und die Gründung einer Organisation anregen, die freiwillige Spenden sammeln und sie
unter den Ärmsten der Armen verteilen sollte. Der Untersuchungsrichter sollte mehr die Funktion eines Versamm-
lungsleiters ausüben.

Die Massenversammlung begann wie eine Gerichtsverhandlung. Nachdem der Untersuchungsrichter die Personalien des Zimmermalers geprüft hatte, fragte er ihn, wie
er zu dem Mantel gekommen sei.

Der Schwindsüchtige wollte sich erheben und taumelte vor Schwäche wieder auf den Stuhl. Er durfte sitzend aussagen. „Als ich in der Nacht erwachte, lag der Mantel auf meinem Bett."

Der Baumeister Himmelhoch rief: „Er hat mein Wohnzimmerfenster eingeschlagen."

„Sie schweigen, bis Sie gefragt werden. War Ihre Tür zugeschlossen, Herr Hohlfuß?"

„Der Keller hat keine Tür."

„Und das Fenster?"

„Da ist kein Fenster mehr."

„Wissen Sie, wer den Mantel auf Ihr Bett gelegt hat? Oder was dachten Sie sich?"

„Gar nichts. Ich hab mich nur gleich mit dem Mantel zugedeckt, weil's kalt war."

„Wissen Sie, wer die Jünger Jesu sind?"

„Wer weiß das!"

Doktor Groß blickte lächelnd hinüber zum Schlangenmenschen, der zwischen der Maus und Petrus saß.

Der Richter sagte: „Ich verlese jetzt einen Brief, den diese Jünger Jesu an mich geschrieben haben."

„Hoher Gerichtshof!

Der Baumeister Himmelhoch hatte drei Wintermäntel, obwohl er immer besoffen ist, was ja auch warm macht. Wir haben ihm sogar einen gelassen, obwohl er es nicht verdient und sich schämen soll. Wir, die Vollstrecker der Gerechtigkeit, haben Herrn Hohlfuß den Kamelhaarmantel kostenlos aufs Bett gelegt, weil wir nämlich höchstwahrscheinlich Ur-Christen sind. Wenn der Hohe Gerichtshof uns erwischt, nehmen wir unser Schicksal auf uns. Daran kann gar kein Zweifel sein. Aber vorher muß

138

er uns erwischen. Der Gefangene ist unschuldig und muß somit freigelassen werden. Das ist vollständig klar.

Im Namen der Geheimen Gesellschaft der Jünger Jesu

Petrus."

Der Richter sagte lächelnd: „Es dürfte in der Tat vollständig klar sein, daß der Gefangene unschuldig ist und somit freigelassen werden muß. Umgekehrt steht es allerdings mit den Vollstreckern der Gerechtigkeit. Diese Männer werden für ihre gesetzwidrige Methode, Wohltätigkeit zu üben, streng bestraft werden."

Der Schlangenmensch bohrte die Faust in Petrus' Rükken und flüsterte: „Hast du gehört? Männer! Der hat keine Ahnung, wer wir sind."

Nach einem Blick in die Liste der unfreiwilligen Spender fragte der Untersuchungsrichter den Volksschullehrer Scharf, ob er einen Hinweis gefunden habe, wer die Jünger Jesu seien.

Der Lehrer stützte sich vor dem Richtertisch auf seinen Spazierstock aus Weichselholz, an dem, in einer Messingöse, eine Lederschlinge hing. Er war mager und hatte einen fuchsroten Vollbart und grünlichblaue Augen. „Ich möchte diese Gelegenheit benützen und mit Ihrer Erlaubnis bemerken, daß ich nach vierzigjähriger Lehrtätigkeit und treuer Pflichterfüllung meinen Lebensabend in einem Keller verbringen muß."

„Herr Lehrer, das gehört nicht hierher, und Sie sind nicht der einzige."

„Es sollte da ein Unterschied gemacht werden."

„Es sollte kein Unterschied gemacht werden, Herr Lehrer. Fanden Sie einen Hinweis?"

„Und jetzt wurde ich auch noch bestohlen. Ich schließe

meinen Keller immer ab, wenn ich ausgehe, und das Fenster hat ein starkes Gitter. Es erscheint unmöglich, und dennoch ist es geschehen — eines meiner Kopfkissen, das größere, war eines Abends verschwunden, und von meinen sechs neuen Flanellnachthemden fehlten drei. Ich habe die sogenannte Quittung der Jünger Jesu der Polizei eingeschickt."

Johannes, den verschlossene Türen und starke Fenstergitter nicht störten, da er es vorzog, in Anwesenheit der unfreiwilligen Spender zu arbeiten, lehnte sich wieder bequem zurück. Er saß in der letzten Reihe neben seinem Vater, dem alten Sozialisten, der vier Jahre in Dachau verbracht hatte. Johannes war zu Herrn Scharf in die Schule gegangen, eine Art Dachau für Kinder.

Eine Schuhmacherswitwe, deren Mann und Sohn im Kriege gefallen waren, blickte ängstlich hinüber zu Doktor Groß. Sie war seine Patientin. Er hatte das Kopfkissen und eines der neuen Flanellnachthemden bei ihr gesehen und sie gefragt, von wem sie diese prachtvollen Sachen bekommen habe.

Der nächste unfreiwillige Spender, Apotheker Adelshofen, sagte aus, daß aus seinem Dachboden ein Kinderwagen verschwunden sei. „Ich brauch ihn ja nicht mehr. Unsere Kinder sind erwachsen. Aber was ich sagen will — mein Dachboden ist doppelt abgeschlossen, mit einem Sicherheitsschloß extra. Einfach nicht zu verstehen. Oder diese Jünger Jesu müßten direkt aus dem Himmel in den Dachboden gekommen sein."

Der Kapitän lächelte. Seine Eckzähne, die ein wenig vorstanden, wurden sichtbar. Er war Jude, klein und untersetzt und erst dreißig Jahre alt.

Nach zwei weiteren ergebnislosen Aussagen bat der

Untersuchungsrichter den Chefredakteur des lokalen Anzeigers, der in der fünften Reihe saß, von seinem Platze aus zu sprechen. Alle, die vor ihm saßen, drehten den Kopf zu ihm. Da sah Petrus das Gesicht des Knaben, der nicht Judas Ischariot hatte sein wollen. Er saß auf dem Eckplatz in der ersten Reihe und blickte über die Saalbreite hinweg Petrus in die Augen. In derselben Sekunde hatten auch die Maus und der Schlangenmensch ihn erblickt.

Sie schoben die Köpfe so dicht zusammen, daß sie ein Drei-Kugel-Dreieck bildeten. „Er weiß alles. Er braucht ja nur ein Wort zu sagen. Es ist besser, wir verschwinden", flüsterte die Maus und wollte aufstehen.

Petrus sagte ganz unpathetisch: „Das nützt uns einen Dreck. Bleib sitzen. Wenn er uns verrät, sind wir sowieso im Kittchen."

Der Schlangenmensch richtete sich wieder auf. „It's okay with me."

„Nachdem ich über diese Diebesbande geschrieben hatte in unserer Zeitung, wurde mein handgestrickter Wollsweater aus der Kommode gestohlen." Der Chefredakteur hielt einen Zettel hoch. „Unter dem Kruzifix, das auf meiner Kommode steht, lag dieser Zettel." Er las vor: „Die Jünger Jesu."

Noch einige in den ersten fünf Reihen sprachen von ihren Plätzen aus und offenbarten, daß die Not der anderen ihr Herz kalt ließ. An einem alten Hemd, an ein paar Socken, die sie eingebüßt hatten, entzündeten sich Habsucht und selbstgerechte Anklage, und aus den hinteren Bänken, wo die jeder Hoffnung baren, ganz und gar Verarmten saßen, stieg der Haß, der sich hin und wieder durch Zurufe Luft machte.

Schließlich erhob sich auch der Metzgermeister Stumpf,

der die Tage auf dem Kanapee verschlief, da sein Laden und sein Kühlraum leer waren. Nachdem er mitgeteilt hatte, daß ihm eine schwarz und gelb getigerte Wolldecke gestohlen worden sei, sagte er asthmatisch keuchend: „Aber wenn die Jünger Jesu meine Decke jemand gegeben haben, der sie nötig hat, soll's mir schließlich auch recht sein."

Johannes sagte leise zu Jakobus: „Den hab ich für eine protzige Sau gehalten, sonst hätt ich die Decke ja nicht geholt, vielleicht wirklich nicht. Wie man sich täuschen kann!"

Der Kapitän sagte etwas zum Untersuchungsrichter, der zuerst ungläubig den Kopf schüttelte und dann in den Saal rief: „Wenn unter den Anwesenden jemand ist, der von diesen Jüngern etwas bekommen hat, sollte er vortreten und es sagen."

Sekundenlang war es so still wie in einem leeren Saal. Alle schienen mit den Augen zu lauschen. Ein paar Beschenkte senkten den Kopf. Johanna, die gleich den anderen beschlossen hatte, zu schweigen, war durch die Aussage des Metzgermeisters schwankend geworden. In der vollständigen Stille ertönte ein Geräusch. Köpfe wandten sich um, reihenweise — Johanna war aufgestanden.

Fünfhundert Blicke folgten ihr, unverwandt, während sie langsam vor ging zum Richtertisch.

Sie trug ihr fahlblaues Waschkleid und die Halbschuhe, die David in den Ziegenstall gestellt hatte. David reckte den Hals und lugte zwischen den Köpfen durch, reglos wie ein kleines Pelztierchen, das Gefahr wittert.

Der Kapitän fragte lächelnd: „Was haben Sie denn bekommen?" Er sprach fließend Deutsch.

Sie senkte das Kinn in den blauen Seidenschal. „Eine Wolldecke. Es ist wahrscheinlich die Decke, die Herrn

Stumpf gehört. Und außerdem diese Schuh und auch ein Stück Seife."

„Ja, die Decke werden Sie wohl zurückgeben müssen an den rechtmäßigen Besitzer."

„Fräulein Johanna soll die Decke in Gottes Namen behalten", rief der Metzgermeister. „Ich hab noch eine."

Da sagte der Kapitän: „Jeder sollte sich an Herrn Stumpf ein Beispiel nehmen. Darüber möchte ich später zu Ihnen sprechen."

Hinten rief jemand: „Das ist verlorene Müh."

„Ist jemand hier, dem Damenschuhe gestohlen wurden?" Und da niemand antwortete, beugte der Kapitän sich zum Untersuchungsrichter. „Die Schuhe stammen wahrscheinlich aus Zwischenzahls Lager."

Die amerikanischen Zigaretten hatte er einen Tag nach dem Einbruch bei Zwischenzahl in einem Postpaket zugeschickt bekommen. Das Plakat, das die Jünger an das Tor des Militärgebäudes geklebt hatten, und die Warenliste lagen vor ihm auf dem Tisch. Er sagte zum Protokollführer: „Lassen Sie Zwischenzahl jetzt hereinbringen."

Die Stehenden bildeten Gruppen während der Unterbrechung. Sitzende standen auf und unterhielten sich über die Stuhlreihen hinweg. Auf die drei Jünger, die von dem Schwarzmarkthändler im Haus überrascht worden waren, hatte das Wort „Zwischenzahl" wie ein Blitz im Sonnenschein gewirkt. Petrus und der Schlangenmensch waren schon bei der Tür, als der Protokollführer sich erst erhob, und der Lagerverwalter hatte sofort zu seinem Vater gesagt: „Ich muß einmal hinaus, ich hab Bauchweh." Es war die Wahrheit zugleich. Draußen galoppierte er an Petrus und am Schlangenmenschen vorbei und durch den langen Gang zum Abort.

Viele waren heraus in den Flur getreten. Der Schlangenmensch ging auf Doktor Groß zu, gleich dem Mörder, den
das Gewissen zum Tatort zieht, und sagte empor zu ihm:
„Herr Doktor, finden Sie nicht auch, daß die Jünger Jesu
ganz recht haben?" Bevor Doktor Groß die Bratpfanne
hatte erwähnen können, war der Schlangenmensch spurlos
verschwunden. Er hatte in der Ferne Zwischenzahl erblickt, der zwischen zwei Polizisten den Gang herunter-
schritt.

Zwischenzahl war unrasiert und trug einen dunkel-
blauen Anzug. Er war noch in Untersuchungshaft.

Als der Kapitän ihn fragte, ob er eine Idee habe, wer die
Männer seien, die sein Lager gestohlen hatten, riß er sich
zusammen und schmetterte: „Keine Männer! Buben!"

Die acht Jünger, die noch im Saal waren, versanken im
plötzlich entstehenden Massengemurmel, das über sie hin-
wegwogte. Der Untersuchungsrichter blickte erstaunt den
Kapitän an, der lächelte, staunend wie ein Knabe.

Sie sprachen leise miteinander. Schließlich rief der Richter: „Alle, die jünger als siebzehn sind, sollen vortreten."

Sekundenlang rührte sich nichts im Saal. Als erster
brach die Maus zögernd vom Stuhlsitz los. Hier und dort
erhob sich einer. Sie gingen vor, langsam und lautlos. Alle
waren barfüßig.

Siebzehn Knaben standen vor dem Richtertisch. Die acht
Jünger hatten eine Gruppe gebildet. Auch der Sohn des
Untersuchungsrichters war aufgestanden. Als sein Vater
lächelnd zu ihm sagte, er könne sitzen bleiben, seufzte er
sehnsüchtig, als bräche sein Herz, und setzte sich wieder
neben Doktor Groß. Er hatte zerrissene Turnschuhe an.
Die Jünger blickten angstvoll zu ihm hinüber.

David schien die Frage des Untersuchungsrichters, ob

Zwischenzahl einen dieser Knaben erkenne, nicht zu hören. Er starrte den Mörder seiner Eltern an. Plötzlich stieß er einen schneidenden Schrei aus und warf sich zu Boden. Der zuckende Körper bäumte sich ein paarmal und lag reglos.

Alle schnellten hoch von den Sitzen, wie in einem Theater, in dem ein Brand ausgebrochen ist. Johanna war vorgeeilt. Doktor Groß kniete schon am Boden. Er hob den Ohnmächtigen auf und legte ihn auf den Richtertisch, wie als Beweis dafür, daß Zwischenzahl den Tod der Freudenheims verschuldet hatte.

Die sieben Jünger eilten sofort ins „Gemütliche Loch" und berichteten den drei Entwischten, daß Kapitän Lieban den Schwindsüchtigen und David hatte ins Spital bringen lassen. „Und dann hat er angefangen, eine Rede zu halten. Er glaubt nämlich, daß die reichen Schweine freiwillig was hergeben. Was der sich einbildet! Da sind wir natürlich fort", sagte Johannes, dessen Vater schon am runden Stammtisch saß, zwischen dem Universitätsprofessor Häberlein und dem Lehrer Scharf.

Der winzige Buchladen, den Johannes' Vater vor der Naziherrschaft besessen hatte, war in der Augustinerstraße gewesen. Ein paar Tage nach der großen Bücherverbrennung Unter den Linden in Berlin hatten die Würzburger Nazis in der Augustinerstraße eine kleine veranstaltet. Der Lehrer Scharf war nur Zuschauer gewesen.

Er hatte nur ein Buch, das ihm zu Füßen gefallen war, mit der Eisenspitze seines Spazierstockes ins Feuer zu schieben versucht. Das Buch hatte sich wie in Gegenwehr ein paarmal um sich selbst gedreht, bevor es, nach einem Stups mit der Fußspitze, von den Flammen erfaßt worden war.

Der Kirchendiener trat ein. Er strich, während er sich setzte, mit der knochigen Hand über das länger und länger werdende gelbe Wachsgesicht herunter. Als die Hand das Kinn erreicht hatte, schien er ein schwarzes Ei im zahnlosen Mund zu haben.

Die Jünger hatten sich in die Küche zurückgezogen. Der vier Meter lange Kochherd war kalt, die Speisekammer leer. In dieser altberühmten Weinstube, wo es in vergangenen Zeiten die besten hausgemachten Bratwürste und warme Blut- und Leberwürste gegeben hatte, gab es jetzt nur noch schlechten Wein und sonst nichts.

Da in dem Durchgang von der Küche zur Schenke keine Tür war, konnten die Jünger die Stammtischunterhaltung hören und mußten leise sprechen, um nicht gehört zu werden. Sie rückten so eng wie möglich zusammen und hielten eine improvisierte Flüstersitzung ab. Petrus saß auf dem Küchentisch. Das Beil sei vorbeigesaust. Aber knapp. Der Lagerverwalter, der vor Schreck beinahe in die Hose gemacht hatte, nickte nachdenklich, und die Maus flüsterte: „Wenn Anton will, geb ich ihm meinen Namen. Mir ist es schließlich wurscht, ob ich Lebbäus bin oder Judas Ischariot. Anton ist ein feiner Kerl. Er hat uns nicht verraten."

Der Vater des Lagerverwalters, dessen grauer Vollbart bis zum Nabel reichte, rief lachend: „Wer hätte das geglaubt, daß diese Jünger Jesu Buben sind."

„Das ist nicht zum Lachen", sagte der Lehrer. „Eine Verbrechergeneration wächst heran. Wenn mein Sohn einer dieser moralisch verkommenen Burschen wäre, würde ich ihn persönlich der Polizei übergeben."

Johannes' Vater sagte über den Tisch hinweg, obwohl der Lehrer neben ihm saß: „Ich würde das nicht tun, Herr Lehrer. Ich würde meinem Buben erklären, warum die Methode falsch ist, so gut die Absicht auch sein möge."

„Was ist daran falsch, möcht ich wissen, wenn man von

den reichen Schweinen etwas holt und es den Grasfressern gibt, die vor Hunger verrecken", flüsterte Johannes empört. Er hatte von früher Kindheit an in seinem Elternhaus Gespräche über Sozialismus mit angehört und schließlich eines Tages seinen Freunden auseinandergesetzt, warum sie jetzt alle Sozialisten werden sollten.

Daraufhin hatten sie die Geheime Gesellschaft der Jünger Jesu gegründet. Von Petrus stammten der Ritus und der Name.

Der Lehrer richtete sich plötzlich straff auf, als habe er soeben einen Gedanken zu Ende gedacht. Das deutsche Volk sei tief gesunken. Es sei eine nationale Schande, daß ein Deutscher seine Aussage vor einem amerikanischen Juden machen müsse.

Nach dem Zusammenbruch der Naziherrschaft waren zahllose politische Feindschaften offen ausgebrochen. Johannes' Vater konnte vor allem nicht verwinden, daß der Lehrer unangefochten weiter unterrichten durfte. Er sagte brüsk: „Eine nationale Schande ist es, daß Millionen Juden abgeschlachtet und verbrannt wurden. Davon wird noch in hundert Jahren der Himmel über Deutschland stinken."

Universitätsprofessor Häberlein lächelte nachsichtig, als hätte Johannes' Vater sich aus Erregung ins Unrecht gesetzt.

Petrus' Vater, der sonst immer bestrebt war, Frieden unter seinen Gästen zu stiften, konnte sich nicht enthalten, zu sagen: „Der Amerikaner hat den Buben und den armen schwindsüchtigen Kerl ins Spital bringen lassen. Das ist keine Kleinigkeit, heutzutag. Er scheint ein gutherziger Mann zu sein."

Der Schlangenmensch schleuderte mit einer Kopfbewegung die Haarsträhnen aus der Stirn. „The Captain is okay. Er ist der feinste Amerikaner, den ich kenne. And I know lots of them. Der Lehrer ist ein beschissener Nazi."

„In seiner Gegenwart muß ich mir sagen lassen, daß kein Unterschied gemacht werden dürfe. Der junge Mann wohnt in einer Villa. Wie kommt man da eigentlich dazu, im Keller wohnen zu müssen!"

Die Geduld des alten Sozialisten platzte. „Das kann ich Ihnen sagen, Herr Lehrer. Man entfesselt einen Krieg um die Weltherrschaft, zerstört halb Europa, bringt auf möglichst schauerliche Weise zwanzig Millionen Menschen um, dann wohnt man im Keller."

Der Lehrer schnellte hoch und verließ die Weinstube.

Einige Sekunden war es still. Jeder war allein mit sich und schien zu begreifen, daß bezahlt werden mußte. Sie schienen in diesen Sekunden offen und empfänglich zu sein wie Erde für neuen Samen. Da sagte der Universitätsprofessor in belehrend sachlichem Tone: „Ein nationaler Krieg um Lebensraum und Weltgeltung ist berechtigt, solange die Güter der Welt ungleich verteilt sind. Die Vorkommnisse in Dachau und so weiter sind natürlich abzulehnen. Aber wenn Deutschland den Krieg gewonnen hätte, würden wahrscheinlich auch Sie anders sprechen."

Johannes' Vater schwieg in einer Weise, als wollte er nicht mehr antworten, und sagte schließlich doch vor sich hin: „Ich war in Dachau, weil ich nicht anders gesprochen habe."

Der Schlangenmensch streckte den Hals und sah Johanna nach, die langsam am Küchenfenster vorüberging. „Sie hat das Maul nicht halten können. Viel hat nicht gefehlt, und sie wäre die Decke los gewesen."

Johannes sagte anerkennend: „Es war sozialistisch von Metzgermeister Stumpf, daß er ihr die Decke gelassen hat."

Professor Häberlein nahm die dünngefaßte Brille ab. Sein durchgeistigtes weißes Gesicht sah plötzlich nackt aus. Er hatte rote Augenwimpern, obwohl sein Haar braun war. Nachdem er die Brille geputzt und das Gesicht wieder angekleidet hatte, sagte er: „Die Menschheit ist Deutschland zu ewigem Dank verpflichtet. Denken Sie nur allein an Beethoven. Im deutschen Volk sind unerschöpfliche Kräfte. Wir Älteren werden den neuen Aufstieg zwar nicht mehr erleben. Aber Deutschland wird wieder hochkommen. Es steht übrigens schon heute fest, daß Deutschland den Krieg gewonnen haben würde, wenn nicht dieser österreichische Dilettant die Strategie bestimmt hätte." Er stand auf.

Als er gegangen war, sagte Johannes' Vater: „Und er ist kein Nazi und war nie einer. Er ist in seinem Privatleben ein gutmütiger Mensch. Man könnte hoffnungslos werden."

Die Jünger hatten das „Gemütliche Loch" durch die Hintertür verlassen.

XII

Anton, der Sohn des Untersuchungsrichters, war in einer feierlichen Sitzung einstimmig zum Mitglied gewählt worden. Von der Maus den Ehrennamen Lebbäus zu übernehmen, hatte er freundlich lächelnd abgelehnt. Sie hatten Judas Ischariot den Namen „der Gelehrte" gegeben, weil er das Gymnasium besuchte. Sein Gesicht, blaß und kurz, war ein gleichwinkeliges Dreieck mit großen Brillengläsern. Er war fünfzehn, vier Monate älter als Petrus.

Die Jünger waren versammelt. Der Schlangenmensch hatte Katharina, damit sie bequemer flicken könne, seinen Betstuhl überlassen. Er saß zu ihren Füßen auf einer Suppennudelkiste aus Zwischenzahls Lager. Katharina flickte eine riesige Unterhose, die sie selbst „geholt" hatte. Der faßdicke Küfermeister Kisch hatte sie dabei ertappt und ihr noch ein Paar durchlöcherter Socken dazugegeben. Ihre Finger waren gerötet und so froststeif, daß sie die Nähnadel nur mit Mühe fassen konnte. Es war Februar. Im Keller der Klosterkirche war es bitter kalt.

Neben Katharina saß der Lagerverwalter. Er sah hin und wieder trübsinnig die zwei Regale an. Sie waren leer. Nur noch der zerschlissene Frack hing am Nagel. Das letzte Paar Schuhe hatte der Gelehrte bekommen. Der Antrag des Schlangenmenschen, den er vorsichtigerweise erst nach einem starken Schneefall gestellt hatte, für jeden ein Paar Schuhe zurückzubehalten, damit trotz Schnee und Kälte die unfreiwilligen Spender besucht werden könnten, war widerspruchslos angenommen worden. Alle Jünger und auch das Ehrenmitglied Katharina hatten Schuhe an.

Aber es gab keine unfreiwilligen Spender mehr. Auf der Liste, die zeitweise mehr als achtzig Namen enthalten hatte, standen nur noch zwei. Verheimlichte Vorräte hatte niemand mehr. In den fünfundneunzig Wochen seit dem Ende des Krieges war es von Woche zu Woche schlechter geworden. Jeder hatte dasselbe Ziel — essen und wieder einmal warme Füße. In den Kellern war es eisig kalt.

Viele starben an Hunger- und Kältekrankheiten, und auch die Hoffnung der noch Lebenden war abgestorben. Die Geheime Gesellschaft der Jünger Jesu hatte, obwohl Hilfe jetzt dringender nötig gewesen wäre denn je, keine Daseinsberechtigung mehr, da es nichts mehr zu holen gab.

Der Gelehrte, der schon den Tag vorher in der Sitzung einen ganz neuen Ton angeschlagen hatte, bat ums Wort. Bei seinem Vater sei diesen Nachmittag ein alter Universitätsfreund gewesen, ein Mitglied des „Internationalen Komitees für das Studium europäischer Fragen", das einen Bericht abgefaßt habe, auch für die Vereinten Nationen.

„Ich zitiere jetzt wörtlich, was der Herr zu meinem Vater sagte: ‚Die Nazis, unterstützt durch große Geldmittel, treten bei beständig wachsendem Einfluß wieder offen hervor, ganz ungeniert und ungefährdet, da sie sich geschützt wissen durch die große Anzahl der Nazis, die nach wie vor leitende Posten in der amerikanischen und britischen Zone haben.'"

„Dazu brauchen die Vereinten Nationen ein internationales Komitee? Das hätten sie auch von mir erfahren können", sagte Johannes geringschätzig.

Katharina hielt die Unterhose der Länge nach vor sich hin. „Du solltest eben selber einen Bericht schreiben und ihn gleich an die Vereinten Nationen schicken." Sie betrachtete kopfschüttelnd das Riesenloch in der Unterhose. „Wenn ich ein Stück Stoff hätte, wär sie ja noch zu gebrauchen."

Der Gelehrte fuhr fort: „Der Herr, ein alter Bekannter von uns, gab meinem Vater die Kopie eines Briefes, den ein Antinazi an das Komitee geschickt hat. Ich hab den Brief heimlich abgeschrieben für uns." Er zog ein Schulheft aus der Tasche und las den Brief vor, der vier Monate später, am 15. Juni 1947, zusammen mit einem Auszug aus dem Komiteebericht, in der „New York Times" abgedruckt wurde:

„Im Jahre 1940 wurden ich und siebenundachtzig meiner Kameraden verhaftet. Der Richter, der unsere Verhaftung befahl und uns in das Gefängnis bringen ließ, wo alle meine Kameraden hingerichtet wurden, ist jetzt, augenscheinlich mit Zustimmung der amerikanischen Militärbehörde, Justizminister in einem süddeutschen Land geworden."

Die Jünger verstummten. Nach einer langen Pause hob Johannes den Kopf. „Mein Vater hat letzthin gesagt — wenn nicht bald etwas geschieht, müssen anstatt der Nazis die Sozialisten wieder untergrund gehen. Ob er das ernst gemeint hat?"

Niemand antwortete. Schließlich sagte Katharina, nachdem sie auf ihre froststeifen Finger gehaucht hatte: „Zu was haben sie denn eigentlich Krieg geführt gegen die Nazis, wenn sie jetzt selber einen Nazi zum Minister machen. Ich versteh das nicht." Sie sah ihren Freund Petrus fragend an.

Aber Petrus war vollständig abwesend. Er hatte kurz vor Beginn der Sitzung im lokalen Anzeiger gelesen, daß Schärf und Sieck wieder frei waren. Der Untersuchungsrichter, ein Freund des Volksschullehrers Scharf, hatte erklärt, daß der Medizinstudent ganz offenbar durch einen Unglücksfall ums Leben gekommen sei.

Auch der Schlangenmensch war nachdenklich gestimmt. Kapitän Lieban, sein Idol, hatte ihn enttäuscht. Er sagte im Selbstgespräch vor sich hin: „Wir haben ihm doch die amerikanischen Zigaretten geschickt als Beweis. Seventeen cartons! Seventeen! Wenn das kein Beweis ist..."

David, der zwei Wochen im Spital gewesen war, begann plötzlich zu zittern. Er umklammerte die Armlehnen und schloß die Lieder.

Zwischenzahl war wieder frei. Die Strafe sei durch die Untersuchungshaft verbüßt. Was die alten Beschuldigungen betreffe, sei es schon lange erwiesen, daß Zwischenzahl sich nicht tätlich an der Ermordung der Freudenheims beteiligt habe. Auch ein Polizist sei ja nicht dafür verantwortlich zu machen, wenn sein Häftling auf dem Weg zum Gefängnis vom Pöbel erschlagen werde, hatte der Chefredakteur des lokalen Anzeigers geschrieben.

Die zwei Männer, die sich schon einmal als Augenzeugen der Ermordung angeboten hatten, waren auch diesmal nicht vernommen worden. Die Jünger wußten, daß Zwischenzahl wieder Geschäfte auf dem Schwarzen Markt machte und auch wieder amerikanische Zigaretten hatte. Wo sein neues Lager war, hatten sie trotz aller Mühe bisher nicht zu ermitteln vermocht.

Petrus wachte auf. „Was hast du gesagt, Käthchen? Ah, ja, zu was sie eigentlich Krieg geführt haben gegen die Nazis." Er zuckte die Schulter. „Ich versteh's selber nicht."

„Heiliger Gott, der Stoff hält ja den Faden nicht mehr", sagte Katharina verzweifelt. „Ich sollte die ganze fadenscheinige Stelle da hinten herausschneiden. Da wird sie natürlich viel enger. Was meint ihr? Es kommt darauf an, wer sie kriegen soll."

Aber die Jünger interessierten sich nicht für die zerschlissene Unterhose, das letzte Stück ihres einstens so reichhaltigen Lagers.

Sie waren entmutigt. Etwas, das stärker war als sie, machte alles, was sie taten, sinnlos. Es war eine traurige Sitzung.

„Wie die Dinge liegen", sagte der Gelehrte, „wäre es meiner Ansicht nach das beste, wenn wir der sozialistischen Jugend beitreten würden. Wir könnten ja trotzdem eine geschlossene Gruppe bleiben." Er spitzte die Lippen. „Der linke Flügel."

Das war ein revolutionärer Vorschlag, und er bedrückte die Jünger, als fühlten sie, daß der Eintritt in die sozialistische Jugend der Abschied von der Kindheit sein würde.

Schließlich fragte Petrus tonlos: „Ist das ein Antrag? Wünscht der ehrenwerte Jünger Judas Ischariot die Abstimmung?"

Hinter den Brillengläsern des Gelehrten blickten kläre Augen, und in das Gesicht des Fünfzehnjährigen war schon das des unbeirrbaren Mannes hineinzusehen. Er sagte: „Die ehrenwerten Jünger können ja zuerst darüber nachdenken, ob wir diesen entscheidenden Schritt tun sollen."

Als Katharina ihn fragte, ein wenig ängstlich, ob auch Mädchen eintreten dürften, sagte er: „Oh, gewiß. Und Mädchen haben dieselben Rechte und Pflichten wie die Mitglieder männlichen Geschlechtes."

Johannes sah Petrus an. „Mein Vater hat mich schon oft dazu aufgefordert. Ich hab natürlich abgelehnt. Übrigens, als ich letzthin zu ihm sagte, die Jünger Jesu sind die richtigen Sozialisten, lachte er wie ein Verrückter und sagte, wenn sie das glauben, sind sie Dummköpfe. Wer ist da der Dummkopf, hab ich mir gedacht."

Petrus, tief beunruhigt, da er nicht wußte, wie er sich vor Scharf und Sieck schützen sollte, hob diese Sitzung auf, ohne seine pathetische Schlußansprache zu halten. Sie stiegen die Treppe hinauf. Der Mönchsfriedhof war eingeschneit. Die frierenden Jünger stellten die Rockkragen auf. Sie waren ein verlorenes Grüppchen im Schnee. Hier und dort lagen riesige Schneehügel, unter denen Schutthaufen waren. Die dächerlosen Hausruinen schnitten gezackte Schneesilhouetten in den kalten Himmel. Die Stadt war tot und vergessen.

Katharina begleitete den Schlangenmenschen. Er ging zu seinem Freund, einem jungen Polen, der Zwangsarbeiter gewesen war und jetzt bei einem Bäcker aushalf. In der Backstube war es warm. Sie setzten sich auf die Bank, dicht nebeneinander. Der junge Pole, schwarzhaarig und bis zum Gürtel nackt, holte mit einer langen Stange, an deren Ende ein Brettchen war, die heißen Brotlaibe aus dem Backofen und ließ sie auf den Tisch gleiten, wo schon zwei Reihen lagen. Einigemal hatte er vom Teig der Laibe je ein paar Gramm abgezwackt und für den Schlangenmenschen ein winziges Laibchen mitgebacken. Oft konnte er es nicht tun, die Kontrolle war scharf. Aber der wunderbare warme Brotgeruch allein war auch gut.

Der Schlangenmensch nahm Katharinas gerötete Hand. „Man muß sie reiben, damit das Blut durchgeht, sonst kriegst du Frostbeulen." Sie überließ ihm ihre Hand. Katharina war vor kurzem zwölf geworden, der Schlangenmensch vierzehn. Ihr enges Baumwollkleid ließ winzige Brüste und die weiblich geschwungene Beckenlinie ahnen.

Er hob eine gewellte Haarsträhne, die vorgefallen war, behutsam über ihre Schulter zurück und sagte: „Dein Haar wird bald sehr schön lang sein, und es glänzt. Und Schuh hast du auch."

Sie errötete und wich langsam seitwärts, die funkelnden Augen auf ihn gerichtet. „Du siehst mich ja an, als ob du ganz furchtbar verliebt wärst."

Das wirkte wie ein unerwarteter Schlag. Er konnte nichts antworten, und das war die Antwort.

Ruth hatte aus Pappdeckeln drei Mappen gemacht, so groß wie die Fieberkurvenbögen. Sie hatte den ganzen Winter jeden Tag viele Stunden gezeichnet, in der letzten Zeit nur noch Szenen aus dem Bordell. Einige dieser grauenvollen Blätter hatte sie in einer Art Fieberzustand ausgearbeitet, rücksichtslos gegen sich selbst, gleich einer

Kranken, die sich einer peinigenden Entgiftungskur unter-
zieht. Martin kannte nur die Auschwitz- und die Land-
schaftsmappe. Die „Giftmappe" stand unsichtbar hinter
dem Bücherregal, wo auch der Revolver des Viehhändlers
versteckt war.

Es war Samstag. Martin hatte keinen Dienst. Sie hatten
zu Abend gegessen. Ruth spülte das Geschirr, trocknete es
zuerst sorgfältig ab und rief dann durch den Vorhang, sie
gehe noch spazieren. Sie steckte den Revolver ein und stieg
den Hügel hinunter.

Auf der Brücke begegnete ihr Doktor Groß. Sie traten
in einen der zwölf Halbrundbögen, wo vor der Zerstörung
der Stadt jahrhundertelang die zwölf Heiligen gestanden
hatten. Er freue sich, daß sie so sehr gut aussähe. Als sie
ihn nach Johannas Befinden fragte, sagte er, alles sei in
bester Ordnung, und er wolle auch dafür sorgen, daß im
Spital ein Bett frei gemacht werde für Johanna, wenn ihre
Stunde gekommen sei. Während sie sagte: „Johanna
wünscht sich ein Mädchen", entstand in ihrem Gesicht das
kleine Lächeln eines Menschen, der für sich selbst nichts
mehr vom Leben erwartet.

Später sagte Doktor Groß zu Martin, Ruth sei vollständig ruhig gewesen.

Sie ging aus der Stadt hinaus und die Landstraße entlang, bis zu dem Kartoffelacker, hinter dem Zwischenzahls
Haus stand. Die Tür zum Vorgärtchen war offen. Sie ging
durch und läutete. Im Haus brannte kein Licht. Sie setzte
sich auf die Bank, die in einer laubenartigen Ausbuchtung
stand. Es war Mitte März, das Gezweig der Fliederbüsche
hatte erst die winzigen Blattknospen. Sie verdeckten nicht
die Gestalt auf der Bank, und es war hell genug. Aber Ruth
sah sich nicht vor, sie hatte keinen Plan ausgedacht.

Sie hing beide Arme nach hinten über die Lehne und bewegte sich nicht mehr. Zu denken gab es nichts. Sie saß da wie jemand, der etwas tun will, das sich von selbst versteht. Zwischen der Nase und den Backenknochen war wieder der Zug, der den Viehhändler verhindert hatte, sie anzurühren. Der Revolver lag auf ihrem Schoß.

Als sie endlich Schritte vernahm, stand sie auf. Zwischenzahl und der Vorstand des Vereins der Sternenfreunde waren vor der Gartentür stehengeblieben. Sie hörte die Stimmen. Morgen sei der 17. März — da käme es darauf an, ob jemand vor oder nach drei Uhr früh geboren worden sei. Das entscheide alles, auch das Glück im Geschäft. Sie hörte, wie der Vorstand gute Nacht sagte.

Zwischenzahl ging durch das Gärtchen auf das Haus zu. Sie trat vor. Er erkannte sie und blieb stehen. „Was wollen Sie hier?" Sie schoß. Er preßte beide Hände auf den Leib, den Oberkörper vorgebogen, und sank langsam auf die geschlossenen Knie. Er fiel aufs Gesicht und wälzte sich stöhnend herum auf den Rücken. Sie schoß noch zweimal.

Der Vorstand sprang zurück. Sie ging im Vorgärtchen an ihm vorüber und hinaus. Nach ein paar Schritten warf sie den Revolver weg, wie einen wertlos gewordenen Gegenstand.

Ruth ging in gleichmäßigem Tempo denselben Weg zurück zur Hütte. Martin lag auf dem Biedermeierkanapee und las. Als er aufblickte, sah sie ihn zuerst ein paar Sekunden an, bevor sie sagte: „Es tut mir leid, du wirst Unannehmlichkeiten haben. Ich habe Zwischenzahl erschossen."

Er starrte sie an und stand auf, ohne den Blick von ihr abzuwenden. Die Frage, warum sie es getan habe, gab es nicht. Schließlich sagte er: „Du mußt fort. Wir müssen augenblicklich fort."

„Nein, Martin! Zu was!"

„Auf dem Land wandern Millionen umher. Es ist nicht schwer unterzutauchen. Wir müssen gleich fort."

„Martin, es tut mir furchtbar leid, deinetwegen. Aber es hätte keinen Sinn fortzugehen. Es ist ja gleich."

Er gab es auf. Er kannte Ruth. Da war nichts zu tun. Sie war unbegreiflich belebt, wie jemand, der sich einer gewagten Operation unterzogen hat und auf dem Weg der Gesundung ist. „Sie werden bald kommen", sagte sie in einem Ton, als käme jetzt nicht die Strafe für das, was sie getan hatte, sondern die Belohnung.

Martin saß vornüberhängend auf dem Kanapee. Ruth saß wartend auf dem Stuhl. Es wurde nichts mehr gesprochen. Beide standen auf, als die zwei Polizisten eintraten. Auf die Frage, ob sie Ruth Freudenheim sei, antwortete sie: „Ja, ich habe ihn erschossen."

Gefolgt von Martin, der die Kamelhaardecke trug, mit der sie sich nachts zugedeckt hatte, ging sie zwischen den Polizisten den Hügel hinunter zur Höchberger Landstraße, wo der Polizeiwagen stand. Sie hatte den schwarzen Lüsterrock an und die gestrickte rosa Bettjacke, wie auf der Reise von Warschau nach Würzburg. Es war kalt. Einen Mantel besaß sie nicht. Martin hing die Kamelhaardecke über ihre Schultern. Mitfahren dürfe er nicht, sagte der Polizist.

Sie trat den Schritt zu Martin, reckte sich auf die Zehen, das Gesicht hochgestreckt, und küßte ihn auf die Wange. Es war ihre erste Liebkosung. Die Polizisten stiegen nach ihr ein, gleichzeitig zu beiden Seiten.

Die achtzigjährige Mutter des Apothekers Adelshofen, aus dessen Dachboden Johannes den Kinderwagen geholt hatte, saß jeden Nachmittag auf derselben Bank im Hofgarten, mit dem Blick auf das nur teilweise zerstörte Renaissance-Barock-Schloß, das Balthasar Neumann gebaut und Tiepolo mit Deckengemälden geschmückt hat. Der große schöne Garten wurde im Frühling von vielen alten Leuten besucht. Die Maus hatte sich eines Tages zu Frau Adelshofen gesetzt und mit ihr geplaudert, um herauszufinden, ob noch Säuglingswäsche in ihrem Hause sei und wo sie aufbewahrt werde. Den folgenden Tag hatte Johannes die Säuglingswäsche geholt, aus dem Dachboden, wo auch der Kinderwagen gewesen war.

An einem Nachmittag Anfang Mai schoben Petrus und Johannes den Kinderwagen durch die Stadt zum Weidenland. Er war schwarz gewesen. Sie hatten ihn weiß gestrichen, die Speichen rosa, damit Johanna nicht in Schwierigkeiten gerate wie der Zimmermaler Hohlfuß durch den Kamelhaarmantel. Sie schoben den Wagen, in dem ein dickes Bündel Säuglingswäsche lag und obenauf der Lieferschein, in den Stall und gingen. Die Mutter des Schlangenmenschen hatte zu Petrus gesagt, daß Johanna im Juni ein Kind bekommen werde.

Auf dem Rückweg sagte Petrus: „Konrad möchte, daß ich um vier Uhr zu ihm komme. Er will mir seinen Hund zeigen. Ich weiß ja nicht — aber wahrscheinlich hat er etwas ganz anderes vor."

Konrad war der Bursche, der von der schwachsinnigen Bauerntochter die Gans bekommen und sie im „Goldenen Anker" verkauft hatte.

„Und wenn er dich umbringt? Scharf und Sieck wissen doch jetzt, daß du sie angegeben hast", sagte Johannes.

„Weil ja nur du gesehen hast, wie sie mit Oskar ins Boot gestiegen sind. Ich würde nicht hingehen."

Petrus sagte nachdenklich: „Das nützt mir nichts. Ich bin so und so keine Minute mehr sicher, ob ich hingeh oder nicht. Und das halt ich einfach nicht mehr aus. Ich will wissen, woran ich bin. Kannst du das verstehen? Wenn Konrad allein ist, werd ich schon mit ihm fertig. Mein Messer hab ich bei mir."

„Ich würde etwas ganz anderes tun", sagte Johannes, der jetzt Lehrling in der Druckerei der sozialistischen Zeitung war. „Ich würde eine Liste aufstellen, mit allen Namen, und sie in unserer Zeitung abdrucken lassen. Dann kommen sie alle ins Kittchen, und du hast deine Ruh."

„Weißt du, ob sie hineinkämen? Oder ob sie nicht bald wieder herauskämen? Nach dem, was wir mit Scharf und Sieck erlebt haben, geschieht ihnen nichts. Das ist es ja. Sie haben schon die Oberhand."

„Dann gib doch wenigstens mir die Liste, ich meine für den Fall, daß dir etwas passiert."

„Das kann ich tun", sagte Petrus. Er zog ein Stück Papier heraus und schrieb die Namen darauf. Es waren zweiunddreißig. Scharfs Gruppe war im Laufe des letzten Jahres größer geworden.

Konrad wohnte in der Brunnengasse in einem vierstöckigen Haus. Oben, zwischen den verwinkelten Giebeln, war ein Stück flaches Dach, dick mit Sand bestreut. Genau in der Mitte befand sich das Lichtschachtfenster. Es war einen Meter im Quadrat, nur aus gewöhnlichem Fensterglas und deshalb von einem Schutzgitter umgeben. Konrad hatte das Schutzgitter herausgehoben und das Fenster ebenfalls dick mit Sand bestreut. Der gleichmäßige Sandboden war die Todesfalle für Petrus.

„Er ist erst ein Jahr alt, aber schon ein scharfer Rattenfänger", sagte Konrad, als Petrus sich gesetzt hatte. „Gestern hat er gleich zwei Ratten das Genick durchgebissen. Es hat nur so gekracht." Der Hund, ein Schnauzer, lag in der Ecke auf seiner durchlöcherten Decke.

Konrad sagte, er würde gern aufs Dach gehen, dort oben sei es jetzt sonnig. Er nahm die Decke und in die andere Hand den Freßnapf. Sie stiegen die enge Treppe hinauf. Der Hund folgte. Petrus steckte die Hand in die Tasche, in der sein Messer war.

Das flache Dach war ringsum von Hausmauern umgeben. ‚Hinunterstoßen kann er mich nicht', dachte Petrus. Er fühlte sich sicher. Auf der sandbedeckten Stelle, unter der das Fenster war, lag die Sonne. Konrad breitete die Decke genau über diese Stelle. Der Hund tappte sofort hin und legte sich auf seine Decke, auf der er ein Jahr lang nachts geschlafen hatte. Daß das Fenster unter dem Gewicht des Hundes nicht einbrach, hatte Konrad ausprobiert. Er sagte: „Ich hol uns etwas zum Trinken", und ging zur Tür. „Stell ihm den Freßnapf hin."

Unter Petrus brach das Fenster ein, leise klirrend. Der Hund stürzte aufheulend die vier Stockwerke hinab. Petrus hatte im Fall blitzschnell die Kante gepackt. Er hing bis zur Brust im Loch. Beide Handflächen waren zerschnitten, als er sich endlich hochgezogen hatte. Das Herz tobte. Er blickte hinab. In der Tiefe lag eine blutige Masse.

XIII

Das Bild, das Steve und Johanna voneinander hatten, war auch nach der Trennung immer das gleiche geblieben. Aus jedem seiner Briefe sprach der Mensch, dem sie sofort

161

vertraut hatte. Ein Brief von ihr war wie sie. Daß sie ein
Kind von ihm bekam, hatte sie nicht geschrieben. So war
sie.

Johanna hatte die Windeln und die winzigen Hemdchen
und Jäckchen gewaschen und ins Gras gebreitet. Im Ziegenstall lag die Sonne. Steves Ofen, der in dem harten
Winter ihr Lebensretter gewesen war, sah beruhigend aus.
Ein Strauß Schlüsselblumen in einer Konservenbüchse, die
mit blauem Packpapier verschönt war, stand vor Steves
Photographie, und in der Ecke der weiße Kinderwagen, in
dem bald ihr kleines Mädchen liegen werde. Der Stall war
eine freundliche Schiffskabine der Sehnsucht, in der sie
jeden Tag ein paarmal nach Amerika fuhr zu Steve.

Diesen Nachmittag mußte Johanna zum Vater des Ge-
lehrten, der ein paar Monate vor Erreichung der Alters-
grenze in den Ruhestand getreten war, um Ruths Verteidi-
gung übernehmen zu können. Er hatte schon während des
Krieges mit den Vorarbeiten zu einem Buch über „Deutsche
Gerichtsbarkeit unter der Naziherrschaft" begonnen. Der
Fall Ruth—Zwischenzahl interessierte ihn als Jurist und
Nazigegner.

Sie suchte Blumenstraße 27. Es war in manchen Fällen
nicht leicht, die Nummer eines Hauses zu finden, das nicht
mehr stand. Schließlich stieg sie vorsichtig die steile Treppe
hinab in den Keller, über dem nur noch Reste der Außenmauern gezackt in den blauen Maihimmel ragten.

Der Vater des Gelehrten saß auf einer Kiste vor einem
tischartigen Gestell, auf dem geordnete Papierstöße lagen.
Er hatte den Blick eines Menschen, der trotz aller Enttäu-
schungen immer wieder glaubt. Johanna, die wichtigste
Entlastungszeugin im bevorstehenden Prozeß gegen Ruth,
schilderte die Ermordung der Freudenheims, die sie fas-

sungslos mit angesehen hatte. Er machte Notizen, stellte noch ein paar Fragen und begleitete sie zur Kellertür. Die Besuchserlaubnis habe er für sie erwirkt.

Sie ging gleich zum Gefängnis. Als sie in die Zelle trat, saß Ruth auf der Pritsche und zeichnete. Sie machte noch einen Strich und erhob sich. „Das ist lieb von dir. Du bist aber sehr schmal im Gesicht. Du ißt zu wenig."

Johanna erwiderte lächelnd: „Doktor Groß sagt, ich brauche mir keine Sorgen zu machen, das Kind nimmt sich alles, was es nötig hat."

Der Polizeiwachtmeister lehnte an der Wand. Er sagte: „Aber an der Mutter geht's runter. Ja, ja, das fängt frühzeitig an und hört nie auf im Leben. Soll's ein Mädchen sein oder ein Bub?"

Johanna strahlte ihn an. „Ein Mädchen."

„Und wenn's dann ein Bub ist, vergehen noch keine fünf Minuten und Sie können sich gar nicht mehr vorstellen, daß Sie sich ein Mädchen gewünscht hatten."

Ruth setzte sich neben Johanna auf die Pritsche. „Hast du denn schon ein paar Sachen besorgt für das Kind?"

Johanna flüsterte: „Die Jünger Jesu haben mir alles gebracht, auch gestrickte Schuhe, so klein, und sogar einen Kinderwagen."

„Leise sprechen dürfen Sie nicht", sagte der Wachtmeister.

Ruth fragte: „Wirst du es ihm dann endlich schreiben, wenn es da ist?"

„Das weiß ich noch nicht. Vielleicht."

„Das Verbot ist ja aufgehoben. Ihr könntet heiraten."

„Ich glaub, ich schreib's ihm."

„Das ist gut. Sonst hätte es nämlich Martin getan. Ich bat ihn schon darum." Sie sah Johanna prüfend an, von oben bis unten, wie eine Mutter ihr Kind. Seitdem Johanna in der Hoffnung war, trug sie das Haar hinten hochgesteckt. Das blaue Waschkleid hatte sie so weit wie möglich ausgelassen. Sie war im achten Monat. Der wohlproportionierte Körper war durch den natürlichen Vorgang nicht entstellt.

„Mehr essen solltest du. Doktor Groß hat mir gesagt, daß er im Spital ein Bett für dich frei machen läßt. Alles wird gut werden. Auch viel Sonne und gute Luft wird es haben da unten auf dem Weidenland." Sie sprach weiter über das Kind.

Schließlich sah der Wachtmeister auf seine Uhr und wippte sich los von der Wand. „Wenn Sie noch etwas zu besprechen haben — dann schnell. Die Besuchszeit ist um. Sie sind zu spät gekommen."

Sie standen auf und küßten einander. Erst draußen im Flur wurde es Johanna bewußt, daß nur über sie und das Kind geredet worden war. „Wie Ruth sich verändert hat! So ausgeglichen! Als lebte sie jetzt unter normalen Verhältnissen", sagte sie später zu Martin.

Auf dem Heimweg blieb sie vor dem langgestreckten Keller stehen, in den Jakobus' Vater, der Schreinermeister, ein winziges Häuschen gebaut hatte. Im Vorfrühling hatte er den Schutthaufen in der Ecke, der dreimal so hoch wie das Häuschen gewesen war, in einen terrassenartig angelegten Garten verwandelt und den Kellerboden mit gelbem Mainsand bestreut. Die Erde hatte er sackweise im Wald geholt. Johanna sah Gelbe-Rüben- und Salatbeete und einen langen Streifen Kartoffeln. Ein Quadratmeter war ausgespart für Blumen. Zwei Tulpen, schon aufgeblüht, schaukelten im lauen Wind. Der Keller war eine idyllische Oase in der verwüsteten Stadt.

Johanna hatte seit Ruths Verhaftung die Holzhütte in Ordnung gehalten und für Martin gekocht. Als sie ankam, stand er auf dem Rasen wie ein Mensch, der nicht mehr weiß, was er tun und mit sich anfangen soll. Sie schilderte ihm, wie verändert Ruth sei.

Er sagte, ohne sie anzublicken: „Selbst wenn sie nur ein paar Jahre Zuchthaus bekäme, würde es ihr Tod sein. Sie überlebt es nicht." Er sah aus, als würde er es nicht überleben. Sein Gesicht war gelb und eingefallen, der Mund stand immer offen, wie vor innerer Erschöpfung.

Johanna sagte tröstend: „Ruth hat den besten Verteidiger." Sie sah ihn an und log. „Er sagte zu mir, es ist noch nichts verloren."

Martin zog die Oberlippe über die zu langen Zähne hoch. „Der Prozeßvorsitzende ist ein Antisemit, ein Nazi, der beste Freund des Untersuchungsrichters, der Zwischenzahl wieder freigelassen hat. Was ist da noch zu hoffen!"

Er ging in die Hütte und setzte sich aufs Kanapee, über dem eine Landschaft von Ruth hing, eine große Tuschzeichnung, die an ein paar Stellen leicht aquarelliert war. Es war die graue Ruinenstadt Würzburg im sommerlich blühenden, prangenden Maintal.

Johanna stand noch nachdenklich vor der Hütte, beobachtet von Petrus und Johannes, die im Birkenwäldchen saßen, hinter einem Busch. Sie hatten an der Stalltür ein Hängeschloß angebracht, damit der Kinderwagen nicht gestohlen werden könne, und wollten Johanna den Schlüssel in die Hände spielen, ohne von ihr gesehen zu werden.

Sie trat in die Hütte und sagte, während sie vorüberging an Martin, der zusammengesunken auf dem Kanapee saß: „Herr Schollenbruch hätte die Verteidigung sicher nicht übernommen, wenn die Sache aussichtslos wäre." Sie kam mit einem Kochtopf heraus, als Petrus zur Hütte schleichen wollte, und holte Wasser am Brunnen.

„Das beweist gar nichts", sagte Martin vor sich hin. „Ein Verteidiger findet sich für jeden."

Sie stellte den Topf auf das Eisenöfchen. „Aber Herr Schollenbruch hat eigens sein Amt als Untersuchungsrichter niedergelegt, um Ruths Verteidigung übernehmen zu können. Das hätte er nicht getan, wenn er so hoffnungslos wäre wie du."

Der Schlüssel, eingewickelt in den Lieferschein, flog durchs Fenster herein und fiel zu ihren Füßen. Die Jünger gingen stadtwärts.

„Ich hab viel darüber nachgedacht", sagte Johannes. „Du solltest Scharf einen Brief schreiben. Ich hab ihn schon im Kopf. Ungefähr so: ‚Sehr geehrter Herr Scharf. Euer Mordanschlag war sehr fein ausgedacht, das geb ich zu, sogar noch besser als euer Mord an Oskar. Ihr habt geglaubt, auch ich würde unten in meinem Blut liegen wie der Hund. Wenn der Mord geglückt wäre, hätte man euch wahrscheinlich nichts anhaben können. Aber jetzt teile ich Ihnen höflichst folgendes mit: Dieser Brief an Sie existiert in drei Exemplaren. Zwei Exemplare in versiegelten Umschlägen sind in den Händen von zwei vollständig vertrauenswürdigen Nazigegnern. Sie übergeben die Briefe sofort den Behörden, wenn ich durch einen unglücklichen Zufall ums Leben komme. Dann werden die Briefe unter amtlicher Aufsicht entsiegelt, und ein vorausgesagter Mord kommt ans Licht. Diesmal könnten Sie nicht wieder freigelassen werden, und wenn Sie den Mord noch so fein eingefädelt hätten. Sie sind von vornherein überführt und werden verurteilt.' "

Johannes blieb stehen. „,Unglücklichen Zufall' mußt du natürlich gesperrt schreiben, weil's ja Ironie ist. Ich glaub, wenn Scharf den Brief hat, überlegt er sich's zweimal, dich umzubringen."

Petrus sagte erleichtert seufzend: „Dann riskiert er's nicht, du hast recht. Daß ich daran nicht selber gedacht hab!"

Johannes schrieb den Brief sofort auf der Maschine seines Vaters.

Einen Durchschlag bekam er, den andern der Gelehrte. Auf dem Wege zur Sitzung warfen sie den Brief an Scharf in den Kasten.

„Wir, die Jünger Jesu, Vollstrecker der Gerechtigkeit, nehmen von den Reichen, die alles haben, und geben es den Armen, die nichts haben."

„Das war einmal. Es hat ja niemand mehr was", sagte der Schlangenmensch, der für Katharina den zerschlissenen Frack hielt, damit sie die Schöße bequemer abtrennen konnte. Sie wollte aus dem Oberteil eine Jacke machen für einen kleinen Buben.

Der Lagerverwalter riß den Arm hoch. Sein abgemagertes Riemenschneidergesicht wurde bleich, und er stotterte vor Aufregung, als er sagte: „Ich hab Zwischenzahls neues Lager entdeckt. Heut nachmittag war das Köpfchen, der Vorstand des Vereins der Sternenfreunde, bei meinem Vater im Laden und hat ihm schwarze Waren angeboten. Ich war im Nebenzimmer, als mein Vater es meiner Mutter erzählte. Ihr könnt euch denken, daß ich die Ohren steif gemacht hab. Mein Vater hat ihn hinausgefeuert. ,Unser Geschäft wurde 1745 gegründet und zweihundert Jahre in Ehren geführt', sagte er zu meiner Mutter, ,und jetzt kommt dieser Lump mit so etwas zu mir.'"

167

Der Lagerverwalter holte tief Atem und sprach fließender. „Ich hab natürlich gleich alles ausspioniert. Ihr wißt ja, daß das Köpfchen Möbelhändler war und sein Lager im größten Keller von Würzburg hatte. Er ist sogar größer als der Weinkeller unterm Julius-Spital, und das will was heißen. Der Keller des Köpfchens ist voll bis zur Decke. Als ich hinkam, stand ein Möbelwagen davor, ohne Pferde, und zwei Männer haben ihn ausgeladen. Aber es waren keine Möbel. Das Köpfchen stand dabei. Er hatte einen Frachtbrief in der Hand und las die Nummern der ausgeladenen Kisten ab. Schließlich sagte er, es ist genug für heute. Es ging nämlich nichts mehr in den Keller."

Katharina hatte aufgehört zu flicken. Alle blickten erwartungsvoll vom Lagerverwalter zu Petrus, der schließlich zu sich kam und fragte: „Woher weiß der ehrenwerte Jünger Matthäus, daß es die Waren des verblichenen Zwischenzahl sind?"

„Weil's das Köpfchen meinem Vater erzählt hat. Und er, nämlich das Köpfchen, tue ein gutes Werk, wenn er die Waren unter die Armen bringe, die nichts zu essen hätten. Es sei ja nicht mehr mit anzusehen, wie die Armen leiden müßten. Also, das hat meinen Vater am meisten aufgeregt, weil die Waren nämlich genau zwanzigmal mehr kosten, als sie kosten sollten, und die armen Leute gar nichts davon kaufen können."

Als der Gelehrte entrüstet sagte, sie müßten dafür sorgen, daß der Mann sofort dem Gericht übergeben werde, rief der Schlangenmensch: „Was das anbelangt, haben wir schlechte Erfahrungen gemacht. The main thing is that we get the stuff."

„Hat der ehrenwerte Jünger Matthäus schon über einen Plan nachgedacht?"

Der Lagerverwalter zuckte die Schultern. „Heut ist Samstag. Da geht er ja um acht in den Verein der Sternenfreunde. Aber die Kellerfenster sind mit dicken Eisenstangen vergittert, wie im Gefängnis. Ein Gitter wenigstens müßten wir heraussägen, und das nimmt viel Zeit. In den paar Stunden könnten wir nur einen kleinen Teil holen."

Die Jünger hatten beschlossen, sich mit einem kleinen Teil zu begnügen. Die Handwagen standen schon um sieben Uhr in der Nebengasse. Eine Metallsäge hatten sie mitgebracht. Aber es kam auch diesmal anders, als sie gedacht und geplant hatten.

Petrus schickte den Gelehrten als Kundschafter hinüber zum Keller. Es war sein erster Auftrag. Er war unruhig. Der Schlangenmensch begleitete ihn. Der Keller war am Ende einer vollständig zerstörten Gasse, hinter der schon die Felder begannen. Das Köpfchen stand im Möbelwagen und verglich die Nummern der Kisten mit den Nummern auf dem Frachtbrief. Unter den Vorderrädern des Möbelwagens lagen Holzkeile, da die Gasse leicht abfiel. Hinten war eine Zweiflügeltür, verschließbar mit einem Eisenriegel, so breit wie der Wagen.

Der Gelehrte flüsterte: „Wir könnten ihn hineinsperren. Wenn wir dann die Keile wegnehmen, rollt der Wagen fast von allein hinaus in die Felder."

Die Lippen des Schlangenmenschen öffneten sich. Erst nach Sekunden schlossen sie sich wieder, und die Augen leuchteten auf. Es hatte eingeschlagen. Sie gingen zum Wagen und stellten sich hinten einander gegenüber auf. Der Schlangenmensch hob den Arm. „Jetzt!" Sie knallten die zwei Türflügel zu und hoben den Riegel in die Eisenfalle. Innen klopfte das Köpfchen an die Wand und rief: „Macht auf. Ich bin im Wagen."

„That we know", sagte der Schlangenmensch. Mit den Absätzen stießen sie die Keile unter den Vorderrädern weg. Sie brauchten nicht anzuschieben — der schwere Wagen begann von selbst zu rollen. Innen tobte das Köpfchen. Die zwei an der Deichsel winkten im Vorübergehen die Jünger herbei.

Weiter draußen zwischen den Feldern fiel die Straße stärker ab. Es war sehr schwer, den Riesenwagen, ein rollendes Haus, in der Straßenmitte zu halten. Alle Jünger waren an der Deichsel. Katharina lief nebenher, beide Hände auf der Brust, und flüsterte hin und wieder: „Heiliger Gott!"

Schließlich mußten die Jünger springen. „Jetzt nach rechts!" schrie Petrus und riß die Deichselspitze nach rechts.

Der Wagen rollte in scharfem Tempo durch ein abfallendes Haferfeld und in das Wäldchen, hinter dem das Flußufer war. Die Jünger waren von der Deichsel weggesprungen. Der Wagen bohrte sich ein Stück ins Wäldchen und blieb stecken, verdeckt von Laub. Die Deichsel und ein paar dünne Bäumchen waren zersplittert.

Als das Köpfchen mit den Fäusten an die Wagenwand hämmerte und schrie: „Laßt mich raus", rief der Schlangenmensch: „Morgen früh! Aber wenn Sie jetzt nicht mäuschenstill sind, schieben wir den Wagen in den Main. Dann schwimmen Sie."

Sie waren zurückgeeilt. Der Schlangenmensch kniete schon vor einem der stark vergitterten Kellerfenster, die Metallsäge in der Hand. Da sagte der Gelehrte freundlich lächelnd. „Die Kellertür ist offen, der Schlüssel steckt."

Die Jünger arbeiteten die ganze Nacht. Als der neue Tag graute, hatten sie erst zwei Drittel des Kellers geleert.

Sie begnügten sich damit. Der Keller in der Klosterkirche war schon gestopft voll.

Petrus schrieb sofort an Kapitän Lieban, auch wo der Möbelwagen stand, und gab auf dem Heimweg den Brief im Militärgebäude ab. Gegen zehn Uhr morgens fuhren vier Soldaten hinaus und öffneten den Möbelwagen. Das zwei Meter große Köpfchen lag langgestreckt zwischen seinen Waren. Er war vor Erschöpfung eingeschlafen. Sie nahmen ihn gleich mit.

(Später, während der Untersuchungshaft, wurde ermittelt, daß alle siebenunddreißig Mitglieder des Vereins der Sternenfreunde an dem Geschäft finanziell beteiligt waren. Der ganze Verein wurde verhaftet. Zwischenzahl hatte, nachdem er aus der Untersuchungshaft entlassen worden war, sein Geschäft in einem viel größeren Stil wiederaufgebaut. Er war ein Grossist gewesen, viele kleine Schwarzmarkthändler hatten für ihn gearbeitet.)

Da die Not überwältigend groß geworden war, faßten die Jünger in der nächsten Sitzung den Beschluß, sofort alles auf einmal zu verteilen. Sie ernährten ein paar Tage einen beträchtlichen Teil der Einwohnerschaft. Es wurde zum Stadtgespräch.

Diesmal war Kapitän Lieban ernstlich interessiert, zu erfahren, wer die Buben waren, die der amerikanischen Militärbehörde ein paar Tage die Ernährung der Einwohnerschaft erleichtert hatten. Die Spur, die zur Entdeckung führte, fand er durch den Soldaten, den der Schlangenmensch nach dem ersten Einbruch bei Zwischenzahl von der Tür des Militärgebäudes weggelockt hatte mit der Erzählung der Geschichte seines Vaters. Nur ein einziger Würzburger hatte in der Internationalen Brigade gekämpft. Sein Name war leicht zu ermitteln. Der Kapitän schickte den Soldaten zu Frau Bach und ließ sie bitten, zu ihm zu kommen mit ihrem Sohn.

Der Schlangenmensch kam nicht mit seiner Mutter, sondern mit Katharina und den Jüngern. Auf dem Weg zum Militärgebäude hielten sie eine improvisierte Sitzung ab, neben dem Brunnen, wo Johannes ein Jahr vorher auf den Glockenschlag elf gewartet hatte, in den Händen das schon mit Klebstoff präparierte Plakat.

Der Gelehrte sagte: „Wir sollten um das Privilegium bitten, daß er uns alle zusammen in ein und dieselbe Zelle sperren läßt."

„Mich aber auch!" rief Katharina und sah bittend den Schlangenmenschen an, der mürrisch sagte: „Du hast nur geflickt. Dir darf er nichts tun."

„Oh, ja! Ich hab die Unterhose geholt."

Frau Hohner, Das Huhn und eine weißhaarige Frau, die ein dreijähriges Mädchen an der Hand hielt, blieben auf der andern Seite des Brunnens stehen und blickten empor zu einem Häuschen, auf dem zwei Dachdecker arbeiteten. Sie waren dabei, einen neuen Giebel aufzusetzen. Alle Häuser in der Nachbarschaft waren zerstört. Die Ruinen, gezackte grüne Hügel, waren schon von Gras und allerlei Unkraut überwuchert.

„Der Metzger Fritz baut sein Haus wieder auf. Er hat eben das Geld dazu", sagte Das Huhn.

Die Dreijährige, die nie eine unzerstörte Stadt gesehen hatte, deutete hinauf zu den Dachdeckern und sagte: „Die Männer da oben machen das schöne Gras kaputt."

Der Schlangenmensch schob die Hände in die Hosentaschen. „Wenn ich die Metallsäge mit hineinschmuggeln kann, sind wir nicht lang drin."

„Ich kann sie unter meinem Kleid verstecken."

Der Gelehrte lächelte Katharina freundlich an. „Häftlinge werden genau untersucht und müssen alles abgeben, sogar die Hosenträger, damit sie sich nicht erhängen können."

„Dann sollen sie sich an unsern Hosenträgern selber aufhängen." Der Schlangenmensch war in Kampfstimmung.

Drüben sagte Frau Hohner, die diesen Morgen wieder ein Pfund Kaffee und den Lieferschein in ihrem Keller gefunden hatte: „Die Jünger Jesu sind ein Segen Gottes."

„Das ist des Volkes Stimme", sagte Petrus stolz und gelassen. „Laßt uns gehen."

Ein Soldat führte sie die Treppe hinauf. Er klopfte an, trat gleich ein und sagte grinsend: „Die Jünger Jesu sind da. Zwölf Stück und ein Mädchen."

In dem großen niedrigen Zimmer standen Aktenregale. An der Decke war, wie im „Gemütlichen Loch", ein uraltes rot und blau bemaltes Stuckrelief — die Madonna mit durchbohrtem Herzen. Der Kapitän saß an einem freistehenden Schreibtisch mit dem Rücken zum Fenster. „Wieviel?" fragte er erschrocken. „Zwölf?"

Der Soldat deutete über zweitausend Jahre zurück. „Soviel waren es auch damals."

„Allright", sagte der Kapitän resigniert und versuchte, furchterregend auszusehen. Aber während sie hereinkamen und sich im Halbkreis vor dem Schreibtisch aufstellten, Katharina in der Mitte, brach seine mühsam unterdrückte Sympathie in einem Lächeln durch.

Der Schlangenmensch, ein Seismograph für Gefühle, griff sofort nach dem Rettungstau. Er gab das Lächeln zurück wie ein Gleichberechtigter und sagte verspätet: „Good morning, captain."

In den Depressionsjahren zwischen 1929 und 1932 hatte der Kapitän, damals noch ein beständig hungriges Bürschchen im Alter der Jünger, selbst einer Knabenbande angehört, die täglich ausgezogen war mit dem Ziel, der Stadt New York ein Stück Brot zu entreißen, unter Mißachtung der Gesetze der Vereinigten Staaten von Amerika. Vor ihm stand seine Jugend. Er war ratlos. Schließlich fragte er Katharina, ob auch sie zu den Jüngern gehöre.

„Käthchen ist Ehrenmitglied. Sie flickt nur", sagte der Schlangenmensch sofort. „Wir können doch keine zerrissenen Lumpen abliefern. Nähnadeln gibt's ja nicht. Es ist überhaupt alles furchtbar schwer, captain, das wissen Sie ja selbst. Freiwillig gibt niemand etwas her. Sie haben damals eine Rede gehalten. Gut! Aber was war? Nichts! Sie sollten alle überflüssigen Sachen einfach beschlagnahmen. So wie wir. Die Adressen würden wir Ihnen natürlich geben."

Da rief Katharina ärgerlich: „Aber du weißt doch, daß es niemand mehr gibt, wo noch was zu holen ist."

Daß der Schlangenmensch versuchte, ihn zum Komplicen zu machen, erregte sichtlich die Bewunderung des Kapitäns. Er fragte zweideutig lächelnd: „Du meinst, wir sollten zusammen arbeiten?"

„That's what I mean, captain."

„Jetzt hört mich einmal an. Diebstahl ist auch jetzt Diebstahl, und dafür gibt's Gefängnis. Ich kann euch einsperren, bis ihr alt und grau seid."

„So lang nicht", sagte der Gelehrte und legte nachdenklich den Kopf schief. „Die Höchststrafe für Diebstahl ist drei Jahre."

„Bist du nicht der Sohn des Untersuchungsrichters Schollenbruch...? Ah, und du gehörst auch dazu?" fragte

er erstaunt, als er David erkannte, der als Antwort in-
digniert die Schultern und die gepinselten Brauen hob, als
verstünde es sich ja von selbst, daß er dazugehörte.

Der Kapitän legte den Finger gleich auf den wunden
Punkt der Geheimen Gesellschaft der Jünger Jesu. Er
fragte, ob sie einen Teil der Diebesware für sich selbst be-
hielten.

Petrus sagte: „Nur das Allernötigste, und sogar ein bißchen weniger. Nur zwei bis drei Prozent. Aber das müssen
Sie verstehen. Wir haben ja selber nichts."

„Wieviel ist denn dann drei Prozent von einer alten
Hose?"

Der Schlangenmensch versuchte, die Stimmung durch
einen Scherz zu verbessern. Er zeigte lächelnd die zierlichen Zähne und sagte: „Oh, ungefähr eine Salamiwurst."
Er hatte keinen Erfolg.

Aller Augen waren auf den Kapitän gerichtet. Er sagte,
mit gut dosierter Drohung in Stimme und Blick: „Es soll
euch aus bestimmten Gründen nichts geschehen, diesmal,
falls ihr jetzt endgültig Schluß macht."

Das würde die Auflösung der Geheimen Gesellschaft
bedeuten, die den Jüngern teurer war als alles auf der Welt.
Das Schweigen dauerte lang.

Er nahm sie bei der Ehre. „Euer Wort würde mir ge-
nügen."

Petrus sprach vor Erregung mit viel höherer Stimme als
sonst. „Jetzt gleich können wir das nicht versprechen. Wir
müssen zuerst eine Sitzung abhalten und darüber abstimmen, auf demokratische ... ich meine..."

Der Gelehrte fiel ihm ins Wort. Er machte in gewählter
Sprache einen Gegenvorschlag. „Genügt es, wenn wir jetzt
versprechen, es Ihnen sofort mitzuteilen, falls wir es der

großen Not wegen für unsere Pflicht hielten, Ihrer Forderung nicht nachzukommen?"

„Dann können Sie uns einsperren", sagte der Schlangenmensch. Er war wieder in Kampfstimmung geraten und ging zum Gegenangriff über. „Jetzt lebt er ja nicht mehr. Aber warum haben Sie denn damals Zwischenzahl wieder freigelassen? Wir hatten Ihnen doch die Zigaretten geschickt, seventeen cartons, als Beweis dafür, daß er ein Schieber war. Ihn haben Sie wieder freigelassen. Und uns wollen Sie einsperren? Allright, captain! Aber ist das gerecht?"

Die Logik des Schlangenmenschen schien Kapitän Lieban zu gefallen. Er verteidigte sich wie ein Angeklagter. „Wir konnten da nichts tun, der Fall Zwischenzahl unterstand der deutschen Gerichtsbehörde."

Als der Schlangenmensch rief, dann sollte er doch die ganze deutsche Gerichtsbehörde ins Gefängnis sperren, sagte der Kapitän grinsend: „Das wäre wahrhaftig das beste." Er kam ihnen einen Schritt weiter entgegen. „Wenn ich euch darum bitte — gebt ihr die Sache dann auf? Mir zuliebe?"

Das traf ins Herz. Diesem wunderbaren Amerikaner eine Bitte abzuschlagen, war fast unmöglich. Aber die Geheime Gesellschaft der Jünger Jesu aufzulösen, war zu schmerzlich. Petrus' Lippen zitterten, als er stammelte: „Wir möchten zuerst darüber nachdenken."

„Allright, dann geht jetzt. Aber überlegt es euch gründlich."

Sie gingen ungern. Katharina machte einen kleinen Knicks. Er blickte ihnen nach, voller Sympathie lächelnd, als dächte er, daß die Jünger einstens nicht die schlechtesten Deutschen sein würden.

XIV

Die Verhandlung war am 15. Mai. Für die Öffentlichkeit sei dieser Prozeß von prinzipieller Bedeutung, hatte
Johannes' Vater vorher in seiner Zeitung geschrieben. „Die
Autoritäten des geschriebenen Rechtes ließen den Mörder
der Freudenheims unbehelligt. Die von den Nazis geschändete Tochter vollzog an dem Mörder ihrer Eltern die Strafe,
der er auf Grund des geschriebenen Rechtes verfallen war.
Das Opfer der Nazis tat, was die Autoritäten unterlassen
hatten, zu tun. Wer ist anzuklagen?"

Alle süddeutschen Zeitungen, darunter zwei Münchener, hatten Berichterstatter geschickt. Eine Stunde vor Beginn der Verhandlung war der hohe, bis zur Decke mit
Eichenholz vertäfelte Schwurgerichtssaal überfüllt. Petrus,
Johannes und der Gelehrte hatten sich in den Saal geschmuggelt — Jugendliche waren nicht zugelassen. Der
Schlangenmensch war zweimal hinausgewiesen worden
und saß jetzt wieder an der Rückwand neben Petrus. Kapitän Lieban und Johannes' Vater saßen in der ersten Reihe,
dicht neben dem Tisch des Verteidigers. Der des Staats-
anwaltes stand auf der anderen Seite des Saales. Links und
rechts vom Richtertisch saßen die Geschworenen — Geschichtsprofessor Häberlein, der Philosoph und Mathe-
matiker Doktor Buck, eine Frau und drei Handwerks-
meister.

Der Vorsitzende und die zwei Beisitzer unterhielten sich
miteinander, während Ruth hereingeführt wurde. Sie hatte
ihren schwarzen Lüsterrock an und die gestrickte rosa Bettjacke. Die Blicke der fünfhundert Zuschauer fielen ab von
ihr. Sie war nicht mehr das tote Mädchen, das der Fährmann im Spessart über den Fluß gesetzt hatte.

Martin, David und Johanna saßen im Zeugenzimmer auf einer Bank, neben den zwei Männern, die sich schon zweimal vergebens als Augenzeugen angeboten hatten. Der Verteidiger hatte sie vorgeladen. Sie besprachen leise die Einzelheiten der Ermordungsszene auf dem Marktplatz. Johanna griff nach Davids Hand. Aber er zog sie sofort zurück, preßte die Lippen zusammen und sagte: „Meinetwegen brauchen Sie keine Angst zu haben."

„Der erste Schlag kam von Zwischenzahl."

„Das ist es", sagte der andere. „Sein Schlag war die Einladung zum Mord." Er las das Plakat an der Wand, auf dem stand: „Es ist den Zeugen verboten, miteinander zu sprechen", und sah dann das Köpfchen an, das gegenüber saß. Er war in Untersuchungshaft. Ein Polizist stand neben ihm.

Während der Vorsitzende Ruths Personalien wiederholte und sie schließlich fragte, ob sie gestehe, daß sie am 16. März 1947 abends acht Uhr Zwischenzahl erschossen habe, zeichnete der Geschworene Doktor Buck geometrische Figuren auf ein Blatt Papier. Er hob den Kopf erst, als der Vorsitzende fragte: „Bereuen Sie Ihre Tat?"

Sie antwortete: „Ich werde es nie bereuen."

„So leicht wiegt für Sie ein Menschenleben?"

„Für ihn wog das Leben meiner Eltern nichts."

„Sie haben kein Schuldgefühl?"

„Ich fühle mich seitdem besser."

„Das ist allerhand", sagte der Vorsitzende und blickte lächelnd in den überfüllten Saal.

Der Vorsitzende, ein langjähriger Freund des Untersuchungsrichters, der Zwischenzahl wieder freigelassen hatte, entstammte einer alten Juristenfamilie. Sein Großvater war bayrischer Justizminister gewesen. Er hatte das alkoholrote dicke Gesicht eines Bierwirtes und klare, kluge Augen. Mitglied der Partei war er nicht gewesen.

„Von wem hatten Sie den Revolver?"

„Ich fand ihn im Spessart, voriges Jahr im Juli, als ich von Frankfurt nach Würzburg ging."

„Im Spessart liegen doch keine Revolver herum."

„Ein Mann hatte sich erschossen. Ich nahm den Revolver mit, weil ich etwas haben wollte, um mich vor Männern schützen zu können."

„Vor Männern hatten Sie Angst?" Sein Lächeln kam nur durch ein zwinkerndes Zucken des rechten Augenlides zum Ausdruck. „Aber in Würzburg brauchten Sie doch keine Angst mehr zu haben vor Männern, Sie lebten mit Doktor Martin zusammen. Wußte er, daß Sie den Revolver besaßen?"

„Nein. Ich versteckte ihn. Ich hatte erfahren, daß Herr Zwischenzahl noch in Würzburg war."

„Sie hielten den Revolver ein dreiviertel Jahr versteckt, in der Absicht, Zwischenzahl zu erschießen?"

Sie nickte wie jemand, der ganz einig ist mit sich. „Ja."

„Die Täterin hat gestanden. Das Motiv ist klar. Alles ist klar. Ein vorbedachter Mord. Wir könnten uns schon zurückziehen und das Urteil fällen", sagte Professor Häberlein scherzend zu Doktor Buck, der wieder geometrische Figuren zeichnete.

Als das Köpfchen hereingeführt wurde, sagte jemand in die Stille: „Er verschiebt nicht nur Sterne." Der breitschultrige, zwei Meter große Riese stellte sich neben Ruth. Sie sahen aus wie eine lebendig gewordene Illustration aus Gullivers Reisen.

„Erzählen Sie, was Sie gesehen haben."

„Ich begleitete meinen Freund heim, bis zur Gartentür,

und verabschiedete mich. Ein paar Sekunden später hörte ich drei Schüsse und eilte zurück. Fräulein Freudenheim ging im Gärtchen an mir vorüber. Sie hatte einen Revolver in der Hand. Zwischenzahl lag in einer Blutlache. Er war schon tot. Ich ging gleich auf die Polizei."

„Wie benahm sich die Angeklagte? War sie aufgeregt?"
Der Riese blickte aus seiner Höhe hinab zu Ruth und schüttelte verneinend den Kopf. „Sie war so ruhig wie jetzt."

Martin, der nächste Zeuge, trat ordnungswidrig zu Ruth, die er lange nicht gesehen hatte, und gab ihr die Hand. Sie sagte: „Martin." Ihr Ton bewegte ihn. Er nahm ihre Hand noch einmal.

Das Gericht verschob Martins Vereidigung, da er der Mittäterschaft verdächtig sei. Der Vorsitzende fragte: „Sie leben mit der Angeklagten zusammen?"

„Fräulein Freudenheim wohnt bei mir."

„Sie drücken sich vorsichtig aus. Die genaue Kenntnis des Lebenswandels der Angeklagten ist wichtig für ihre Beurteilung."

Martin zog die Oberlippe über die zu langen Zähne hoch. Das böse Lächeln verging nicht, während er schief zu Boden sagte: „Fräulein Freudenheim wurde nach Auschwitz gebracht und dann nach Warschau in ein Bordell. Sie war zwei Jahre in dem Bordell. Ich nehme an, daß auch diese Seite ihres Lebenswandels wichtig ist für ihre Beurteilung."

„Das bleibt den Geschworenen überlassen. Hatten Sie früher einmal die Absicht, die Angeklagte zu heiraten?"

„Ich habe die Absicht."

Der Vorsitzende sagte über Martins Kopf hinweg in den Saal: „Da Sie so eng mit der Angeklagten verbunden sind,

werden Sie ja wohl auch gewußt haben, daß sie einen Revolver besaß und Zwischenzahl zu ermorden beabsich-
tigte." Er sah ihn an. „Antworten Sie."

„Sie haben mich nichts gefragt. Sie sagten etwas zum
Publikum."

„Ich mache Sie darauf aufmerksam, daß Sie wegen un-
gebührlichen Verhaltens vor Gericht bestraft werden können."

„Martin wußte nichts", rief Ruth. Sie war unwillkürlich aufgestanden.

Er wandte sich um, sah in wachsender Freude ihr angst-
erfülltes Gesicht an und sagte schließlich: „Ich wußte
nichts."

„Erzählen Sie wahrheitsgetreu, was sich an dem Mord-
abend ereignete."

„Fräulein Freudenheim kam heim und sagte, sie habe
Zwischenzahl erschossen. Wir warteten, bis die Polizei
kam und Fräulein Freudenheim verhaftete."

Nachdem auch noch die zwei Polizisten vernommen
worden waren, denen Ruth bei der Verhaftung sofort und
ungefragt die Tat gestanden hatte, sagte der Verteidiger
gleichgültig: „Niemand bestreitet, daß die Angeklagte
Zwischenzahl erschossen hat, willentlich und vorbedacht
und bei voller geistiger Klarheit."

Während der Staatsanwalt noch zu ihm hinüberblickte,
erstaunt und nachdenklich, wurde einer der Zeugen des
Verteidigers hereingerufen, der Schriftsetzer Hans Frank,
ein kleiner, etwas x-beiniger Mann mit kurzgeschorenem
Rundkopf und weichen Lippen, die genau und ordentlich
aufeinanderpaßten. Er galt bei seinen Freunden als zuver-
lässiger, ordentlicher Mann, der einen Mittelkurs steuerte
und in keinem Punkte davon abwich. Zu seinem Sohn, der

Mitglied der Geheimen Gesellschaft der Jünger Jesu war, hatte er mehrmals gesagt, er solle sich nur ja kein Beispiel an diesen Jüngern nehmen. Sie vergingen sich gegen das Gesetz.

„Erzählen Sie, was sich auf dem Marktplatz ereignete, an jenem Sonntag, als die Eltern der Angeklagten ums Leben kamen. Nicht was später darüber gesprochen wurde, sondern nur, was Sie selbst gesehen haben!"

„Es war ein schöner Sonntagmorgen."

„Das brauchen Sie nicht zu erzählen."

Aber er hatte sich offenbar auf diesen Anfang vorbereitet. „Es war sehr schön, die Sonne schien", sagte er und deutete zur Tür des Zeugenzimmers. „Mein Freund Faulstich und ich — wir sind Mitglieder des Gesangvereins ‚Zwischen Grünen Bäumen' — waren auf dem Weg zur Singprobe. Wir gingen über den Marktplatz und waren schon in der Mitte beim Brunnen. Plötzlich hörten wir Geschrei und wandten uns um, ganz erstaunt, weil ja außer uns niemand auf dem Marktplatz gewesen war. Aber da kamen sie schon aus der Marktgasse heraus, ungefähr hundert, und über den Platz auf den Brunnen zu. Es war kein ordentlicher Zug. Es war ein furchtbares Durcheinander. Ein furchtbares Gejohle! Das Ehepaar Freudenheim und Fräulein Ruth gingen in der Mitte. Ihren kleinen Bruder hab ich anfangs nicht gesehen. Beim Brunnen wurde haltgemacht. Zwischenzahl hob seine Peitsche hoch. Es wurde still. Er rief, die Judenschweine wollen, daß Deutschland den Krieg verliert. ‚Ach nein, ach nein', sagte Frau Freudenheim. Aber er schlug ihr mit der Lederpeitsche übers Gesicht. Herr Freudenheim wollte seine Frau schützen. Da schlug Zwischenzahl so lange mit der Peitsche, bis beide umgefallen waren. Und dann schlugen noch ein paar.

Sie schlugen und schlugen mit Peitschen und Gummi-knüppeln, bis die Freudenheims tot waren. Der kleine Bruder... kleine Bruder..."

„Nun, was war denn mit dem Kleinen?"

„Er lief weinend zu seinen toten Eltern..." Die Lippen des Schriftsetzers zitterten. Er deutete zu Boden. Aber er konnte nur noch hervorbringen: „Pflaster... Blutlache."

„Sie können sich setzen", sagte der Vorsitzende und blickte in den Saal. Niemand bewegte sich, die fünfhundert Gesichter waren reglos wie ein Gemälde. Ruth hatte beide Schultern vorgebogen und starrte, als stünde sie wieder auf dem Marktplatz wie vor fünfeinhalb Jahren. Sie blickte erst auf, als der nächste Zeuge schon Minuten gesprochen hatte.

Die lockigen schwarzen Haare des Schlossergesellen Faulstich, Erster Tenor des Gesangvereins „Zwischen Grünen Bäumen", waren ganz gleichmäßig mit grauen untermischt. Er sprach hinten im Hals und schien die Luft zu kauen. Die Wörter rollten wie Kugeln aus dem zu kleinen Mund. „...aber der erste Schlag kam von Zwischen-zahl, und das ist es."

„Was geschah mit der Angeklagten?"

Der Schlosser blickte zuerst verwirrt zu Ruth. „Zwischenzahl hat Fräulein Ruth die Bluse und das Hemd von den Schultern heruntergerissen und in die Blutlache ge-schleudert."

„Es war doch offenbar eine tumultuarische Szene – und gerade an diese Einzelheit können Sie sich noch so genau erinnern, nach fünfeinhalb Jahren?"

„So etwas kann man nicht vergessen. Ich kann das alles nie mehr vergessen. Und wie sie da stand vor den vielen Männern, halbnackt, im Blut ihrer Eltern. Es war eine ge-stärkte, weiße Bluse."

Der Vorsitzende fragte: „Hat denn niemand protestiert?"

„Protestiert?" Er senkte die Lider. „Wer auf der Welt hätte den Mut, möcht ich wissen. Was dem geschehen wäre...! Geschrien hat jemand, ganz furchtbar geweint und geschrien, das Fräulein Johanna."

„Sehen Sie, und niemand hat ihr etwas getan", sagte der Vorsitzende und ließ Johanna und David hereinrufen.

Johanna erwartete in drei Wochen ihr Kind. Die Mutter des Schlangenmenschen hatte ihr ein weites schwarzes Kleid geliehen. David, der ein paar Wochen vorher erst dreizehn geworden war, hatte einen marineblauen Rock des fünfzehnjährigen Gelehrten an. Die Schultern waren viel zu breit, die Ärmel reichten bis zu den Fingerspitzen.

Der Vorsitzende sagte: „Wenn das Stehen Sie zu sehr anstrengt..." Er winkte dem Gerichtsdiener, der einen Stuhl brachte. Johanna setzte sich nicht. David ging zögernd die drei Schritte zu ihr und stellte sich wieder neben sie. Er senkte die delikat modellierte Stirn. Das glänzend schwarze Haar, straff zurückgekämmt, schien noch feucht zu sein.

„Sie wohnten damals in dem Haus, das dem Ehepaar Freudenheim gehört hat. Wo waren Sie, als die Familie verhaftet wurde?"

„Ich saß mit Ruth im Höfchen hinter dem Haus. Wir hatten die Gänse gefüttert und besprachen gerade, ob wir am Nachmittag nach Veitzöcheim gehen sollten, in den Schloßgarten, wo die Schwäne sind. Da kam..."

„Was hatte die Angeklagte an?"

Sie dachte zuerst nach. „Einen schwarzen Rock und eine weiße Bluse. Dieselbe wie ich."

„Eine weiße Bluse? Sind Sie sicher?"

„Wir hatten die Blusen erst einige Tage vorher gekauft, weil sie so billig waren. Bei Schwarzschild in der Eichhornstraße!"

„Und da kam... sagten Sie. Was kam?"

„Da kam Zwischenzahl. Er blieb auf der oberen Treppenstufe stehen und rief, da ist sie ja, die Prinzessin aus dem Morgenland. Er schlug mit der Peitsche an die Kiste, auf der Ruth saß und sagte, wirst du wohl aufstehen. Er sagte ein gemeines Wort, zog sie am Ohr hoch und schlug ihr ins Gesicht und noch einmal mit dem Handrücken... Ihre Eltern standen schon vor dem Haus, mit den Nazileuten. Sie wurden die Domstraße hinaufgeführt, durch die Stadt bis zum Bahnhof, und den ganzen Weg wieder zurück zur Domstraße und durch die Marktgasse auf den Platz. Es waren immer mehr und mehr Mitläufer geworden. Auf dem Marktplatz..."

„Wer schlug zuerst?"

„Zwischenzahl! Und es war wie eine Aufforderung. Es war, als hätte er zu den andern gesagt — jetzt schlagt sie tot."

„Das war Ihr persönlicher Eindruck, wollen Sie sagen. Was geschah denn eigentlich mit dem Kleinen, später?"

„Ich brachte ihn in ein Dorf bei Aschaffenburg, zu einem Bauer, den ich kannte. Er war damals erst sieben Jahre alt."

„Wie alt waren denn Sie damals?"

„Sechzehn."

„Und jetzt sind Sie verheiratet?"

„Ich bin nicht verheiratet."

„So, Sie sind nicht verheiratet." Er blickte in den Saal. Erst nach einer Pause von mehreren Sekunden sagte er zu David: „Bei dem Bauer hast du doch sicher viel zu essen bekommen. Wir in der Stadt bekamen damals manchmal gar nichts. Siehst du, da ist es dir viel besser ergangen... Nun, jetzt sag mir einmal, hast du gesehen, wer deiner Mama zuerst etwas getan hat, auf dem Marktplatz?"

David schüttelte den Kopf. Die vier Jünger an der Rückwand waren auf die Stühle gestiegen.

„Wo hast du denn gestanden?"

„Bei meiner Mutter."

„Dann würdest du es ja bemerkt haben, wenn zuerst nur ein Mann deine Mama geschlagen hätte. Nicht wahr?"

Johanna sagte: „Er hat ja schon auf dem ganzen Weg so furchtbar geweint, und auf dem Marktplatz hielt er fortwährend die Beine seiner Mutter umklammert."

„Sie dürfen nur sprechen, wenn Sie gefragt werden."

„Weil ich's ja schon auf dem Weg gewußt hab", sagte David zu Johanna.

Der Vorsitzende sagte freundlich: „Du mußt zu mir sprechen."

„Weil Zwischenzahl daheim in unserer Stube seinen Revolver herausgezogen hat."

„Woher weißt du denn, daß dieser Mann Zwischenzahl war?"

„Er war ja der Blockwart. Er hat auf meine Mutter gezielt. Aber dann hat er gelacht und hat gesagt, so schnell geht's nicht. Ein bißchen später. Vorher machen wir noch einen Sonntagsspaziergang. Deshalb hab ich's schon auf dem Weg gewußt."

Als der Vorsitzende nach der Mittagspause die Zeugenvernehmung für beendet erklärte und den Gerichtspsychiater bat, sein Gutachten über Ruths Geisteszustand abzugeben, kam es zu einem Wortwechsel. Der Verteidiger fragte, ob der Herr Staatsanwalt keine Zeugen vorgeladen habe.

„Augenscheinlich nicht, sonst hätte ich sie vernommen."

„Als das Ehepaar Freudenheim ermordet wurde, waren ungefähr hundert Personen anwesend, Mitläufer und eine Anzahl direkt Beteiligter. Es ist von größter Wichtigkeit für die Urteilsfindung, daß die Geschworenen den Grund erfahren, warum der Herr Staatsanwalt nicht einen einzigen dieser Augenzeugen vorgeladen hat."

„Ob der Herr Staatsanwalt Zeugen vorladen will oder nicht, ist ganz seinem Gutdünken überlassen."

„Die Staatsanwaltschaft konnte offenbar nicht einmal den Versuch wagen, durch Zeugenaussagen Zwischenzahls Schuldlosigkeit an der Ermordung der Freudenheims nachzuweisen."

„Eine Behauptung dieser Art können Sie in Ihrem Plädoyer äußern, aber nicht während der Verhandlung."

„Als Verteidiger der Angeklagten fühle ich mich verpflichtet, bevor der Herr Gerichtspsychiater sein Gutachten abgibt, die Geschworenen auf den entscheidend wichtigen Punkt dieses Prozesses aufmerksam zu machen. Zwischenzahl, der Mörder der Freudenheims, ist nach dem Sturz der Naziherrschaft unbehelligt geblieben, obwohl die Zeugen Frank und Faulstich sich sofort nach dem Ende des Krieges in Briefen an die Staatsanwaltschaft als Augenzeugen angeboten hatten. Sie haben sich kürzlich, als Zwischenzahl wegen Schwarzhandels in Untersuchungshaft war, noch einmal angeboten. Es geschah wieder nichts. Der Herr Untersuchungsrichter hat die Zeugen nicht vernommen. Er hat Zwischenzahl freigelassen."

Der Staatsanwalt sagte brüsk: „Von was reden Sie eigentlich? In diesem Prozeß ist nicht Zwischenzahl angeklagt, sondern Ruth Freudenheim, die ihn erschossen hat!"

Der Verteidiger sagte: „In diesem Prozeß ist die deutsche Justiz unter Anklage."

Der Geschworene Doktor Buck sagte vernehmbar zu Professor Häberlein: „So ist es."

Das alkoholrote Gesicht des Vorsitzenden war dunkler geworden. „Gestatten Sie jetzt, daß der Herr Gerichtspsychiater sein Gutachten abgibt?"

Der Verteidiger sagte unbeirrt: „Nach deutschem Recht werden die Motive der Tat im Urteil berücksichtigt. Hoffentlich berücksichtigte auch der Herr Gerichtspsychiater in seinem Gutachten, daß die Angeklagte einen Nazi, den Mörder ihrer Eltern, erschoß, der nach deutschem Recht zu lebenslänglichem Zuchthaus hätte verurteilt werden müssen, jedoch vollständig unbestraft geblieben ist."

Der Psychiater hatte ein mageres Vogelgesicht mit schwarzem Schnurr- und Spitzbärtchen und goldener Brille. Sein Haar sah aus wie ein Büschel Roßhaare. Er hatte einige Werke über die Freudsche Tiefenpsychologie veröffentlicht und war in Fachkreisen als ernster Wissenschaftler anerkannt. Seine Haltung, als er vor dem Richtertische stand, war die eines Gelehrten, der zu seinen Studenten spricht. Er begann mit einer allgemeinen Bemerkung. Unter den Überlebenden aus den Konzentrationslagern seien Fälle psychischer Erkrankung, die es in diesen Erscheinungsformen vor der Naziherrschaft nicht gegeben habe. Diese neuen Phänomene der menschlichen Psyche könne der Psychiater zur Zeit nur spekulativ beurteilen.

„Durch Fräulein Freudenheim, die in Auschwitz war und dann in ein Bordell gebracht wurde — ein siebzehnjähriges, noch unberührtes Mädchen —, präsentiert sich für den Psychologen der denkbar extremste und schwierigste Fall. Oberflächlich betrachtet, scheint sie ganz normal zu sein. Dieser Eindruck täuscht. Ich möchte zur Orientierung der Geschworenen vorausschicken, daß Personen, die durch schwere Erlebnisse geisteskrank wurden, nicht mehr logisch denken und ein abnorm übersteigertes Gefühlsleben haben. Fräulein Freudenheim denkt nach wie vor logisch und sogar besonders scharf und ist trotz ihrer vernichtenden Erlebnisse innerlich so ruhig, als wäre ihr nichts geschehen. Zu erklären ist dieser Zustand nur damit, daß sie im Bordell eine vollständige Zersetzung des Gefühlslebens erlitten hat. Sie ist gefühlstot. Sie erschießt jemand, geht ruhig wieder heim und wartet gelassen, bis sie verhaftet wird. Sie fühlt nichts, auch nicht eine Spur von Angst oder Reue. Ja, sie denkt sogar, es gehe ihr jetzt besser, gleich jemand, der mit sich zufrieden ist, nachdem er eine notwendige Arbeit getan hat. Die Erklärung ist, daß durch die vollständige Abtötung des Gefühls auch die gefühlsbedingten Hemmungen, die für das Leben in der sozialen Gemeinschaft nötig sind, abgetötet wurden. Daraus ergibt sich, daß sie auch zu dem Gefühl der Schuld und der Verantwortung nicht mehr fähig ist. Fräulein Freudenheim, ein tief bedauernswertes Opfer der Nazis, ist für ihre Tat nicht verantwortlich zu machen. Sie sollte in eine Anstalt überführt werden."

Zur Überraschung Ruths, die zufällig den Kopf gehoben hatte, nickte der Staatsanwalt mehrmals zustimmend. Der Psychiater hatte sich gesetzt. Er riß erstaunt den Kopf herum und blickte in höchstem Interesse hinüber zum Verteidiger, als er ihn sagen hörte: „Ich habe hier ein amtlich beglaubigtes Gutachten von Herrn Professor K..., Professor K..., eine europäische Kapazität, war der Lehrer des Herrn Gerichtspsychiaters. Bevor ich das Original des Gutachtens und acht notariell beglaubigte Abschriften dem Gericht übergebe, möchte ich mit Erlaubnis des Herrn Vorsitzenden die wichtigsten Punkte verlesen. Professor K... schreibt unter anderem:

,Nachdem ich im Laufe einer Woche täglich mit Fräulein Freudenheim gesprochen hatte, nie kürzer als eine Stunde, kam ich zu dem Schluß, daß sie, soweit ihr Geisteszustand in Frage kommt, für ihre Tat voll verantwortlich ist. Sie ist nicht geisteskrank. Ich hatte ein junges jüdisches Mädchen unter Beobachtung, das ebenfalls in ein Bordell verschickt worden war. Sie hat sich das Leben genommen, weil ihr Vater sich ihrer geschämt hat. Fräulein Freudenheim würde sich aus diesem Grunde nicht das Leben nehmen, selbst wenn das ganze deutsche Volk sich ihrer schämen würde. Sie neigt eher dazu, sich für das deutsche Volk zu schämen. Das andere junge Mädchen konnte durch einen Blick ihres Vaters in den Selbstmord getrieben werden. An Fräulein Freudenheim erweist sich die alte Wahrheit, daß ein Mensch nach einem schweren Erlebnis, an dem er nicht zugrunde ging, stärker ist als zuvor. Sie ist eine Persönlichkeit. Aus ihren Antworten während unserer Gespräche ging hervor, daß sie durch die Erlebnisse im Bordell jegliches Interesse an sich selbst und an ihrem weiteren Schicksal verloren hat. Es ist ihr gleichgültig, was mit ihr geschieht. Sie würde ebenso ruhig zum Richtblock gehen, wie sie an jenem Abend zu dem Haus des Mannes ging, den sie erschossen hat. Dieser Zustand könnte als eine hochgradige Gefühlsverarmung gedeutet werden, eine Gefühlsverarmung, die sich auf alles erstreckt. Es ist nicht so. Zwar ist es ihr gleichgültig, ob sie zu lebenslänglichem

Zuchthaus oder zu was immer verurteilt wird. Aber ihr Interesse für die Umwelt ist ganz normal. Sie liebt ihren kleinen Bruder David. Sie hat eine tiefe Zuneigung für ihre Jugendfreundin, die ein Kind erwartet, und sorgt sich, ob das noch nicht geborene Kind alles Nötige haben werde. Für ihre zwölfjährige Freundin Katharina empfindet sie die Liebe einer besorgten Mutter, und wenn sie während der Verhaftung Abschied nimmt von ihrem früheren Verlobten, ist sie nicht im geringsten um sich besorgt, obwohl sie damit rechnen muß, daß sie lebenslänglich ins Zuchthaus geht, sondern um ihn, weil er durch sie Leid erfährt. Das sind Gefühlsäußerungen eines normalen Menschen, der sozial empfindet, und es ist zu hoffen, daß sie späterhin auch sich selbst wieder in das Leben einbeziehen wird.' "

Der Verteidiger blickte auf und sagte: „Den Absatz, der von den Erlebnissen im Bordell handelt, lese ich nicht vor, da die Öffentlichkeit zuerst ausgeschlossen werden müßte. Professor K... fährt fort: ‚Fräulein Freudenheim hat mit angesehen, wie ihre Eltern auf grauenvolle Weise erschlagen wurden. Wenn dieses Mädchen, das durch die Erlebnisse im Bordell als weibliches Wesen vernichtet ist, zurückkehrt in die von der Naziherrschaft befreite soziale Gemeinschaft, erfährt sie, daß der Nazi, der den schauerlichen Mord an ihren Eltern veranlaßt hat, nicht bestraft wurde. Sie erschießt ihn. Fräulein Freudenheim war im Vollbesitz ihrer geistigen Kräfte, als sie willentlich und mit Vorbedacht einen Menschen tötete. In einer sozialen Gemeinschaft, in der das Recht waltet und nichts als das Recht, wäre sie für ihre Tat voll verantwortlich zu machen. Es geht leider über die Befugnisse eines psychiatrischen Gutachters hinaus, zu bestimmen, ob sie in einer sozialen

Gemeinschaft, in der nach wie vor das Recht mißachtet wird, zu bestrafen ist dafür, daß sie einen unbestraften Mörder, den ihrer Eltern, getötet hat. Ich möchte dazu nur sagen — wenn es dunkel geworden ist, wird Licht angezündet. Das ist normal. Sie hat Licht angezündet.‘ “

Es war still. Als der Verteidiger schließlich fragte, ob der Herr Gerichtspsychiater sich zu diesem Gutachten äußern wolle, rief der Vorsitzende, das Gericht solle sich an das Gutachten des amtlich beauftragten Psychiaters halten.

Aber der Gerichtspsychiater erhob sich und sagte: „Ich habe in meinem Gutachten hervorgehoben, daß die Beurteilung der Geisteskrankheiten, die in den Konzentrationslagern und in den Bordellen verursacht wurden, besonders schwierig ist, da der Psychiater mit neuen, noch unerforschten Phänomenen der menschlichen Psyche konfrontiert wird. Es ist keineswegs auszuschließen, daß die Analyse meines hochverehrten Herrn Lehrers in manchen Zügen dem Seelenbilde der Angeklagten entspricht. Aber seiner Ansicht, daß sie für ihre Tat verantwortlich zu machen sei, kann ich nicht zustimmen.“

Der Staatsanwalt nickte befriedigt. Er begann sein Plädoyer mit einer ausführlichen Schilderung des Mordabends und sagte schließlich: „Ich kann mich kurz fassen. In diesem Prozeß brauchte kein Täter überführt zu werden. Die Angeklagte hat gestanden, daß sie Zwischenzahl erschoß. Sie erklärte, daß sie sich seitdem besser fühle. Das würde ein Zeichen ungeheuerlicher Verrohung sein, wenn wir es mit einer normalen Person zu tun hätten.“

Nachdem er einige Sätze aus dem Gutachten des Gerichtspsychiaters zitiert hatte, erklärte er eindringlich, als wäre er der Verteidiger, daß Ruth für ihre Tat nicht verantwortlich gemacht werden könne, da sie geisteskrank sei. Sie müsse interniert werden in einer Irrenanstalt.

Der Verteidiger lächelte wie jemand, der etwas erfährt, das er erwartet hatte. Er war schlank und noch ungebeugt und machte den Eindruck eines wohlkonservierten Mannes, der seine Lebenskraft langsam und zweckvoll verausgabt wie eine präzis gebaute und sorgfältig gepflegte Maschine, die immer gleichmäßig funktioniert, über die errechnete Lebensdauer hinaus. Einer seiner Schneidezähne war mit Gold überkapselt. Das Gesicht war durch Unterernährung blutleer weiß geworden.

Er schob, als wäre für ihn der Prozeß schon beendet, die Akten in die Ledertasche, während er seine Verteidigungsrede begann, und blickte erst auf, nachdem er mit dem Einpacken fertig war und den ersten Satz schon gesprochen hatte.

„Es dürfte sich in den Gerichtssälen der Welt selten ereignen, daß der Staatsanwalt eine des Mordes überführte Person für nicht verantwortlich — der Verteidiger hingegen sie für voll verantwortlich erklärt. Ich nehme an, daß die Geschworenen sich im Laufe des Prozesses schon ihre Meinung gebildet haben über den Grund dieser bemerkenswerten Vertauschung der Rollen. Da der Herr Staatsanwalt angesichts des ungeheuerlichen Rechtsbruches, daß der Mörder Zwischenzahl unbestraft geblieben war, Ruth Freudenheim nun doch nicht gut ins Zuchthaus schicken kann, versucht er, sie ins Irrenhaus zu schicken und auf diese Weise aus dem Dilemma herauszuschlüpfen. Ruth Freudenheim ist nicht geisteskrank. Sie würde für ihre Tat verantwortlich sein in einem Staat, in dem das Recht gleich ist für alle. Die Nazis haben sechs Millionen Juden ermordet. Eine geschändete Jüdin erschoß einen Nazi. Es darf nicht sein, daß gegen das Opfer der Nazis ein Recht angewendet wird, das nicht angewendet wurde gegen den Nazi, der ihre Eltern ermordet hat. Das wäre die Fortsetzung der einseitigen Nazijustiz."

Er blickte die Geschworenen an. „Urteilen Sie nach Ihrem Rechtsgefühl und sprechen Sie Ruth Freudenheim frei, die in einem Staat, in dem das Recht gleich ist für alle, weder die Absicht noch die Möglichkeit gehabt hätte, den Mörder ihrer Eltern selbst zu richten, da er schon gerichtet gewesen wäre."

Auch das Geschworenenzimmer war unten mit Eichenholz vertäfelt. An der nachgedunkelten Wand über der Vertäfelung war ein großer, scharf abgegrenzter heller Fleck, wo einstens das Porträt Kaiser Wilhelms, später das des Präsidenten der Weimarer Republik und dann zwölf Jahre Hitlers Porträt gehangen hatte. Der lange Beratungstisch stammte noch aus der Zeit, da zwölf Geschworene — und nur sie allein — Schuld und Unschuld bestimmt hatten. Seit das reine Geschworenengericht abgeändert worden war durch das sogenannte Emmingersche Gesetz aus dem Jahre 1924, beteiligten sich, zusammen mit nur sechs Geschworenen, auch die drei Berufsrichter an der Urteilsfindung.

Sie saßen in der Mitte, unter dem hellen Fleck. Vor Beginn der Beratung sagte der Vorsitzende: „Die zynische Verunglimpfung der deutschen Justiz durch den Herrn Verteidiger ist tief zu bedauern."

Der Geschworene Doktor Buck entgegnete sofort: „Die Sache ist zynisch — nicht der Verteidiger, der auf sie hinwies. Ein Staat, wo der Untersuchungsrichter wichtige

Augenzeugen nicht vernimmt, ganz offenbar in der Absicht, einen Mörder der Strafe zu entziehen, ist in der Tat nicht so, wie er sein sollte."

Doktor Buck galt in Würzburg als einer der harmlos verrückten, nicht ernst zu nehmenden Sonderlinge, die es in jeder deutschen Stadt gibt. Er ließ alle paar Jahre ein paar Sätze drucken — eine philosophische These, eine mathematische Formel —, über die dann in den philosophischen Zeitschriften Europas diskutiert wurde. Das drang nicht bis nach Würzburg. Seinen Lebensunterhalt verdiente er durch Stundengeben. Er beherrschte Altgriechisch und Latein und fünf lebende Sprachen. Die Not der Nachkriegszeit konnte ihm nichts anhaben, da er nie viel besser gelebt hatte. Er bewohnte immer noch das dunkle Parterrezimmer, in dem er schon als Student vor fünfundvierzig Jahren gewohnt hatte. Überall lagen Bücher — auf dem Kochherd, dem Bett, haufenweise auf dem Fußboden. Aufgeräumt wurde nie. Die Hintertür führte in ein verwildertes Gärtchen, das er in den fünfundvierzig Jahren nie betreten hatte. Er war siebzig. Ein paar noch dunkle Flatterhaare hingen in die Stirn. Tiefe, welke Hautfalten zogen von den Backenknochen senkrecht herunter zum Kiefer.

Der Vorsitzende eröffnete die Sitzung mit der juristischen Belehrung der Geschworenen. Wenn die Angeklagte für geisteskrank befunden werde, sei sie der Gerichtsbarkeit entzogen. In diesem Falle würde sie zu ihrem Schutz und zum Schutze der sozialen Gemeinschaft, für die sie eine Gefahr darstelle, in die staatliche Irrenanstalt überführt werden.

Er wollte weitersprechen. Aber einer der Geschworenen unterbrach ihn, der Buchbindermeister Amen, ein grauköpfiger, kleiner Mann, der den Gehrock trug, den er vor dreißig Jahren bei seiner Hochzeit getragen hatte. Er sagte: „Aber wie sollen denn wir wissen, ob sie geisteskrank ist oder nicht, wenn sogar die gelehrten Fachleute darüber nicht einig sind."

Als der Vorsitzende wiederholte, daß die Geschworenen sich nur nach dem Gutachten des amtlich beauftragten Psychiaters richten sollten, sagte der Glasermeister Fröhlich: „Ich hab kürzlich in der städtischen Irrenanstalt 187 neue Fensterscheiben eingekittet, im Mittelflügel, den eine Bombe getroffen hatte. Woher die das Glas hatten, weiß der liebe Gott allein. Aber was ich sagen wollte — ich war da zwei Wochen, und da hab ich jeden Tag Verrückte gesehen. Das kann man ja gar nicht schildern, was die für Faxen machen und was die daherreden. Wenn ich daran denke, muß ich mir sagen — Fräulein Freudenheim ist so normal, wie man nur sein kann. Wenn Fräulein Freudenheim verrückt ist, dann sind die Verrückten in der Anstalt normal, und ich weiß nicht mehr, wo mir der Kopf steht, und bin selber verrückt."

„Aber das Mädchen ist doch nicht verrückt", rief die Geschworene Marie Ibel in einem plötzlich herausbrechenden Gefühlsstrom der Entrüstung. Ihr Gesicht war rot verfleckt. Sie war eine weichherzige Frau und weinte leicht. Während der Zeugenvernehmung hatte sie sich mehrmals vergebens bemüht, die Tränen zu unterdrücken. Sie war die Witwe eines Oberkellners.

Am Schlusse seiner juristischen Belehrung sagte der Vorsitzende mit fühlbarer Warnung im Tonfall: „Falls die Angeklagte jedoch für verantwortlich befunden wird und damit schuldig eines vorbedachten Mordes, ist sie zu lebenslänglichem Zuchthaus zu verurteilen."

Doktor Buck, der die Gewohnheit hatte, während er

sprach, zwischendurch ein bißchen die Nase zu reiben, sagte zum Vorsitzenden: „Irrenanstalt — und als Alternative lebenslängliches Zuchthaus? Wenn der Fall so läge, wie Sie sagen, müßten wir Ruth Freudenheim so und so das fürchterlichste Unrecht tun." Er rieb die Nase. „Aber in diesem Prozeß geht es in der Tat nur darum, ob Ruth Freudenheim, ein geschändetes Opfer der Nazis, überhaupt angeklagt werden durfte, angesichts der Tatsache, daß der Mörder ihrer Eltern nicht angeklagt wurde."

Der Vorsitzende blickte ihn verblüfft an und rief schließlich in großer Erregung: „In diesem Prozeß geht es darum, Recht zu sprechen."

„Ja, ja. Aber wie die Dinge liegen, fehlt jegliche Rechtsgrundlage für diesen Prozeß. Oder ist das Banditengesetz — Nazimörder sollen leben, Nazigegner müssen sterben — etwa nach wie vor in Kraft?"

Da sagte der Geschichtsprofessor Häberlein: „Nehmen wir einmal an, die Staatsanwaltschaft hätte es tatsächlich in rechtswidriger Absicht unterlassen, Zwischenzahl zur Verantwortung zu ziehen. Würde die Angeklagte, die ihn erschoß, etwa deshalb schuldlos sein? Gewiß nicht! Selbst in diesem Falle müßte sie zur Verantwortung gezogen werden." Er lächelte. „Denn schließlich muß ja einmal damit begonnen werden, das Recht wieder in Kraft zu setzen, wenn in Deutschland wieder Recht und Ordnung herrschen sollen."

Doktor Buck sah ihn an. „Es ist nicht die Aufgabe der Geschworenen, das gebrochene Recht auf Kosten von Ruth Freudenheim wieder zusammenzuleimen. Das Recht kann nur auf Kosten der Naziverbrecher, die nach wie vor unter uns leben, unbehelligt von den Autoritäten, wieder in Kraft gesetzt werden." Er deutete empor zu dem hellen Fleck.

197

„Sein Bild hängt nicht mehr da. Aber sein satanischer Ungeist lebt und wirkt kräftig weiter in Deutschland."

„So ist es!" rief die Kellnerswitwe spontan und warf den Oberkörper zurück und preßte die Lippen zusammen, als wollte sie sich verteidigen, weil sie eine Meinung geäußert hatte. „Unser Blockwart hat meinen Neffen der Gestapo angezeigt, weil der Bub heimlich den ‚Kleinen Vorwärts' verteilt hat. Meinen Neffen haben sie in Dachau umgebracht — der Blockwart ist jetzt im Polizeidienst. Das macht mich krank, sooft ich daran denke."

Der hagere, knochige Schmied Gottlieb, der noch kein Wort gesprochen hatte, sagte zu Professor Häberlein: „Mein Bruder hat eine Tochter im Alter von Fräulein Freudenheim. Wenn Zwischenzahl meinen Bruder und meine Schwägerin erschlagen hätte und Rosi wäre ins Bordell gesteckt worden — liebe Leute, ich könnte nicht für mich garantieren."

Doktor Buck fuhr fort: „Was Ruth Freudenheim getan hat, ist ein revolutionärer Akt. Ein gemartertes kleines Judenmädchen mußte kommen und das Recht, das gebrochen und zersetzt wurde, auf revolutionärem Wege wieder in Kraft setzen... Vor langer Zeit, vor sehr langer Zeit, gab es in der englischen Justizgeschichte einmal einen im Grunde ähnlich gelagerten Prozeß. Die Geschworenen erklärten die Anklage für rechtswidrig und weigerten sich, ein Urteil zu fällen. Die Anklage mußte zurückgezogen werden."

Der Vorsitzende sagte ruhig: „In der deutschen Gerichtsgeschichte hat es niemals einen derartigen Fall gegeben. Nach deutschem Recht wäre es ja auch gar nicht möglich, daß die Geschworenen sich weigern, ein Urteil zu fällen."

„Leider ist es nicht möglich. In bezug auf den Fall Ruth Freudenheim ist das ganz besonders bedauerlich", sagte Doktor Buck und rieb die Nase.

Alle sprachen erregt durcheinander. Der Schmied Gottlieb sagte: „Verrückt scheint sie ja tatsächlich nicht zu sein. Aber wie können wir denn das Mädchen, das in ein Bordell verschickt wurde, jetzt auch noch ins Zuchthaus schicken! Mir würde das mein Leben lang nachlaufen."

Da schnellte der Geschworene Häberlein vom Stuhl hoch und schrie: „Es ist ja nicht zu glauben! Jemand begeht vorbedacht einen Mord, und hier wird davon geredet, daß die Mörderin nicht bestraft werden sollte. Das ist ja ungeheuerlich. Da könnte ja jeder jeden umbringen und hinterher in aller Ruhe seine Zigarre rauchen. Mord ist Mord. Aus einer Mörderin ein Unschuldslämmchen zu machen — dafür bin ich nicht zu haben. Ich nicht!"

Der Vorsitzende fragte: „Will jemand noch etwas sagen?" Er blickte umher. „Da das nicht der Fall ist, kommen wir jetzt zur Abstimmung darüber, ob die Angeklagte in eine Irrenanstalt überführt werden soll, ob sie freigesprochen werden soll, oder ob sie des Mordes schuldig ist und zu der im Gesetz dafür vorgeschriebenen Strafe — lebenslängliches Zuchthaus — verurteilt werden soll."

Ein Teil des Publikums hatte während der Beratung der Geschworenen wartend in den Gängen gestanden. Den vier Jüngern war es im Gedränge gelungen, wieder in den Gerichtssaal zu schlüpfen und an der Wand entlang bis nach vorne zu gelangen. Die Richter und die Geschworenen saßen schon auf ihren Plätzen, als Ruth wieder hereingeführt wurde. Sie setzte sich und blickte Martin an, unverwandt nur ihn; auch dann noch, als der Vorsitzende in der vollständigen Stille das Urteil verkündete:

„Die Angeklagte ist des Mordes nicht schuldig. Sie wird freigesprochen. Der Haftbefehl wird aufgehoben."

Antisemitische und Pfui- und Bravorufe ertönten. Faustkämpfe entstanden, wie in einer Massenversammlung, die gesprengt wurde. Im Gerichtssaal war Revolution.

Die Jünger umringten Ruth und Martin. Der Schlangenmensch rief aufgeregt: „Gehen Sie einfach fort! Gehen Sie doch fort!" Er zog Ruth am Arm. Gedeckt von Martin und den vier Jüngern ging sie durch die tobende Menge hinaus.

XV

„Lieber Steve!

Dein Freund brachte heute wieder ein Paket von Dir. Wunderbare Sachen! Ich teile sie immer mit Ruth, die viel zuwenig zu essen hat, und auch Frau Bach gebe ich immer etwas davon. Sie ist eine so gute Frau, und sie hat mir viel geholfen in Frauensachen. Ich wußte ja fast nichts. Auch ein Kleid von sich hat sie mir gegeben, weil mein Kleid nicht mehr paßt. Es ist mir viel zu eng und kann nicht mehr weiter ausgelassen werden. Jetzt glaubst Du sicher, ich sei so dick wie ein Faß, weil ich zuviel esse. Lieber Steve, ich muß Dir etwas mitteilen. Ruth wollte es schon lange, und jetzt denke auch ich, daß Du ein Recht hast, es zu wissen. Aber erschrick nicht und glaube mir, ich bin sehr, sehr glücklich darüber. Lieber Steve, in drei Wochen bekomme ich ein Kind. Bitte, bitte, lieber Steve, mache Dir keine schweren Gedanken, und auch zu sorgen brauchst Du Dich nicht, es wird alles Nötige haben. Ich habe schon einen Kinderwagen und auch alles andere. Mein Stall hat jetzt eine Tür. Dein Ofen ist da. Holz habe ich schon gesammelt. Es wird also auch nicht frieren im Winter. Doktor Groß macht im Spital ein Bett frei für mich, wenn es soweit ist. Du siehst, eine reiche Frau könnte es auch nicht besser haben. (Wenn Du pulverisierte Milch schicken könntest und vielleicht eine kleine Wolldecke für den Wagen. Doktor Groß glaubt zwar, daß ich selbst genug Milch haben werde. Aber was weiß man.) Ob es Dir ähnlich sein wird? Sicher! Frau Bach sagt, viele Kinder, die später dunkle Augen bekommen, haben anfangs blaue. Aber seine werden echt blau sein, so wie Deine. Ich sehne mich schrecklich nach Dir, und oft tut mir das Herz weh, die Seite, wo das Herz ist, weil ich mich immerzu nach Dir sehne. Ach, Steve, es ist schwer. Aber mit dem Kind hat das nichts zu tun. Im Gegenteil! Es würde ja viel ärger sein. Wie allein ich dann wäre! So bist Du ja doch immer mit mir. Um Gottes willen, ich will mich nicht versündigen an meinem Kind. Aber ich kann es nicht trennen von Dir, und Dich nicht von dem Kind. Ich kann euch gar nicht auseinanderhalten. Es ist alles ein und dasselbe — ich liebe Dich.

Johanna."

Da sie keine Briefmarke hatte und auch nicht das Geld, eine zu kaufen, machte sie sich mit dem Brief auf den Weg zu Ruth, die meistens ein paar Pfennige besaß.

Martin las in der Zeitung den Bericht über die Verhandlung. Johannes' Vater hatte geschrieben: „Die Revolution, die nach dem Sturz der Naziherrschaft verhindert wurde, kam im Rechtsgefühl der Geschworenen zum Durchbruch."

Ruth war dabei, das Abendessen zu kochen. Ihr Gesicht, belebt und scheinend, hatte eine besondere Glätte, als wäre sie soeben aus einem wohltuenden warmen Bad gestiegen. Wie sie vor dem Eisenöfchen stand, den Topf rückte, die Suppe versuchte, noch ein bißchen Salz hineingab, machte sie den Eindruck eines Menschen, der mit der Gegenwart zufrieden ist und Hoffnung für die Zukunft hat. Sie sagte durch den Vorhang: „Jetzt kannst du kommen, Martin."

Er hatte seit Stunden darüber nachgedacht und nicht gewagt, es ihr vorzuschlagen. Als die Suppe auf dem Tisch war, sagte er: „Die ganze Stadt ist in Aufregung über den Freispruch. Du wirst hier nie Ruhe haben. Ich möchte, daß wir in den Spessart übersiedeln. Dort könnten wir in Frieden leben. Ruth, ich möchte, daß wir heiraten."

„Ach, Martin", sagte sie bestürzt, als sei ihr Leben, das sie mühsam wieder aufgebaut hatte, plötzlich zusammengebrochen. Sie preßte die andrängenden Tränen zurück, hob den Kopf wieder und blickte in sein verhärmtes Gesicht, in das noch die Angst um sie eingegraben war. Er war tief verlegen, und die Augen blickten wie die eines Schwerkranken, der Hilfe sucht. Sie konnte nicht anders, sie sagte: „Wenn du es willst, Martin."

Sie aßen schweigend. Als er gegangen war, zum Nachtdienst in das Spital, sagte Ruth, nachdem sie eine Weile reglos gesessen hatte: „Zurücknehmen kann ich die Zusage nicht." Plötzlich erinnerte sie sich an ein Erlebnis im Bordell, das scheinbar in keinem Zusammenhang mit ihrem Schicksal war. Eine junge Frau hatte ihr erzählt, als ihr Mann gestorben sei, habe sie es nicht fassen können, daß er nicht mehr auf der Erde war. Schließlich sei sie nach Italien gereist, weil sie es nicht ertragen habe, in der Wohnung zu sein, in der jeder Gegenstand sie so schmerzlich an ihn erinnerte. Als sie nach einem Jahr zurückgefahren sei, habe sie sich gesagt im Zug, wenn sie es aushalte, die Melodie zu hören, die er so sehr geliebt hatte, könne sie wieder in der Wohnung leben. Noch mit Hut und Mantel sei sie zum Grammophon gegangen und habe die Platte aufgelegt. Nach ein paar Tönen sei sie aus der toten Wohnung geflüchtet und wieder zum Bahnhof gefahren. (Die junge Frau hatte sich ein paar Tage später im Bordell das Leben genommen.)

Ruth saß reglos wie zuvor. In der Vorstellung versuchte sie, sich Martin zu überlassen. Es war ihr nicht bewußt, warum sie die Bordellmappe öffnete. Der nackte Soldat, der nach ihr griff, wurde zu Martin. Haßerfüllt starrte sie Martin an, der nach ihr griff. Da steht sie zwischen den Schienen und will mit den Fäusten einen heranbrausenden Eisenbahnzug aufhalten.–

Äußerlich war sie wieder ruhig, als Johanna eintrat. Sie gingen zum Postamt und kauften die Briefmarke. Auf dem Rückweg sagte Ruth, sie müsse jetzt zum Gerichtspsychiater. Er habe sie durch Frau Bach, die bei ihm aufräume, bitten lassen, diesen Abend zu ihm zu kommen. Als Johanna fragte, was er wolle, sagte Ruth schwach lächelnd: „Vielleicht will er mir beweisen, daß ich geisteskrank bin, wie in der Verhandlung." Sie wußte nicht, daß Martin den Psychiater gebeten hatte, mit ihr zu sprechen.

Er hatte vom Magistrat ein Zimmer zugewiesen bekommen in einem unversehrt gebliebenen Haus, das der Stadt gehörte. In der Mitte stand ein langer Tisch, auf dem Bücher und Zeitschriften lagen. Das Licht der hohen Stehlampe fiel auf Ruth, die tief im Sessel saß. Ihre Füße reichten nicht bis zum Boden. Sie hörte die Stimme des Psychiaters, sein Gesicht konnte sie kaum sehen, da es im Schatten war.

Nachdem er ihr zum Ausgang des Prozesses gratuliert hatte, sagte er, sie sollte versuchen, jetzt wieder ein normales Leben zu führen wie andere Mädchen und Frauen. Als sie darauf sofort entgegnete, sie würde ja auch gekommen sein, wenn Martin selbst sie darum gebeten hätte, kam er aus dem Schatten heraus und blieb vor ihr stehen.

Er sagte scherzend: „Es war zu erwarten, daß Sie hinter unsere Schliche kommen würden. Doktor Martin denkt, ich könnte Ihnen einiges erklären. Er liebt Sie sehr. In Ihrem Fall ist das ein besonderes Glück."

„Für ihn ist es ein Unglück."

„Das kommt ganz auf Sie an."

„Ich kann nicht auslöschen, was geschehen ist, und auch Martin kann es nicht."

„Ich versichere Ihnen, er hat es schon getan. Ich habe lange und rückhaltlos mit ihm darüber gesprochen. Liebe vermag viel."

„Nur gerade das nicht."

„Es ist verständlich, daß Sie es nicht glauben. Aber nehmen Sie einmal an, er wäre fähig zu einer glücklichen Ehegemeinschaft mit Ihnen. Glauben Sie, daß in diesem Fall auch Sie dazu fähig und bereit sein würden?"

Sie antwortete nicht gleich. Er setzte sich wieder in den Schatten und beobachtete Ruth, während sie sagte: „Eines der Mädchen in dem Bordell, ein sehr liebes Mädchen, sagte zu mir, wenn der Krieg aus ist und ich komme lebend heraus von hier, geh ich in eine große Stadt, wo niemand etwas von mir weiß. Vielleicht begegnet mir ein Mann, der mich mag und den auch ich gern haben kann. Ich will heiraten und ein ordentliches Leben führen wie andere Frauen... Für dieses Mädchen war alles ganz einfach. Verstanden habe ich das nie."

Sie horchte auf die Stimme des Psychiaters. „Für Sie ist es nicht so einfach, ich weiß, Sie sind empfindsamer. Aber dafür haben Sie Eigenschaften, die jenes Mädchen nicht hat. Ihr Ausmaß ist größer. Daraus wird auch Ihnen die

Kraft erwachsen, sich von den psychischen Folgen Ihrer Erfahrungen zu befreien. Körperliche Erlebnisse sind nicht das Entscheidende. Sie sollten dem Körperlichen nicht das Übergewicht geben. Was zählt, ist der Mensch. Sie haben sich bewahrt, trotz dieser Erlebnisse. Wahrlich, darauf dürfen Sie stolz sein. Mein früherer Lehrer sagt in seinem Gutachten, es sei zu hoffen, daß Sie sich wieder in das Leben einbeziehen würden. Seien Sie generös zu sich selbst und geben Sie sich eine Chance."

Nach einer langen Pause, sie hatte nachgedacht und nachgefühlt, sagte Ruth erschauernd: „Er würde einer von den tausend sein, und es wäre noch entsetzlicher, weil er mir so teuer ist. Ich würde ihn hassen, weil ich ihn so sehr liebe." Sie stand auf. „Danke schön. Sie waren sehr freundlich", sagte sie verloren lächelnd und ging hinaus.

Zwei Wochen später heirateten sie. Johanna hatte für Ruth ein Kleid geschneidert aus einem alten Vorhang. Martin war im Spessart gewesen und hatte mit drei Dorfbürgermeistern gesprochen. Sie hatten, froh, daß ein Arzt in die Gegend kommen wollte, bereitwillig zugesagt, ein Haus im Wald, das seit vielen Jahren unbewohnt war, auf Gemeindekosten instand zu setzen.

Johanna und Doktor Groß waren die Trauzeugen. Der Standesbeamte, ein bärtiger Mann mit Klemmer, wandte sich anfangs an Johanna, in dem Glauben, das hochschwangere Mädchen sei die Braut. Er entschuldigte sich lächelnd bei Ruth, er habe geglaubt, sie sei eine kleine Schwester des Bräutigams.

Nach der Trauung gingen sie sofort zum Bahnhof. Martins Einrichtungsgegenstände, auch ein Medizinkasten und ein Fahrrad, waren schon in dem Haus im Spessart. Kurz bevor der Zug abging, sagte Johanna ängstlich zu Ruth, die erregt und verstört war: „Martin wollte es, weil ihr bei den Bauern nicht zusammen wohnen könntet, ohne verheiratet zu sein."

Ruth tat, als hätte sie es nicht gehört. Sie sah sich um nach David, der bei der Lokomotive stand. Er war in Gegenwart seiner Schwester immer verlegen und hielt es nie länger als Minuten aus, bei ihr zu sein.

Aber als der Zug schon verschwunden war, stand er noch in der Bahnhofshalle und blickte nach. Die Lippen zuckten.

Der Zug fuhr den Main entlang. Sie saßen am Fenster. Ruth blickte hinaus in die Landschaft, durch die sie ein Jahr vorher gewandert war, ein totes Mädchen, das nur noch den Willen hatte, nicht schneller als zu Fuß in die Heimatstadt zurückzukehren. Ein Zug tiefer Genugtuung entstand in ihrem Gesicht, das weich wurde. Sie ist in diesem Jahr einen weiten Weg gegangen zurück zu sich selbst.

Wie der Kaufmann am Schluß des Jahres machte sie Bilanz. Sie steht wieder selbstvergessen im stillen Waldesinnern vor einem halb abgestorbenen Ast, an dem noch ein paar junge Zweige mit Blättern sind, und weiß jetzt, was ihr damals nicht bewußt gewesen war, daß sie in dem dumpfen Gefühl, selbst ein Bestandteil des Waldes zu sein, den ersten Schritt zurück ins Leben getan hat. Ruhig sieht sie die Auschwitz- und Bordellszenen an, die nur noch Zeichnungen sind. Sie erschießt den Mörder ihrer Eltern. Ich fühle mich seitdem besser, sagt sie zum Vorsitzenden und verläßt den Gerichtssaal. Auch der Prozeß liegt hinter ihr. Sie atmete tief aus.

Ruth hatte im Bordell im blutigen Zerstörungswirbel der ersten Tage einen Befreiungstraum geträumt, zwischen zwei Besuchen. Tausende rote Stiere, Schaum an den Mäulern, schwankende Speere im Nacken, rasen einen sandigen steilen Abhang herab, den sie emporsteigt. Ein kleines blondes Mädchen schwebt vom Rücken eines Stieres herunter, nimmt Ruth bei der Hand und führt sie zwischen den herabrasenden Tieren durch, ungefährdet empor zum Gipfel, über dem die Sonne, eine brausende Himmelsorgel, sichtbare Strahlen hinuntersendet ins Erdental. Das Kind ist Musik. Es sagt eine Melodie und vergeht. Ruth war erwacht, als der nächste Besucher die Bettdecke von ihr heruntergezogen hatte.

Während sie, die Lider geschlossen, noch einmal die befreienden Ereignisse dieses Jahres vorüberziehen ließ, erinnerte sie sich plötzlich an das grauenvolle Erwachen aus ihrem Traum im Bordell. Gleichzeitig steht sie vor dem Standesbeamten. Sie riß entsetzt die Augen auf und stammelte kläglich wie ein Kind: „Du tust mir nichts, Martin?"

„Sicher nicht, das weißt du, Ruth." Er nahm ihren Kopf an seine Schulter und hielt den zuckenden Körper. Der Zug blieb stehen. Eine Bauersfrau kam ins Abteil. Als der Zug wieder anrollte, schmiegte Ruth die Wange besser an Martins Schulter. Nach Sekunden war sie eingeschlafen.

Sie verließen den Zug bei den Ausläufern des Spessarts und gingen hinunter zur Fähre. Das alte Männchen setzte sie über den Fluß.

Johanna war bei Steves Freund gewesen. Sie hatte ihn gefragt, ob er, falls ein Brief für sie käme, so freundlich sein wolle, ihn ins Spital zu bringen. Auf dem Rückweg ging sie zu Frau Bach, mit einer Büchse Cornedbeef aus Steves Paket. Als sie die Kellertreppe hinabstieg, taumelte sie gegen die Mauer und fiel auf die Steinstufen. Sie kannte diesen reißenden Schmerz und wußte, was geschehen war, sie hatte vier Wochen vorher schon einmal eine starke Blutung erlitten.

Frau Bach hörte das Stöhnen und kam aus dem Lattenverschlag heraus. Mit ihrer Hilfe erreichte Johanna die Pritsche. Ihre Lippen waren blau. Das Stöhnen kam von selbst mit dem Atmen. Frau Bach schickte den Schlangenmenschen ins Spital zu Doktor Groß.

Kurz danach lag Johanna in einem winzigen Zimmer, von dem aus sie die Kronen der Kastanienbäume im Spitalgarten sehen konnte. Die Blutung war schwächer geworden. In der Nacht hörte sie ganz auf. Die Wehen begannen gegen Morgen.

Den folgenden Tag brachte Steves Freund einen Brief. Als die schwere Wehe vergangen und die Welt wieder hell war, öffnete sie den Brief.

„Liebe Johanna!

Es hat Monate gedauert, bis ich alle Papiere für Dich und mich zusammen hatte. Ich schrieb Dir nichts davon, weil es nicht sicher war. Aber jetzt kann ich Dir mitteilen, daß ich am 10. Juli hier abfahre. Am 21. Juli bin ich bei Dir. Heiraten werden wir erst in Amerika. Unsere Wohnung auf der Farm ist im Nebenhaus. Sie ist schon hergerichtet, alles frisch gestrichen, außen und innen, und auch einen Kamin habe ich gebaut, weil es schöner ist abends im Winter an einem offenen Feuer. Mache Dich fertig, damit wir gleich abreisen können. Die Schiffskarten habe ich. Meine Eltern freuen sich. Aber wie ich mich freue, kann ich Dir gar nicht sagen. Am 21. Juli! Dann kann ich Dir erzählen, wie schwer alles war, das Warten und der Zweifel. Aber dann ist es ja vorbei. Es ist schon jetzt vorbei.

Dein Steve."

Die Wehe — ein einziger, Minuten dauernder Schlag mit einem Hammer, an dem Rasierklingen waren — riß sie aus dem Glück heraus. Danach las sie den Brief wieder und wieder und wieder.

Am Nachmittag kam Doktor Groß mit seinen zwei Assistenzärzten, die ihn von Bett zu Bett begleiteten. Nach der Untersuchung sagte er zu ihnen, eine normale Geburt sei nicht möglich, da der Mutterkuchen an einer falschen Stelle liege, am Ausgang der Gebärmutter. Johanna und das Kind seien nur durch einen Kaiserschnitt zu retten. Er müsse sofort operieren, sonst bestehe die Gefahr, daß infolge der schweren Wehen das Herz zu schwach werde.

Eine Stunde später lag sie auf dem Operationstisch. Das Kind wurde aus ihr herausgeschnitten. Johanna starb zehn Minuten nach der Geburt an Herzschwäche. Das Kind, ein Mädchen, lebte. Frau Bach nahm es zu sich. Der Freund telegrafierte Steve.

XVI

An einem Samstag im September standen die zwölf Jünger und Katharina schon um sechs Uhr früh am Mainufer auf der Kaimauer, gegenüber der alten Festung, die grau in den grauen Himmel ragte. Die Sonne war noch nicht aufgegangen. Unter ihnen, auf dem nebeligen Fluß, lag ein fünfzig Meter langes Floß entrindeter Tannenstämme, die im Fichtelgebirge geschlagen worden waren und auf dem Wasserwege nach Frankfurt gebracht wurden.

Der Schlangenmensch verhandelte mit dem Flößer. Wenn er sie mitnähme, bis zum Spessart, würden sie ihm ein Päckchen Pfeifentabak geben. Das war ein hoher Fahrpreis. Der Flößer winkte. Sie stiegen hinunter auf das Floß.

Solange Ruth in Würzburg gewesen war, hatte David

sie selten und nie länger als Minuten besucht. In dem Vierteljahr seit ihrer Abreise war seine Sehnsucht überwältigend geworden, und eines Tages hatte er, dem Weinen nahe, zum Schlangenmenschen gesagt, er habe seiner Schwester versprochen, sie zu besuchen, und müsse unbedingt zu ihr. Da hatten die Jünger beschlossen, gemeinsam einen Ausflug in den Spessart zu machen. Die Idee, auf einem Floß den Main hinunterzufahren, stammte vom Schlangenmenschen. Er hatte seit Jahren davon geträumt.

Das Floß, gesteuert von einem jungen Flößer, der an der Spitze stand, übersprüht vom hochaufspritzenden Gischt, schoß aufregend schnell durch das Wehr der alten Brücke und glitt Minuten später im ruhigen Wasser langsam vorüber an Johannas Ziegenstall und am Nonnenkloster Himmelspforten, an dem Ruth auf ihrem schweren Weg zurück in die Heimatstadt vor einem Jahr vorbeigewandert war. Kurz danach war sie auf Johanna zugegangen, die am Ufer gesessen und ihre Füße gewaschen hatte.

Die Jünger waren über das ganze Floß verstreut und ununterbrochen in Bewegung. Hier zog der Main einen Halbrundbogen. Aus der Ferne gesehen, schien das Riesenfloß, besetzt von umherhüpfenden Holzflöhen, sich in den Rebhügel hineinzubohren, auf dem noch der blaue Morgendunst hing. Es brauchte einen Mann von akrobatischer Geschicklichkeit und ungewöhnlicher Stärke, ein fünfzig Meter langes Floß durch einen Flußbogen zu steuern. Der Flößer, der sich mit seiner ganzen Kraft gegen den Fahrbaum stemmen mußte, wurde durch den Druck des Floßes, das in der Bogenmitte uferwärts zog, meterhoch in die Luft gehoben, während unter ihm das Floß weiterglitt. Das Gesicht des stämmigen jungen Flößers war so hart wie seine Arbeit.

210

Hinter dem Bogen zog das Floß wieder langsam geradeaus. Hoch oben schwebte ein Fischreiher gelassen mit, ohne Flügelschlag, in schön ausgreifenden Bögen, ein kleiner Schlittschuhläufer am Himmel.

Die Landschaft war noch grau. Katharina fröstelte. Der Schlangenmensch ließ sie in seinen Rock schlüpfen. Er knöpfte ihn sorgfältig zu, stellte den Kragen auf und holte behutsam ihr Haar heraus, das dicht unter dem Kopf mit einem weinroten Samtbändchen straff zusammengehalten war. Sie trug ihr dünnes blaues Waschkleidchen, das nur bis zu den Knien reichte, und rot gestrichene Buchenholzsandalen, die der Schlangenmensch im Keller seines Meisters Lämmlein für sie geschnitzt hatte.

In der Mitte des Floßes war eine Hütte aus frischen Tannenbrettern, in der eine Schlafpritsche und ein dreibeiniges Eisenöfchen standen. Eine halbmeterlange harte Salamiwurst, ein Überbleibsel aus Zwischenzahls Lager, und Brot hatten die Jünger mitgebracht. Sie saßen um das Öfchen herum. Der Flößer hatte ihnen erlaubt, Feuer zu machen. Petrus verteilte die Hälfte der Wurst. Für den Flößer schnitt er eine dickere Scheibe ab.

Katharina machte sich damit auf den Weg. Es war nicht leicht, mit Holzsandalen auf dem entrindeten glatten Stamm zu gehen. Aber da der Schlangenmensch sie begleitete, balancierte sie graziös noch ein bißchen mehr, als nötig gewesen wäre. Plötzlich fiel sie an ihn hin. Während sie sich wieder lösten aus der unwillkürlichen Umarmung, wechselten sie einen kurzen Streifblick. Es war, als hätten sie ihre Zukunft umarmt.

Die Sonne stieg hinter dem Hügelkamm empor und hob das ganze Tal aus dem Schlaf ins Licht. Die bebauten Felder, braun, gelb, leuchtendgrün, zogen dicht nebeneinander von der Hügellinie herunter, breit und schmal und in der Ferne strichdünn, wie mit dem Farbstift gezeichnet. Das Wasser roch stärker.

Das Floß zog langsam seinen gewundenen Weg, vorüber an Dörfchen, eingebettet ins Grün, an sonnigen Abhängen, wo der berühmte Frankenwein wächst, an Burgruinen und Städtchen aus dem Mittelalter. Kein Haus war zerstört. Hier war nicht Krieg gewesen.

Am Nachmittag, die Sonne schien heiß, zogen David und der Schlangenmensch sich aus. Die Badehosen hatten sie schon daheim angezogen. Beide waren schulterbreit und beckenschmal und schwammen wie Fische. Da konnte auch Katharina nicht länger widerstehen. Sie ging hinter die Holzhütte. Ihr Badeanzug, hellgelb, war ihr schon zu klein und umspannte straff den dünnen Körper.

Seit Wochen hatte der Schlangenmensch Katharina erfolglos gebettelt, sie solle ihm einen Kuß geben, nur einen einzigen. Als sie nach dem Bad nebeneinander in der Sonne lagen, schon wieder trocken, sagte er: „Wenn du mir einen gibst, schwimm ich unter dem Floß durch."

„Das kannst du nicht."

„Du brauchst ihn mir ja erst zu geben, wenn ich's getan hab."

„Wohin denn?"

Er deutete auf seine Wange. „Oder wohin du willst."

Daß er ihretwegen unter dem Floß durchschwimmen wollte, gefiel ihr sehr. Sie kreuzte die Arme unterm Kopf und streckte sich wohlig. „Und wenn dir was passiert?"

„Oh, ich kann länger als eine Minute unter Wasser schwimmen. Also, gilt es?"

Sie sah ihn an. „Aber nur den einen und dann nie mehr im ganzen Leben."

Er ging bis zur Spitze des Floßes, sprang ins Wasser und tauchte auf der andern Seite wieder auf, fast am Ende des Floßes, das über ihn hinweggeglitten war. Katharina war aufgestanden und hatte atemlos gewartet. Sie seufzte erleichtert. „Heiliger Gott!"

Als sie wieder nebeneinander lagen, sagte er: „Jetzt mußt du aber."

„Du bist ja noch naß."

„Also gut, wenn ich trocken bin."

„Und meine Mutter — was denkst du denn, daß sie dazu sagt?"

„Du brauchst es ihr ja nicht zu erzählen."

„Sie will aber, daß ich ihr alles erzähle, und ich tu es auch."

„Das sagst du jetzt nur, weil du dein Wort nicht halten willst."

Katharina zuckte verächtlich die Schulter und stand auf. Sie sprang und trippelte graziös über die Stämme hinter die Hütte, schlüpfte ins Kleid und ging zu den Jüngern, die neben der Bastrolle saßen. Später kam auch der Schlangenmensch, beide Hände in den Hosentaschen, ein Enttäuschter, der sich bemühte, seine Enttäuschung nicht zu zeigen. Aber sie sah ihn gar nicht an. Sie legte die Hand auf die Schulter ihres Freundes Petrus und erzählte ihm eifrig eine lange Geschichte, wie sie sich einmal im Wald verirrt habe und vor Angst beinahe gestorben sei.

Gegen sechs Uhr verließen die Jünger das Floß, in der Nähe der Fähre. Katharina hatte wieder den Rock des Schlangenmenschen an. Sie stiegen an der Nordseite den steinigen, nassen Abhang hinauf, den Ruth auf dem Weg zurück nach Würzburg herabgestiegen war, und verschwanden im Wald.

213

Das Haus im Spessart, das vor hundertzwanzig Jahren ein Wirtshaus für Fuhrleute gewesen war, stand in einer Lichtung bei der großen Fahrstraße, die den ganzen Wald durchquert. Die Leute dieser Gegend erzählten auch jetzt noch, der Wirt habe einen vornehmen Reisenden ermordet und sei mit dem Raub außer Land geflüchtet. Viele Jahre hatte niemand in dem Haus gewohnt.

Die drei Dorfbürgermeister, bei denen Martin gewesen war, hatten es von Grund auf herrichten lassen von den Maurern, Dachdeckern, Schreinern und Anstreichern der Gegend. Auch den Zaun hatten sie erneuert, den Garten umgestochen und Ende Mai noch Wintergemüse gesät und Saatkartoffeln gesteckt. Glas gab es nicht. Aber die neuen Fensterläden, grün gestrichen, paßten genau, und der riesige Kachelofen im Wohnzimmer, durch die Decke hindurchgeführt, erwärmte auch die oberen Räume. Holz gab es im Überfluß.

Es war nicht das weiße Landhaus, von dem Martin geträumt hatte, und wenn er heimkam, stand Ruth nicht wartend am Gartenzaun, bereit, ihm die Lippen zu bieten. Aber verglichen mit der Holzhütte war es ein solider Palast, aus dunkelgrauem Granit für die Ewigkeit gebaut.

Der weiße Kinderwagen, den der Jünger Johannes aus dem Dachboden des Apothekers Adelshofen geholt hatte, stand im Garten unter dem Apfelbaum. Ruth hatte Frau Bach schließlich überzeugt, daß Johannas Kind im Spessart gesünder aufwachsen würde als in dem Bretterverschlag im Keller, und auch ein Arzt sei ja immer zur Hand.

Ruth kam mit der Milchflasche heraus. Sie trug ein neues Kleid, geschneidert aus dem handgewebten Leinen, das Martin für seine Behandlung von einer Bäuerin bekommen hatte. Sie beugte sich beglückt über die dicken, rosigen Backen. Die Augen waren blau. Es sah Ruth an, unverwandt, und lächelte plötzlich. Sie gab ihm die Flasche, die es sofort mit beiden Händchen packte.

Später hob sie es mit dem Bettchen heraus. Da stand sie nun, das Kind im Arm, tatsächlich am Gartenzaun, als Martin ankam und vom Fahrrad absprang. Nur daß es nicht sein Kind war und seine Frau nicht seine Frau.

Er schob das Fahrrad herein. An der Lenkstange hing das „Honorarkörbchen", in dem er Milch, Eier, Butter, hin und wieder auch ein Huhn, eine Bauernwurst, einen geräucherten Schinken heimbrachte, Lebensmittel, die er als Bezahlung für seine Dienste von den Patienten bekam. Die Vorratskammer — der tiefliegende Keller — war auch im heißen Sommer kühl.

Nach dem Essen saßen sie im Wohnzimmer, neben dem Kachelofen, in dem dicke Holzscheite krachten. An den Abenden war es schon kalt. Martin arbeitete im Lichte der Petroleumlampe an einer Biographie seines Vaters, der ein berühmter Psychologe gewesen war. Er hatte vom sozialen Gesichtspunkt aus Werke über Kriminalpsychologie geschrieben. Auch Ruth arbeitete. Sie zeichnete keine Auschwitz- und Bordellszenen mehr. Einige ihrer neuen Bilder, in Linie und Farbe eigenartig ausbalanciert, hingen im Wohnzimmer an der Wand.

Beide hoben den Kopf, als sie das Geräusch von Schritten hörten. Martin wurde hin und wieder auch nachts zu Patienten gerufen. Er schloß die Haustür auf.

Die zwölf Jünger und Katharina traten gleich ein, wie erwartete Gäste, als verstünde sich ihr nächtlicher Besuch von selbst. Es war schon zehn Uhr. Sie hatten das Haus erst nach langem Umherirren gefunden. David sagte nach einer Verlegenheitspause zu seiner Schwester: „Die woll-

215

ten dich besuchen." Als sie ihm über den Kopf strich, wandte er sich errötend um und betrachtete die Zimmerdecke.

Sie waren ausgehungert. Katharina und der Lagerverwalter stiegen mit Ruth hinunter in den Keller zu den Vorräten. Der Lagerverwalter staunte. Seine Regale im Keller der Klosterkirche waren leer. Während sie wieder hinaufstiegen, hinter Ruth, sagte er zu Katharina: „Wir müssen von jetzt an bei den Bauern holen, das ist klar. Die haben."

Nachdem die Rühreier verschwunden waren, wie fortgezaubert, brachte Ruth Decken und alte Kartoffelsäcke. Die Jünger schliefen im Wohnzimmer auf dem chinesischen Teppich. Katharina lag in Ruths Schlafzimmer auf dem Biedermeierkanapee. Den gelben Badeanzug hatte sie anbehalten. Sie richtete sich noch einmal auf, nickte fragend und schlüpfte zu Ruth ins Bett. Ruth löschte die Petroleumlampe aus.

„Es war furchtbar dunkel im Wald", sagte Katharina wohlig seufzend. „Ganz furchtbar! Letzthin hab ich mich einmal ganz allein im Wald verirrt. Plötzlich kam ein Mann aus dem Gebüsch." Sie schmiegte sich, schon halb schlafend, besser an Ruth. Ihr Kopf lag an Ruths Brust, wie Ruth es sich im Festungsgraben unter dem Dornbusch mit den roten Beeren vorgestellt hatte. Sie legte den Arm behutsam um die Schlafende. Minuten später war auch sie eingeschlafen.

Den folgenden Morgen gingen Katharina und der Schlangenmensch tief in den Wald. Schließlich standen sie auf einem hohen abgeholzten Hügel und blickten rundum. Der schon herbstliche Eichenwald, der sich in Wellen über Täler und Hügel hinzog, so weit der Blick reichte, sah von hier oben aus wie ein vom Sturme aufgewühltes grünes Meer, auf das ein Goldregen niedergegangen war. Sie stiegen Hand in Hand hinab und betrachteten staunend den Stamm einer Eiche, den drei Männer mit ausgestreckten Armen nicht hätten umspannen können.

Eine Hirschkuh und ein Hirsch, auf dem Weg zur Tränke, traten heraus in die Lichtung, durch die ein Quellbach floß. Sie waren nur zehn Meter entfernt. Die Hirschkuh brach sofort weg. Der riesige Hirsch bog Hals und Kopf so weit nach hinten, daß das Geweih das Fell berührte. Er blickte schief die Kinder an und schritt in seinen Wald zurück.

Katharina hatte sich ängstlich an den Schlangenmenschen gepreßt. „Heiliger Gott", sagte sie erleichtert, als der Hirsch verschwunden war, und pickte plötzlich einen flüchtigen Kuß auf die Wange des Schlangenmenschen. „Da hast du ihn." Sie rannte fort.

Der Schlangenmensch war nicht beglückt durch den Kuß, den sie ihm nach wochenlangem Betteln jetzt nur aus Angst und Erleichterung gegeben hatte. Katharina rannte die breite Waldstraße entlang.

Als er zurückkam ins Haus, stand sie im Wohnzimmer neben Ruth. Beide beugten sich über eine kleine Holzbadewanne, die auf zwei Stühlen stand. Ruth, versunken in den Anblick des Kindes, hielt das Köpfchen hoch und schaufelte Wasser mit der anderen Hand. Es glitt von der Haut ab wie von Öltuch. Katharina sagte atemlos: „Zuerst war es bei Frau Bach, nicht wahr?"

Ruth hob es heraus ins Frottiertuch. „Es ist mein Kind." Sie hielt es an sich wie eine Beute.

Der Schlangenmensch ging zu den Jüngern, die in der Nähe des Hauses an einem kleinen Waldsee saßen, und sagte: „Wenn wir noch vor Mitternacht in Würzburg sein wollen, müssen wir jetzt gehen."

Die Maus widersprach. Sie könnten doch noch einen Tag länger bleiben. David, dessen Gefühl sich in Ruths Gegenwart quälend abkapselte und ihn überwältigte und zu ihr zog, wenn er von ihr getrennt war, sagte gepreßt: „Ich möchte lieber heute gehen." Sie beschlossen, sofort aufzubrechen.

Auf der Waldstraße näherte sich ein Jeep. Der Fahrer blickte suchend umher. Es war Steve. Er war mit dem Jeep seines Freundes in zwei Stunden von Würzburg herunter in den Spessart gefahren, hatte im Dorf gefragt, wo Martin wohne, und fuhr jetzt langsam an den Jüngern vorbei und auf den Einfahrtsweg zum Haus. Er trug einen rotbraunen Anzug. Sein Gesicht war schärfer modelliert und durch einen Leidenszug im Ausdruck verändert.

Steve hatte nach Johannas Tod die Erlaubnis erwirkt, sein Kind zu adoptieren, und war herübergekommen, um es nach Amerika zu bringen.

Ruth hörte das Geräusch des Motors und trat ans Fenster, das Kind auf dem Arm. Zugleich mit der Überraschungsfreude entstand die Angst, daß sie das Kind hergeben müsse. Sie hielt das Köpfchen an die Schläfe und stand reglos wie ein Bildwerk im Fensterrahmen.

Steve erlitt im ersten Erblicken seines Kindes den Verlust Johannas noch einmal mit derselben Wucht wie damals, als er das Telegramm mit der Todesnachricht gelesen hatte. Seine Lippen bebten.

Die Begrüßungsworte, die nichts aussagten, waren für beide nur eine Brücke zum äußeren Leben, das ebenfalls weiterging. Im Wohnzimmer fragte Steve, ob Johanna ihr Kind noch gesehen habe. Ruth schüttelte den Kopf. „Aber

Johanna dachte sicher nicht daran, daß sie sterben könnte. Sie schrieb mir noch über den letzten Brief, den sie von Ihnen hatte, daß Sie kommen und sie zu sich nehmen würden. Sie war glücklich bis zuletzt."

Das half ein wenig, und mit dem nächsten Atemzug vertiefte es den Schmerz. Das neue Leben, an dem Johanna gestorben war, saß auf Ruths Schoß und blickte Steve durch blaue Augen unschuldig an. Ruth reichte es ihm. Sie konnte sich noch nicht eingestehen, daß er es zu sich nehmen würde. Aber angesichts seiner Ergriffenheit, wie er es an sich hielt, verging ihre Hoffnung, und dennoch hoffte sie gleich wieder von neuem. Vielleicht war er nur gekommen, um Johannas Kind einmal zu sehen.

Martin kam heim und eilte ins Wohnzimmer. Er war Steve schon im Dorf begegnet und wußte alles, auch daß Steve so schnell wie möglich zurück nach Würzburg mußte. Steve wollte sofort nach Amerika zurückreisen, da eine amerikanische Nurse, die den folgenden Tag heimfuhr, sich bereiterklärt hatte, das Kind auf dem Schiff zu betreuen. „Meine Frau liebt das Kind", hatte Martin zu Steve gesagt. „Sie wird furchtbar unglücklich sein."

Er hörte, als er eintrat, wie Steve fragte, was die Nurse ihn gebeten hatte, zu fragen — ob das Kind schon feste Speisen zu sich nehmen dürfe. Es solle auf der Reise wenn möglich die Nahrung bekommen, an die es gewöhnt sei. Ruths letzte Hoffnung verging. „Es bekommt schon Grießbrei und manchmal auch ein Eigelb."

Martin legte die Hand an den Hinterkopf. Seine langen Zähne wurden sichtbar. Er sagte: „Das Kind wird es auf der Farm gut haben, Ruth, und es wird in einem großen Land aufwachsen und ein fröhlicher Mensch werden."

Ruth hatte in den zehn Minuten an sich selbst erlebt,

daß Liebe und Egoismus zwei gleiche Größen sind. Sie nickte trostlos und ging hinaus. Es war wie eine Selbsthinrichtung, als sie die Hemdchen und Jäckchen und Windeln einpackte, die Flasche mit abgekochter Milch füllte für die Reise und das Kind warm anzog. Die Hände taten es.

Die Jünger standen schon vor dem Haus, abmarschbereit. Da kam ein Bauernjunge gelaufen und berichtete, sein Vater liege im Wald. Er sei beim Baumfällen verunglückt und habe arge Schmerzen. Sein Bein sei dick geschwollen und ganz blau. „Jetzt ist er vielleicht schon tot."

Martin verabschiedete sich in größter Eile von Steve und den Jüngern und schweigend von Ruth, die leblos im Wohnzimmer saß, das Kind auf dem Schoß. Er strich ihm übers Haar, stürzte hinaus und fuhr ab. Der Verbandkasten war an die Lenkstange angeschnallt. Der Junge lief nebenher.

Die Jünger marschierten die Waldstraße entlang. Von den Vorgängen im Haus hatten sie wenig bemerkt. Es war ein schöner Ausflug gewesen.

Steve saß schon hinter dem Lenkrad. Er ließ den Motor an. Der Schlangenmensch saß neben ihm. Es war die erste Autofahrt seines Lebens. Hinten saß Katharina, neben sich das Körbchen, in dem das Kind lag. Ruth stand am Gartenzaun. Auch sie winkte ein wenig. Der Jeep verschwand.

Sie ging zurück. Das Haus war leer. Auf dem Küchentisch lag noch der Kaffeelöffel, mit dem sie dem Kind das letzte Eigelb gegeben hatte. Etwas davon war noch daran. Sie nahm ihn in die Hand und legte ihn wieder hin.

Als Martin heimkam, stand Ruth im Garten neben dem leeren Kinderwagen. Martin blieb wortlos bei ihr stehen, die Hand auf ihrer Schulter. Sie fiel an ihn hin und schluchzte bitterlich. Er hielt sie, er küßte sie, er beugte sich hinab und küßte ihre Lippen. Sie ließ es geschehen.

XVII

Johannes' Vater hatte in seiner Zeitung geschrieben: Die Spannung zwischen Amerika und Rußland ist im Laufe der zwei „Friedensjahre" bis zu dem Grade gestiegen, daß selbst die maßhaltenden Zeitungen des Auslandes jetzt schon schreiben, noch sei der Krieg nicht unvermeidlich. Die Welt ist, in anderer Verteilung, wieder in zwei Lager gespalten, mit Deutschland in der Mitte. Auch das deutsche Volk ist in zwei Lager gespalten. Die Schwerindustriellen des Ruhrgebietes und die Junker und Großbankiers, durch Heiraten verschwägert und seit jeher ein Block, die 1933 Hitler an die Spitze gehoben und geschoben haben, setzen ihre Hoffnung auf den Krieg, durch den sie ökonomisch und politisch wieder zur Macht zu gelangen glauben, zunächst im eigenen Lande, wo jeder zweite ein Mitläufer und ein Nazi ist und seine Hoffnung auf den Krieg setzt. Auf der anderen Seite steht der deutsche Arbeiter, der nicht Krieg will, sondern Sozialismus und ein friedliches Deutschland.

Ende September 1947 erhielt Christian Scharf einen Brief, den er sofort seiner Gruppe vorlas. SS-Major Blum in München hatte dieses Rundschreiben durch Kuriere an alle Führer der Hitlerjugend geschickt.

Die weltpolitische Wendung zugunsten Deutschlands sei eine geschichtliche Tatsache. („Er meint den Block gegen Rußland", setzte Scharf triumphierend hinzu.) Sie sollten sich bis auf weiteres ruhig verhalten, da die Westmächte selbst und mit Volldampf für die nationalsozialistische Bewegung arbeiteten und durch keinerlei Provokationen in ihrer märchenhaft hilfreichen Machtpolitik gestört werden dürften. Sie sollten Herz und Körper stählen, neue Mitglieder werben und im übrigen „bereit sein für Den Tag".

Scharfs Gruppe verhielt sich ruhig. Petrus war nicht mehr in der Gefahr, ermordet zu werden. Mit Kleinigkeiten gaben sie sich nicht mehr ab. Scharf hatte für seine Gruppe den Athletenklub „SAmson" gegründet, den die Mitglieder unter sich so nannten, wie es gemeint war — SA.

Am Mainufer, zwischen den Ausläufern der Stadt und dem Weidenland, war ein mit Balken eingehegter großer Platz, auf dem die Bauern aus der Umgegend in vergangenen Zeiten ihr Vieh an die Händler verkauft hatten. Jetzt wurde er von Scharfs Gruppe als Exerzierplatz benützt. Anstatt mit Gewehren exerzierten sie mit runden Holzstäben. Sie marschierten, übten Kniebeuge, Niederwerfen, Kopfrollen, Sturmangriffe und hatten bewundernde Zuschauer, unter denen sich von Tag zu Tag mehr bereit fanden, Mitglieder des Athletenklubs „SAmson" zu werden.

Die Jünger Jesu waren Mitglieder der sozialistischen Jugend geworden, in einer Massenversammlung, die Johannes' Vater geleitet hatte. Er hatte in seiner Rede zu erklären versucht, warum nur durch sozialistische Planwirtschaft ein ökonomisch gesundes, demokratisches und friedliches Deutschland entstehen könne.

Nach dieser Versammlung — es war an einem Sonntagnachmittag — gingen die Jünger in den Keller der Klosterkirche. Oben hatte der Gottesdienst schon begonnen. Die Jünger saßen wieder im Halbkreis um den verstümmelten Christus herum, der in der Ecke lehnte, getroffen vom

Schein der Kerzenflammen. Eine Minute herrschte die vorgeschriebene vollständige Stille. Eine besondere Spannung
hatte die Jünger ergriffen, obwohl sie aussahen und blickten, als spielten sie diesmal nur, was sie früher während
der Sitzungen gefühlt und ernst genommen hatten. Petrus
sprach:

„Wir, die Jünger Jesu, Vollstrecker der Gerechtigkeit,
nehmen von den Reichen, die alles haben, und geben es
den Armen, die nichts haben... Die Sitzung ist eröffnet."
Er lächelte wehmütig. „Es ist unsere letzte Sitzung. Ich
habe die traurige Aufgabe, die Geheime Gesellschaft der
Jünger Jesu aufzulösen."

Petrus' Feierlichkeit tat dem Schlangenmenschen sichtbar wohl. Er rekelte sich im Betstuhl und bewegte dabei
die Schultern, als zöge ein angenehmer Empfindungsstrom
durch seinen Körper. Katharinas Augen schienen sich ver-
größert zu haben. Johannes lehnte gelassen im Betstuhl,
wie ein alter Sozialist, dessen Antrag widerspruchslos angenommen worden war. Der Gelehrte blickte ernst. Aller
Augen waren auf Petrus gerichtet.

Er sagte: „Wir glaubten, was wir taten, sei Sozialismus.
Heute verstehen wir es besser. Aber wenn es auch nicht
richtig war — wir hielten es für unsere Pflicht."

„Laß du's nur gut sein, es war schon richtig", sagte der
Schlangenmensch. „Die protzigen Schweine hatten zuviel,
und die Grasfresser wären ohne uns verhungert."

Petrus nickte unwillkürlich. „Wie immer es gewesen
sein möge — es war sehr schön, und der Abschied ist schwer.
Aber jetzt sind wir keine Kinder mehr. Wir sind jetzt Mitglieder der sozialistischen Jugend..."

(Der Gelehrte spitzte den Mund. „Der linke Flügel.")

„...und haben eine große Aufgabe zu erfüllen." Er

holte tief Atem. „Wenn einer der ehrenwerten Jünger noch etwas sagen will...?"

„Go ahead, Petrus!"

Petrus ließ eine Pause verstreichen und sagte dann, überlegen und dennoch gerührt lächelnd, wie ein Erwachsener, der zurückblickt auf seine Knabenstreiche: „So erkläre ich denn: Die Geheime Gesellschaft der Jünger Jesu ist aufgelöst."

Sie erhoben sich ungern. Es war zu schnell gegangen. Die Maus strich wollüstig über seine kurzgeschnittenen Haare zurück, die sich unter dem Handrücken sofort wieder legten, und blickte suchend umher. Aber im Keller war nichts Brauchbares mehr. Er löschte die zwei Kerzen aus und nahm die Stummel, mit denen er sein bauchiges Schlafzimmer beleuchten konnte.

Der Keller war stockfinster geworden. Sie stiegen zum letztenmal die dreißig ausgetretenen Stufen hinauf. Der Sohn des Kirchendieners schloß die niedrige Eichentür ab. Auf den vergessenen Gräbern im Mönchsfriedhof lag noch der Abendsonnenschein.

Die Jünger gingen neben der Kaimauer am Flußufer entlang. Bei dem einzementierten Eisenring, an den der Fischer Kreuzhügel seit fünfunddreißig Jahren sein Boot anband, blieben sie stehen. Der Sohn des Kirchendieners reichte Petrus den viertelmeterlangen Kellerschlüssel.

Petrus schleuderte ihn weit hinaus in den Fluß. Er sagte ernst: „Merkt euch diese Stelle. Hier, bei diesem Ring, wollen wir in zehn Jahren wieder zusammenkommen. Heute ist der 5. Oktober 1947. Ich schlage vor, daß wir am 5. Oktober 1957 den Schlüssel wieder herausholen. Dann steigen wir noch einmal hinunter in den Keller und halten eine Sitzung ab... Was wird sein in zehn Jahren?"

Katharina schob die Hand unter den Arm des Schlangenmenschen, preßte die Schulter an ihn und leckte die Lippen.

„Was wird in zehn Jahren in Deutschland sein?"

Sie gingen weiter. Es dunkelte schon. In den vier Ecken des mit Balken eingehegten Platzes loderten Leuchtfeuer. Scharfs Gruppe exerzierte, die runden Holzstäbe geschultert wie Gewehre. Es waren schon neunzig SA-Athleten. Sie trugen weiße Trikots und weiße kurze Hosen. Scharf kommandierte. Sie schwenkten ein im Schein der Leuchtfeuer und standen stramm, in einer langen Reihe, die Holzstäbe präsentiert.

Die Jünger waren vor dem Balkengehege stehengeblieben. Nichts bewegte sich, und es war still.

Nachwort

Ein halbes Jahrhundert nach der Bombardierung Würzburgs, fast so lange nach der Erstausgabe im Gründungsjahr der DDR 1949, ein halbes Jahrzehnt nach der Wende - Zeit, daß Leonhard· Franks *Jünger Jesu* endlich wieder einmal einzeln veröffentlicht werden; Zeit, daß dies nunmehr in einem Würzburger Verlag geschieht. Vor der Wiedervereinigung hatte sich fast nur der „Arbeiter- und Bauernstaat" dieses Romans angenommen[1], der mit deutscher Historie verquickt ist wie kaum ein zweiter. Würzburg und Frank – das ist lange genug ein zwiespältiges Verhältnis gewesen, bis hin zu den unseligen Stadtratsquerelen um sein Drama *Karl und Anna* und um die Benennung einer Straße nach ihm, der seine Geburtsstadt ebenso liebte wie er sie haßte.

Namentlich mit seinen *Jüngern Jesu* fühlte er sich mißverstanden. Er empfand sie als Stein des Anstoßes, wodurch ihm der Besuch in Würzburg gleich nach seiner Rückkehr aus der Emigration (1950) vergällt wurde. Die Würzburger hätten sich, klagte er, „verunglimpft" gefühlt, seien „entrüstet gewesen".[2]

Als „wenig glücklicher Versuch" ist der Roman damals in der hiesigen Lokalpresse auch abgetan worden: Nach dem Leonhard Frank der *Räuberbande* und des *Ochsenfurter Männerquartetts* sehnt sich der Rezensent zurück. Dort nämlich findet er den Dichter am Werk, in den *Jüngern Jesu* hingegen nur den Tendenzschriftsteller und „Feind der bürgerlichen Ordnung"[3], der da an eine Thematik rühre, an die doch besser nicht zu rühren sei, und der der Wirklichkeit ohnehin nur ein „unwahres Zerrbild" entgegensetze.[4] Der Würzburger Feuilletonist liegt damit im überregionalen Trend zu Zeiten des Kalten Krieges. Allgemein habe ihm der Roman „in

226

Deutschland [West] sehr geschadet", soll der Verleger Gottfried Bermann-Fischer Frank mitgeteilt haben. [5] In der Bundesrepublik überwogen denn auch die ablehnenden Presse-
stimmen. Die Realität fand man in den *Jüngern Jesu* über Ge-
bühr verzerrt. Ganz anders jenseits des Eisernen Vorhangs.
Dort wurden sie geradezu als Höhepunkt im Œuvre ihres
Autors begrüßt, realistisch in der Thematik und kunstvoll in
der Struktur. [6] Worauf gründen sich diese Reaktionen? Was hat
es eigentlich auf sich mit Franks Buch?

Ausgangspunkt ist eben jener Bombenangriff der Royal
Air Force am Abend des 16. März 1945, durch den Würzburg
zerstört wurde. Der Roman spielt in der Zeit unmittelbar danach, es geht aber auch um die Vorgeschichte dieses Datums.
Gebrandmarkt werden in den *Jüngern Jesu* Verbrechen der
Nazizeit. Da ist die Figur der Jüdin Ruth, die zusehen mußte,
wie ihre Eltern auf dem Marktplatz brutal erschlagen wurden,
bevor man sie selbst nach Auschwitz verschleppte und dann
nach Warschau in ein Bordell für deutsche Soldaten. Initiator
der Mordtat war der Blockwart Zwischenzahl. Nach dem
Krieg wird Zwischenzahl von Ruth getötet. Ist sie von Rechts
wegen zu verurteilen oder nicht? – Das Gericht beläßt sie
immerhin auf freiem Fuß. Die Argumente in diesem Prozeß
stellt Frank ausführlich dar, denn ihn interessiert hauptsächlich, wie seine Personen in der Nachkriegszeit zu den Geschehnissen des Dritten Reiches stehen, was sich da über
1945 hinaus gehalten haben mag an nazistischem Ungeist.
Seine Überzeugung, die *Die Jünger Jesu* vermitteln: Entschei-
dendes hat sich gehalten; zum notwendigen Bruch mit der
NS-Vergangenheit ist es nicht gekommen. Zwischenzahl ist
bis zu Ruths Tat durch dubiose Schwarzmarktgeschäfte großen Stils ein hohes Tier geblieben. Und da existiert ferner eine Gruppe heimlich wieder organisierter „Hitlerjugend" (S.
71)[7], die, instruiert von ehemaligen SS-Leuten, bei Wehrsport
und Gewaltverbrechen trachtet, „bereit zu sein für ,Den Tag'"
(S. 71) einer neuen Machtergreifung.

Da gibt es schließlich Bürger, die solchem Treiben nach wie vor nahestehen, beispielsweise Privatier Philippi, für den Ruth noch immer ganz einfach nur „eine kleine Judenhur" ist (S. 40), aber auch Geschichtsprofessor Häberlein, der den „nationalen Krieg um Lebensraum und Weltgeltung" nach wie vor für „berechtigt" hält (S. 148) und dem Wiedererstarken Deutschlands mit seinen „unerschöpflichen Kräften" (S. 149) zuversichtlich entgegensieht. Häberleins Freund ist der Volksschullehrer Scharf, der seinen Sohn zum Neonazi erzogen hat. Und das alles siedelt Frank eben in der heimischen Ruinenstadt an; das brachte ihm die Würzburger Aversionen ein.

Sicherlich - daß etwa der Angriff keine halbe Stunde dauerte und daß dabei hauptsächlich Brandbomben auf die Stadt fielen, wie der Roman feststellt, stimmt durchaus; auch, daß die Überlebenden, wie Franks Figuren, danach häufig gezwungen waren, in Gartenhäusern und Kellern zu wohnen. Wahrheitsgemäß stellen *Die Jünger Jesu* die wesentliche Rolle der amerikanischen Besatzungsmacht heraus, und im Chaos der ersten Nachkriegsjahre herrschten wirklich ungesicherte Rechtsververhältnisse – nicht nur im Schwarzmarktbereich. Aus einem alarmierenden Bericht der *New York Times* über den Fortbestand nazistischer Tendenzen in Europa nach Kriegsende brauchte Frank in den *Jüngern Jesu* nur zu übersetzen (S. 151).[8] Im allgemeinen jedoch nahm er es mit den historischen Realien tatsächlich so genau nicht. Davon etwa, daß sich die Lebensbedingungen im zerstörten Würzburg langsam auch wieder verbesserten, ist im Roman kaum etwas zu spüren. Im 14. Jahrhundert wurde das jüdische Viertel beim Würzburger Marktplatz in Brand gesetzt; von einem Judenmord dort während der NS-Zeit ist indes nichts bekannt. Daß die Abkehr vom Nationalsozialismus auch in Würzburg seit 1945 eine starke Massenbasis hatte und beileibe nicht länger auf den Untergrund beschränkt blieb, ist in Franks Buch kein Gesichtspunkt.[9]

Der Autor der *Jünger Jesu* konnte von einschlägigen Details allerdings auch schwerlich wissen. Nichts von den

Geschehnissen, die er darstellt, hatte er selbst miterlebt. Seit Jahrzehnten schon lebte er nicht mehr in Würzburg, 1933 hatte er Deutschland verlassen. Lediglich aus der Zeitung im New Yorker Exil, wo der Roman zwischen Januar und Dezember 1947 entstand, erfuhr er von der Bombardierung Würzburgs. Personen und Handlung, vermerkte er, seien „ausnahmslos frei erdacht"[10]. Realismus bedeutete für ihn grundsätzlich nicht photographische Kopie äußerer Wirklichkeit, sondern nur vorgestellte, „innere Wahrheit".[11] So konzipierte er *Die Jünger Jesu*, wie bei ihm üblich, vor seinem „inneren Blick", und er beteuerte auch, seine Absicht sei es keineswegs gewesen, speziell „Würzburg und die Würzburger" anzuprangern, sondern das „Naziregime" und seine Konsequenzen, „ganz gleich, welche deutsche Stadt er als Schauplatz gewählt haben würde".[12]

Franks Perspektive ist global. Zwar siedelt er seine Hauptschuldigen in Würzburg an, doch schuldig fühlt sich auch der amerikanische GI Steve, „weil wir eure Städte zerstört haben" (S. 84), schuldig fühlt sich sogar seine Freundin Johanna, weil sie als Deutsche „verbunden war mit denen, die das namenlose Leid in Europa verursacht hatten" (S. 85). Nicht alle sind in gleichem Maße für die Verbrechen der NS-Zeit verantwortlich gemacht, aber „bezahlt werden" (S. 148) muß doch von allen - namentlich durch die Lebensverhältnisse in der zerstörten Stadt, denen jedermann ausgesetzt ist: „Man entfesselt einen Krieg um die Weltherrschaft, zerstört halb Europa, bringt auf möglichst schauerliche Weise zwanzig Millionen Menschen um, dann wohnt man im Keller." (S. 148).[13]

Hatte sich Frank während des Ersten Weltkriegs noch als radikaler Pazifist gezeigt (*Der Mensch ist gut*), so änderte sich dies angesichts der späteren Diktaturen.[14] Körperliche Gewalt gegen die Neonazis wird in den *Jüngern Jesu* ebensowenig verurteilt wie der alte Kämpfer der Internationalen Brigaden im Spanischen Bürgerkrieg gegen Franco und der Einsatz der Alliierten gegen Hitler-Deutschland. „Selbstverständlich tut er im Krieg, was von ihm verlangt wird, und auch mehr, falls Gelegenheit dazu ist. Es war mehrmals Gelegenheit dazu gewesen", heißt es über die Sympathiefigur Steve (S. 28).

Überhaupt ist das zerbombte Würzburg hier gleichermaßen Entfaltungsraum für Werte, denen Frank entschieden positiv gegenübersteht. Heimat ist ein solcher Wert, naheliegend für den Emigranten, für den dieser Roman eine Art vorzeitige, imaginäre Heimkehr gewesen sein mag. Selbst Ruth, der in Würzburg so viel angetan wurde, kehrt dorthin zurück. Auch Johanna bleibt in der zerstörten Heimatstadt: „Wie soll man sich denn loslösen können von der Stadt, in der man aufgewachsen ist. Sie ist ja in uns. Wir sind ja ein Teil von ihr" (S. 9). Umgekehrt bleibt Steve verwurzelt in seinem Amerika. Aus der großen räumlichen und zeitlichen Distanz des Exils wirkt Würzburg hier nostalgisch verklärt. Die Erinnerung an die Zeit vor der Zerstörung gilt ausschließlich der „Stadt des edelsten Barock". In früheren Werken hat Frank an der verwinkelten Architektur des alten Würzburg gerade auch bedrückend Enges herausgestellt.[15] Dies jedoch ist hier vergessen. Sogar Johannas Leben in der notdürftigen Bretterbude wird regelrecht zur pastoralen Idylle.

Positive Werte verkörpern vor allem die Titelgestalten, eine Vereinigung von elf Knaben, kleinen Robin Hoods: Sie „nehmen von den Reichen, die alles haben, und geben es den Armen, die nichts haben" (S. 14), Lebensmittel, Kleidung. Diese Umverteilung von Privateigentum gibt sich als kindlich-naive Vorform des Sozialismus, und die Sozialistische Jugend ist es auch, der sich die Knaben am Ende allesamt anschließen, zum Teil beeinflußt durch das Beispiel ihrer Väter. Auch den Typus des „alten Sozialisten" gab es nach Frank immerhin in Würzburg. Jedenfalls war die Entwicklung hin zur „sozialistischen Wirtschaftsordnung"[16] für ihn ein Wunschziel. Die „kleinen Leute" (S. 117), die einfachen Handwerker und ihre Kinder, wirken auf diese Entwicklung hin, während die Reichen und manche Bildungsbürger ihr entgegenstehen.

Besonders in der Figur des Zwischenzahl unterstreicht der Roman eine Verquickung von NS-Ideologie und wirtschaftlichen Interessen. Militärarzt und Offizier aus der Sowjetunion hingegen werden als noble, humane Helfer präsentiert. Die weltpolitischen Spannungen zwischen Ost und West erscheinen in den *Jüngern Jesu* nach wie vor zentriert um Deutschland, seinerseits „in zwei Lager gespalten. Die Schwerindustriellen des Ruhrgebietes und die Junker und Großbankiers" auf der einen Seite. „Auf der anderen Seite steht der deutsche Arbeiter, der nicht Krieg will, sondern Sozialismus und ein friedliches Deutschland" (S. 221). Das liest sich wie eine Propagandaschrift. Solche Positionen mußten ihrem Autor die Hochschätzung der DDR-Organe und ihrer Literaturkritik einbringen.

Wesentlich für die Basis des Frankschen Sozialismus ist freilich auch die Bezeichnung der Knabenorganisation. Sie geben sich die Namen der Zwölf Apostel, und vor ihren Zusammenkünften im Keller einer Klosterkirche, wo sie in Betstühlen um ein Kruzifix herum sitzen und wo sie auch ihr Warenlager haben, breiten sie die Arme aus „wie der Gekreuzigte" (S. 13). In diesen Gesten spiegelt sich ein vage christliches Selbstverständnis. Indem sie „den Armen ... helfen" (S. 21) und dabei möglichst wenig für sich behalten, verstehen sich die „Jünger" als „Vollstrecker der Gerechtigkeit im Sinne Jesu" (S. 21). Gewiß paßt dies in das Würzburger Milieu des Katholizismus, in dem die Knaben aufwachsen. Allerdings geht es hier kaum um konfessionelle Rücksichten; „Ur-Christen" wollen sie bezeichnenderweise sein. (S. 89)

Vielleicht hat es allenfalls mit der protestantischen Herkunft Franks zu tun, wenn er speziell die andere Konfession aufs Korn nimmt: Beim Anblick der ‚unmoralischen' Ruth bekreuzigen sich die Nonnen, und ein katholischer Geistlicher kritisiert halbherzig ihr uneheliches Zusammenleben mit dem Arzt Martin.

Als weiterer Wert propagiert Franks Roman die Liebe, abgegrenzt vom Egoismus – Ruths Widerstreben, ihr Pflegekind wegzugeben – und vor allem von bloßer, liebloser Sexualität – Ruths Bordellvergangenheit. Liebe ist präsent in der karitativen Zuwendung und besonders in den positiven Beziehungen zwischen Mann und Frau. Zwei Paare stehen im Zentrum: Johanna und Steve, deren Liebesbeziehung zwar tragisch, mit Johannas Tod im Kindbett endet, in der jedoch Schuldgefühle und Distanzen zwischen der Einheimischen und dem Repräsentanten der Besatzungsmacht überwunden werden. Das andere Paar sind Ruth und Martin. Seine Liebe zu Ruth hilft ihr bei der allmählichen Rückgewinnung ihrer Fähigkeit, Gefühle zu empfinden, die sie durch ihr Schicksal während der NS-Zeit eingebüßt hat. Fühlen zu können, nicht zuletzt gerührtes Mitleid mit anderen – dies ist hier ein wesentliches Positivum. Wer zu weinen vermag, wer überhaupt sein „Herz" sprechen lassen kann, der ist für Frank ein guter Mensch.

Keine Frage, sein Herz schlägt nun einmal ‚links'; letztlich aber ist das Politische in den *Jüngern Jesu* psychologisch und weiter lebensphilosophisch fundiert. Nicht von ungefähr erinnern verschiedene Figuren an den Psychoanalytiker Otto Gross, mit dem sich Frank intensiv auseinandergesetzt hat.[17] Denselben Nachnamen trägt hier ein Kollege von Martin, „ein piekfeiner Mann" (S. 87); auf ihn weisen ferner der Gerichtspsychiater – in seiner äußeren Erscheinung – und dessen Lehrer, Professor K., dessen Gutachten für den Ausgang von Ruths Prozeß entscheidend sein wird. Hinter dieser Initiale verbirgt sich der Name Kraepelin – der Mentor von Otto Gross. Martins Vater war Professor in Graz, wo er sich „vom sozialen Gesichtspunkt aus" (S. 215) mit Kriminalpsychologie beschäftigt hat. Ebendies waren die Profession und der Tätigkeitsort von Otto Gross' eigenem Vater, Hans Gross.

Solche Reminiszenzen deuten darauf hin, daß Anschauungen von Otto Gross *Die Jünger Jesu* mitgeprägt haben; so seine Betonung von Erziehung und Milieu als Determinanten der Psyche – der Sohn des Sozialisten findet wiederum zum Sozialismus, der Sohn des sadistischen Lehrers wird Neonazi.

Masochistischer Trieb zur Selbstdestruktion und sadistische Aggression sind nach Gross bedeutsam als Resultate von Liebesverweigerung durch die Umwelt – Ruths Mord an Zwischenzahl und ihre Gefühlskälte. Ist Kunst für Gross ein Mittel, dergleichen zu überwinden, so befreit sich Ruth zusehends von der Last ihrer Erfahrungen, indem sie sie zeichnet. Auch Kameradschaft und Religion können nach Otto Gross Ansätze sein, Angst und Vereinsamung durch prekäre Lebensverhältnisse zu überwinden – der Zusammenschluß der „Jünger Jesu" in der desolaten Nachkriegswelt.

Gross sah all dies eingebettet in einen organischen Gesamtzusammenhang des Lebens. Und entsprechend ist das Würzburg der *Jünger Jesu* Bestandteil eines großen Ganzen: Am Morgen nach der Zerstörung „floß der Main, in dem sich die schönste Stadt des Landes gespiegelt hatte, langsam und gelassen durch Schutt und Asche, hinaus in die Zeit" (S. 7). Würzburg ist für Frank Teil der Landschaft, und „die Landschaft war nicht zerstört" (S. 7). Auch die Bewohner sind in diese Landschaft, dieses Naturganze, integriert, wie etwa der Fischer – „ganz im Einvernehmen mit dem Fluß und seinem Boot" (S. 24) –, wie Steve – „so einfach wie ein Baum" (S. 73) – oder wie Johanna, die „zwischen Weidenbüschen am Flußufer" lebt (S. 8) – in einem Ziegenstall. Auch Tierbezüge gehören dazu, mag man an den „Schlangenmenschen" oder an den Vergleich Ruths mit einem „verhungerten Spatz" (S. 67) denken. Die Schutthalden in den Straßen ähneln „Urtieren" (S. 124). Stadt, Landschaft, Menschen, Tiere bilden den universellen Zusammenhang, für den Frank immer wieder den Begriff „Leben" verwendet (z.B. S. 103). Würzburg ist zerstört, aber das Herz der Stadt schlägt noch, das Leben geht seinen Gang wie eh und je, so lautet die implizite Botschaft des Romans.

Damit bieten *Die Jünger Jesu* nichts Neues. Es sind die alten, immergleichen Leonhard-Frank-Themen, die sie aufnehmen, entsprechend seiner Überzeugung, daß sich im Gang des Lebensganzen eben nichts fundamental ändere, mag sich dies auch vollends mit sozialistischen Perspektiven schwer zusammenreimen. Die „Jünger Jesu" sind eine Nachfolgeorganisation der frühen „Räuberbande"; den sadistischen Lehrer, die kleinen Handwerker, das Vereinswesen, die Konstellation von Heimat Würzburg und Fremde, Kritik am bigotten Katholizismus, den Kontrast von Liebe und Sexualität unter dem milieutheoretischen, lebensphilosophischen Einfluß von Otto Gross – dergleichen gab es schon in jenem Erstlingsroman Franks, und nicht nur dort. Mord als Rache an der sadistischen, korrupten Autoritätsfigur, am Lehrer als Vorläufer eines Zwischenzahl, das kennt der Frank-Leser aus der *Ursache*.

Diverse Erzählungen aus der Nachkriegszeit thematisieren ebenfalls einzelne Handlungselemente der *Jünger Jesu*: *Steve und Johanna* beispielsweise bringt den Anfang dieser Liebesgeschichte und beginnt mit denselben Sätzen wie *Die Jünger Jesu*.[18] *Michaels Rückkehr* variiert die Ruth-Martin-Handlung im neonazistischen Nachkriegsberlin. Der Zurückgekehrte ist hier der Nazi-Mörder aus Rache für die Denunziation seiner Schwester. Die Titelfigur in *Der Blockwart* ist ein anderer Zwischenzahl; in *Der Heiratsvermittler* begegnen etwa Lehrer Scharf und ein Nazigegner nach der Bombardierung Würzburgs, das einmal mehr als Teil des Naturganzen erscheint: „In der Ferne, über Würzburg, das in Flammen stand, schien selbst der Himmel zu brennen, und auch über Aschaffenburg, das noch brannte, leuchtete der Himmel glührot. Dazwischen war tiefblaue Abenddämmerung".[19] Diese Erzählung führt in den Spessart, wo auch *Die Jünger Jesu* enden. Prostitution contra Liebe – darum geht es in der *Berliner Liebesgeschichte 1946*.

Frank schreibt in seinen späten Werken im wesentlichen so wie eh und je, nämlich kaum berührt von der literarischen Moderne. Vor allem bei den französischen und russischen Realisten des 19. Jahrhunderts – Stendhal, Flaubert, Tolstoj – findet er seine erzählerischen Vorbilder. Nicht verwunderlich, daß er gerade im Bereich des „Sozialistischen Realismus"

Anklang fand. *Die Jünger Jesu* illustrieren einmal mehr Franks Absicht, möglichst anschaulich, „plastisch" zu erzählen, so daß die überwiegend optischen Eindrücke, die er vermittelt, für sich zu sprechen vermögen und Erläuterungen entbehrlich bleiben. Der Stil ist entsprechend nüchtern und knapp. Auf jeden überflüssigen, subjektivistischen Wortaufwand soll verzichtet werden. Kunst beruht für Frank vor allem im Weglassen.[20] Besonders bezeichnend für seine Absicht der Veranschaulichung ist, daß er gerne die Ähnlichkeit seiner Personen mit charakterisierenden Bildwerken betont: Ruth gleicht einer „Steinfigur" (S. 37), einer der Jünger hat ein „abgemagertes Riemenschneidergesicht" (S. 167), und sie sitzen gruppiert wie Leonardos „Abendmahl" (S. 120).

Was *Die Jünger Jesu* veranschaulichen wollen, wird indes nolens volens doch immer wieder sprachlich artikuliert. Die Versinnlichung gerät zur Versinnbildlichung. Zu wandelnden Sinnbildern machen die sprechenden Namen ihre Träger: Lehrer Scharf, der beim frühen Leonhard Frank Mager oder Dürr hieß, nennt sich nicht nur so, sondern er ist es auch; „Himmelhoch" heißt der Baumeister. Die „Not" selber, lesen wir, habe eingegriffen (S. 137), die zerstörte Stadt ist ein „Denkmal der Naziherrschaft" (S. 7). Illustriert und häufig genug beim Namen genannt wird die Kontrapunktik von Leben und Tod schlechthin. Auf der Rückseite von Fieberkurven verstorbener Patienten zeichnet Ruth in der Totenstadt Würzburg eine „lebensprühende Landschaft" (S. 134). Damit nimmt das Buch eine Kunstform auf, die um die Mitte des 20. Jahrhunderts vollends anachronistisch war: die Allegorie.

Auch die kaum differenzierte Personenzeichnung in den *Jüngern Jesu* ist charakteristisch dafür: Wir begegnen Typen, die entweder auf der Seite des Lebens oder des Todes stehen; Frank malt in Schwarz-Weiß. Sozialismus oder Neonazismus heißen die beiden einzig möglichen politischen Alternativen. Und unter den kleinen Leuten gibt es keine Neonazis; die kommen nur aus den höheren Schichten. Franks Figuren entwickeln sich prinzipiell nicht, sie bleiben die alten.

Offenkundig teilt er die Vorliebe eines seiner „Jünger"
für symmetrische, geschlossene Strukturen. Das zeigt sich in
Details, wenn er die Knaben symmetrisch um das Kruzifix
plaziert, oder wenn einer von ihnen, der angehende Intellek-
tuelle, beschrieben wird: „Sein Gesicht ... war ein gleichwinkeliges Dreieck" (S. 149). Entsprechend ist aber auch der
Roman insgesamt angelegt. Umgekehrt symmetrisch verläuft
die Geschichte der beiden Liebespaare: Zunächst besitzt Johanna Gefühl, Ruth keines; Ruth gelangt zu neuem, gefühls-
bestimmtem Leben, indem sie den Mörder ihrer Eltern umbringt, Johanna kommt zu Tode, während sie ein Kind zur
Welt bringt. Genau neun Monate lang hat auch Ruth ihren
Racheplan in sich getragen; so lange nämlich hat sie die Tat-
waffe aufbewahrt, bis sie Zwischenzahl erschießt – auf die
Stunde genau zwei Jahre nach der Bombardierung. Gegen
Ende verläßt sie Würzburg wieder in derselben Richtung, aus
der sie am Anfang gekommen ist. Von Anfang an stand für
Frank fest, daß die verschiedenen „Handlungslinien" seines
Romans „dicht miteinander verbunden" sein sollten.[21] All dies
gibt den *Jüngern Jesu* Kohärenz.

Die ausgeprägte Leitmotivik trägt dazu ihr Teil bei, so
etwa das immer wiederkehrende Motto der „Jünger": von den
Reichen nehmen und den Armen geben. Dialektanklänge
sind äußerst spärlich; die verschiedenen Personen sprechen
weitgehend gleich, im selben Tonfall, in dem der Roman insgesamt erzählt ist. Namentlich die häufigen „wie"-Vergleiche,
die bevorzugt Menschen und Tiere in Beziehung setzen, be-
tonen den organischen Gesamtzusammenhang. Für Frank ist
ein Roman nun einmal, nicht eben modernistisch, ein „gestal-
tetes Ganzes"[22], ein Modell des Lebensganzen selbst.

„Es ist ein Drama", wird in den *Jüngern Jesu* gesagt (S.
79). Eine Häuserfassade gleicht „einer Theaterkulisse" (S. 77).
Verschiedentlich sind die Personen zu statischen Gruppen ar-
rangiert, zu regelrechten Bühnentableaus. Kurzum: Franks
Roman zeigt allenthalben dramatische Züge. „Tragisch"[23]
nimmt sich einerseits etwa Ruth aus, wenn sie an Zwischen-

zahl schuldlos schuldig wird und wenn sie in ihrer Gefühllo-sigkeit an eine erhabene Heroine erinnert. Andererseits ist das Buch aber auch geprägt durch Komödienelemente, Wortwitz etwa: „Was ist das eigentlich – ein Bordell?" / „Oh, ein türkisches Gasthaus, wo auf der Harfe gespielt wird" (S. 67). Voller schwankhafter Situationskomik sind namentlich die Warendiebstähle der Jünger. Manche Personen könnten auch in einer Typenkomödie vorkommen; so zum Beispiel die Frau, die nur „Das Huhn" genannt wird, weil sie sich wie ein solches gebärdet (S. 75). Es ist Franks Sicht des „Lebens" als „Tragikomödie"[24], der die Mischung von Tragik und Ko-mik entspricht.

Naheliegend also, daß er *Die Jünger Jesu*, wie schon et-liche seiner früheren Erzähltexte, in ein Bühnenstück um-schmolz: *Ruth*, ein gut aristotelisches Illusionsdrama mit natu-ralistischen und psychologischen Akzenten, als habe es Brecht oder das absurde Theater nie gegeben. Mit der Kon-zentration auf eine, die Ruth-Handlung, geht eine deutliche Reduktion des Personals einher. Von den „Jüngern" ist nur einer übriggeblieben. So wirkt das Drama noch weit ge-schlossener als der Roman. Das gilt für beide Versionen des Schlusses, die Frank erstellte. „Das Spiel soll sein, daß Ruth nun doch Martins Frau werden wird".[25] Solchermaßen glück-lich, gedämpft optimistisch wie *Die Jünger Jesu*, endet *Ruth* in Franks *Schauspielen*, die 1959 in Ostberlin erschienen und in der posthumen Geraer Uraufführung (1962). Franks Fassung für einen westlichen Theaterverlag (1960) sah jedoch einen Tragödienschluß vor: Ruth, wegen Totschlags auf Bewährung und mit der Hoffnung auf einen Gnadenerlaß verurteilt, ver-giftet sich noch im Gerichtssaal, weil sie in einer „judenfeind-lichen Welt" nicht leben will.[26] Pathetisch beklagt Martin ihren Tod. Der DDR konnte solcher Fatalismus nicht zupaß kom-men. Ohnehin kommt in *Ruth* die sozialistische Perspektive entschieden zu kurz neben der individuellen, kathartischen Gefühlsproblematik. Würzburg wird hier nicht mehr als Handlungsort genannt. Entspricht dies einerseits Franks globaler Intention, so aktualisiert er andererseits das Geschehen, indem er es rund zehn Jahre später als den Roman, in der Bundesrepublik der fünfziger Jahre, ansiedelt.[27]

Bezeichnend für seine optisch-dramatischen Perspektiven ist schließlich Leonhard Franks Hang zum Film. Nicht nur während seiner Exilzeit in Hollywood versuchte er sich an Kinodrehbüchern; seine *Räuberbande* hatte er schon längst für die Leinwand aufbereitet[28], und er betrieb auch die Verfilmung der *Jünger Jesu*.[29] Erst nach seinem Tod kam es in der DDR dazu: *Chronik eines Mordes* heißt die Kinoversion der Ruth-Handlung (1965) unter der Regie von Joachim Hasler mit Angelica Domröse in der Hauptrolle. Der DEFA-Film beginnt mit Ruths Racheakt und rollt dann als Rückblende auf, wie es dazu gekommen ist. Dabei aktualisiert Hasler weiter, indem er die Handlungszeit in die sechziger Jahre verlegt. Der NS-Verbrecher ist aus Südamerika zurück, wohin ihn die USA haben fliehen lassen. Ruth, die einzige, die sich durch das Wirtschaftswunder nicht korrumpieren läßt, verhindert durch ihre Tat, daß er in seiner anonymen westdeutschen Stadt als Bürgermeister erneut zu Amt und Würden gelangt. Westliche Journalisten, die zur Premiere geladen wurden, schmähten den Film als Machwerk der „Zonenpropaganda"; die Gegenseite bestand auf seinem „Realismus"; als der rechte Weg freilich wurde Ruths „Selbsthelfertum" auch in der DDR nicht eingeschätzt.[30]

Die Textvarianten der *Jünger Jesu* haben ebenfalls mit dem politisch-historischen Umfeld zu tun. Teils auf Vorschläge der Verlags hin revidierte Frank den Roman für die Einzelausgabe (1956) und dann nochmals für seine *Gesammelten Werke* (1957) bei *Aufbau*.[31] Zu den auffälligsten Änderungen gehört dabei der Anfang. In der Erstausgabe war dem einleitenden Bericht über die Zerstörung Würzburgs noch folgendes vorausgegangen: „Das SS-Kommando hatte die Forderung des amerikanischen Generals, die Stadt kampflos zu übergeben, abgelehnt und gegen den Willen der machtlosen Einwohnerschaft den Widerstandsbefehl erlassen, obwohl nichts mehr zu ändern gewesen war".[32] Daß Frank den Absatz strich, kommt nicht nur seiner Absicht entgegen, das Dargestellte möglichst knapp für sich sprechen zu lassen; vor allem erwies sich diese Begründung für die Bombardierung Würzburgs als bloßes Gerücht.[33] Frank korrigiert hier wie an anderen Stellen durchaus im Sinne der historischen Wahrheit. Auch im Roman geht Ruths Prozeß unterschiedlich aus. Während Ruth in der letzten Druckversion freigesprochen wird, weigern sich die Geschworenen in den früheren Ausgaben, ein Urteil zu fällen, weil sie die Anklage nicht für rechtmäßig halten. Noch unwahrscheinlicher als der Freispruch wirkt dies jedenfalls. Im übrigen liegen die Änderungen spürbar auf der Linie der DDR. Daß es etwa in der Erstausgabe noch „unrealistische" Bilder waren, die Ruth gegen Ende malt[34], wurde gestrichen (S. 215): Eine Heldin im Vorfeld des Sozialismus malt nun einmal nicht so. Gestrichen wurde auch das „frei", wenn es in der Erstausgabe noch hieß, das Kind von Johanna und Steve werde in den USA ein „fröhlicher, freier" Mensch werden (S. 219): In jenem Land sollte so etwas eben nicht möglich sein.[35]

Unsere Leseausgabe der *Jünger Jesu* bietet den Text der *Gesammelten Werke*, Franks Fassung letzter Hand. Die Version der Erstausgabe ist ohnehin seit 1991 im Rahmen der vierbändigen Werkauswahl Franks beim Aufbau-Verlag wieder greifbar.

Wie Ruth durch die Erlebnisse in Warschau gefühlstaub wurde, so „erschlug" die Zeitungsnachricht von der Zerstörung Würzburgs, der Stadt, zu der er „die stärkste Gefühlsbeziehung hatte"[36], Franks eigenes Gefühl, machte ihn „innerlich taub".[37] Ist es für Ruth ein wichtiger Schritt zur Wiederbelebung ihrer Emotionen, wenn sie zu zeichnen beginnt – nicht zuletzt „die graue Ruinenstadt Würzburg im sommerlich blühenden, prangenden Maintal" (S. 165) –, so mußte die Abfassung des Romans für den Emigranten Frank eine analoge Funktion haben: durch die Aufzeichnung der vorgestellten Geschehnisse die Beziehung zur Heimatstadt wiederzugewinnen. Denn er selbst „konnte Würzburg" nun einmal „nicht abschreiben"[38.]

Auch den *Jüngern Jesu* sollte dies nicht widerfahren, mag auch die sozialistische Utopie heute ebenso anachronistisch geworden sein wie sonst so manches an diesem Roman. Von den anderen, spärlichen Versuchen, den 16. März 1945 belletristisch zu bewältigen, hebt er sich allerdings ab: Deren Pathos ist bei Frank wohltuend zurückgenommen. Vor allem aber bleiben sie, die Texte eines Leo Weismantel[39] oder einer Gertrud von Le Fort[40], doch weit unspezifischer. So eingehend wie er vor seinem „inneren Blick" in der Emigration hat wohl sonst niemand dieses Thema verbalisiert; und, bei aller Verallgemeinerung, nicht derart politisch. Wie kein anderer Autor zeigt Frank hier den 16. März als Schlüsseldatum kritischer Aufarbeitung der NS-Vergangenheit. Nicht zuletzt dies macht seinen Roman nach wie vor lesenswert, angesichts gegenwärtiger rechtsradikaler Umtriebe zumal.

Würzburg, im Herbst 1994   *Peter Cersowsky*

Anmerkungen

1 L. Frank, Die Jünger Jesu, in: Arbeiter-Zeitung, Wien, Oktober-Dezember 1949 [Vorabdruck in Fortsetzungen]. – Dass., Amsterdam: Querido, [Wien]: Bermann-Fischer 1949 und Frankfurt a.M.: S. Fischer 1950. – Dass., Berlin [Ost]: Aufbau 1956, ⁷1970, 1977. – Dass., in: Gesammelte Werke in 6 Bdn., Bd. 2, Berlin [Ost]: Aufbau 1957, ⁵1962. – Dass., Berlin [Ost]: Volk und Welt 1967 (Roman-Zeitung 215). – Dass., Berlin [Ost]: Buchclub 65, 1970. – Dass., in: Ausgewählte Werke in 4 Bdn., Bd. 2, Berlin, Weimar: Aufbau 1991. – Neben einer bearbeiteten und gekürzten Version (Kiew 1974) sind außerdem diverse Übersetzungen vor allem in slawische Sprachen erschienen. – Vgl. Maritta Rost und Rosemarie Geist, Leonhard Frank. Auswahlbibliographie zum 100. Ge-

burtstag, Leipzig 1981 (Sonderbibliographien der Deutschen Bücherei 62). – Spärlich ist auch die Literatur über „Die Jünger Jesu". Vgl. allenfalls, abgesehen von den Rezensionen (Anm. 6): Christian Emmrich, Problematik und Gestaltung der Würzburger Trilogie Leonhard Franks. Diss. masch., Jena 1956, S. 153-205. – Gustav Schröder, Die Darstellung der bürgerlichen Gesellschaft im Werk Leonhard Franks. Diss. masch., Potsdam 1957, S. 190-206. – P. Cersowsky, „Wie soll man sich denn loslösen können"? Mit seinen „Jüngern Jesu" wollte Leonhard Frank Würzburg nicht brandmarken, in: Fränkisches Volksblatt 64 (16.3.1985). – Gottfried Mälzer, Leonhard Frank und Würzburg. Ein Schriftsteller und seine Heimatstadt. Begleitheft zur Ausstellung der Universitätsbibliothek Würzburg, 30.9.-14.12.1991, Würzburg 1991 (Kleine Drucke der Universitätsbibliothek Würzburg 12), S. 20-23. – Hans Steidle, L. Frank: „Die Jünger Jesu". Zur Revision eines verkannten Exilromans, in: Schriftenreihe der Leonhard-Frank-Gesellschaft 3, Würzburg 1992, S. 11-30.

2 L. Frank, Links wo das Herz ist, in: Ausgewählte Werke. Bd. 3, S. 696.

3 A. Meyer, Leonhard Frank. Zur Neuausgabe seiner Werke, in: Main-Post 120 (2.8.1952).

4 Ders., Lebensbericht eines Ruhelosen. Leonhard Franks Roman „Links wo das Herz ist", in: Main-Post 181 (31.10.1952).

5 Charlott Frank, Sagen, was noch zu sagen ist. Mein Leben mit Leonhard Frank, München 1982, S. 124.

6 Vgl. als Beispiel für die Reaktionen in der Bundesrepublik: Alfred Franz, Leonhard Frank: Die Jünger Jesu, in: Bücherei und Bildung 2 (1949/50), S. 870. – Exemplarisch für die DDR-Kritik ist etwa: H.D. Tschörtner, Leonhard Frank: Die Jünger Jesu, in: Börsenblatt für den deutschen Buchhandel 124 (1957), S. 95. – In Österreich oder in der Schweiz wurde auch Franks Roman neutraler gesehen. Vgl. etwa Kurt Kläber, Die Jünger Jesu. Offener Brief an Leonhard Frank, in: Der öffentliche Dienst, Zürich (3.3.1950). – Weitere Besprechungen sind bibliographiert bei Rost und Geist, S. 84 f. – Gesammelt sind sie im Nachlaß Leonhard Franks (Marbach, Berlin), Bd. 25. – Vgl. Horst Schurig, Vorläufiges Findbuch des literarischen Nachlasses von Leonhard Frank, Berlin 1962 (Deutsche Akademie der Künste zu Berlin – Schriftenreihe der Literatur-Archive 7).

7 Seitenzahlen nach der vorliegenden Ausgabe im fortlaufenden Text.

8 Mallory Browne, Nazi Revival in Many Lands Seen; A Survey Lists German Officials, in: The New York Times 15.6.1947, S. 1, 17.

9 Am 8.9.1945 fand etwa eine antifaschistische Großkundgebung in der Frankenhalle statt: vgl. Hans Oppelt (Hg.), Würzburger Chronik des denkwürdigen Jahres 1945, Würzburg 1947, Bildtafel n. S. 232. – Der Beirat der Stadtverwaltung setzte sich ab September 1945 zusammen aus je 5 Mitgliedern von CSU und SPD, 3 Vertretern der Religionsgemeinden und 2 KPD-Mitgliedern (vgl. ebd., S. 230). Bei Frank bleibt dies ebenso bedeutungslos wie die Entnazifizierung speziell in der Beamtenschaft.

10 Frank, Links, S. 673.

11 Ebd., S. 589.

12 Ebd., S. 697.

13 Vgl. allerdings „Links", S. 696, wo es heißt, „daß die Meinung der Welt, das deutsche Volk habe in seiner Gesamtheit diese Schandtaten begangen, eine Weltlüge war".

14 Vgl. Franz Rauhut, Leonhard Frank als Pazifist, in: Schriftenreihe der Leonhard-Frank-Gesellschaft 2, Würzburg 1986, S. 17-30.

15 Frank, Links, S. 665 – Vgl. dagegen etwa „Die Räuberbande", in: Ausgewählte Werke. Bd. 1. – Ferner: „Gotik", in: Die neue Kunst 1 (1913/14), S. 170-173 (später unter dem Titel „Katholizismus" in: Sieben Kurzgeschichten, Berlin [Ost] 1961).

16 Frank, Links, S. 700. – Vgl. allerdings Walter Janka, ... bis zur Verhaftung. Erinnerungen eines Verlegers. Berlin, Weimar: Aufbau 1993, S. 29-53. Betont wird hier Franks Distanz zum DDR-Sozialismus.

17 Zu Frank und Gross am ausführlichsten: Jennifer Michaels, Anarchy and Eros. Otto Gross' Impact on German Expressionist Writers, New York, Bern 1983, S. 81-99. – P. Cersowsky, L. Frank: „Die Räuberbande", in: Albrecht Weber (Hg.), Handbuch der Literatur in Bayern, Regensburg 1987, S. 401-411.

18 Sie findet sich in Franks Nachlaß, Bd. 4/61.

19 Der Heiratsvermittler, in: Ausgewählte Werke. Bd. 4, S. 591. Dieser Band enthält, abgesehen von „Steve und Johanna", auch die anderen genannten Erzählungen Franks.

20 Vgl. Links, S. 589 f., 619 f.

21 Ebd., S. 672.

22 Ebd., S. 619.

23 Ebd., S. 673.

24 Ebd., S. 512.

25 Frank, Ruth. Schauspiel in vier Akten, in: Schauspiele, Berlin: Aufbau 1959, S. 439. Entstanden ist das Stück 1957/58.

26 Ders., Ruth. Drama in 3 Akten, München: Theaterverlag K. Desch 1960, S. 73.

27 Solche Aktualität der antifaschistischen Haltung begrüßten die Rezensenten der Geraer Inszenierung von „Ruth"; die Dramaturgie hingegen bemängelten sie. Vgl. etwa Gotthard Feustel, Ruth braucht nicht sterben: zur Uraufführung eines Schauspiels von Leonhard Frank an den Städtischen Bühnen in Gera, in: humanitas 2 (1962), S. 11. Weitere Besprechungen bei Rost und Geist, S. 115.

28 Vgl. Frank, Die Räuberbande. Szenen aus einem Filmmanuskript, in: Die literarische Welt 2 (1926), S. 3 f.

29 Vom 7.10.1954 bis 1.3.1955 bevollmächtigte Frank Natascha Lytess, die Filmrechte für seinen Roman zu verkaufen (Nachlaß, Bd. 91/12.1.).

30 Vgl. Günther Dahlke, „Chronik eines Mordes", in: Film. Wissenschaftliche Mitteilungen 6 (1965), S. 553-566. – Angelica Domröse, Chronik einer Rolle, in: Filmspiegel 11 (1964), S. 24. – Weitere Besprechungen bei Rost und Geist, S. 117 f.

31 Vgl. Aufbau-Verlag, „Zu unserer Ausgabe", in: L. Frank, Gesammelte Werke. Bd. 6, S. 629 f. – Ferner etwa die Briefe des Verlags an Frank vom 4.2.1956 und vom 21.2.1956 (Nachlaß, Bd. 51/129, 131).

32 Frank, Die Jünger Jesu, in: Ausgewählte Werke. Bd. 2, S. 429.

33 Vgl. Max Domarus, Der Untergang des alten Würzburg im Luftkrieg gegen die deutschen Großstädte, Würzburg ⁴1978, S. 51-75.

34 Frank, Die Jünger Jesu, in: Ausgewählte Werke. Bd. 2, S. 659.

35 Ebd., S. 664.

36 Frank, Links, S. 673.

37 Ebd., S. 665.

38 Ebd., S. 696.

39 L. Weismantel, Totenklage über eine Stadt, Würzburg 1985.

40 G. v. Le Fort, An Würzburg, in: Domarus, S. 161. – Vgl. ferner etwa Ursula von Gersdorf, Zum 16. März. Den hinterbliebenen Portalen in den Gassen meiner Stadt Würzburg, in: Main-Post 64 (16.3.1957). – Max Meister, Würzburg 1945, in: Merian 1: Würzburg, Hamburg 1948, S. 33. – Weitere Textbeispiele in: Bruno Rottenbach (Hg.): Geliebte Stadt am Main. Acht Jahrhunderte preisen Würzburg, Würzburg 1977.

„Die Jünger Jesu" als Aufforderung eines Gefühlssozialisten

Leonhard Frank – der rebellische Gefühlssozialist

„Der Mensch ist gut", so hatte er ein Frühwerk genannt. „Links wo das Herz ist" nennt der Alterfahrene sein jüngstes Buch. Wie mir scheint abgrenzend gegen jene, deren Herz, wie Frank glaubt, nicht am rechten Fleck sitzt. Und doch ein Menschenalter lang glaubt der durch Weltereignisse schwer Erschütterte unerschütterlich an eine endliche Gerechtigkeit. Das ist sein Glaube, seine Frömmigkeit. So charakterisierte der Regisseur Fritz Kortner seinen Freund Leonhard Frank 1952 anlässlich seines 70. Geburtstags.[i] Leonhard Frank verstand sich selbst so, wenn er in seinem Lebensroma, „Links wo das Herz ist" schrieb: *Er war schon infolge seiner Armutskindheit innerlich vorbereitet gewesen, eine Art rebellischer Gefühlssozialist zu werden.*[ii] Auch Reich-Ranicki sieht Frank in dieser Haltung: *Gewiss, er war stets für die Armen und gegen die Reichen, für Gerechtigkeit und gegen Ausbeutung, für den Frieden und gegen den Krieg. Doch hatte er nie Lust, seine Anschauungen zu begründen. Gern bezeichnete er sich als einen Sozialisten, treffender ist allerdings die Formulierung, die er in seiner Autobiographie verwendet hat: In seiner Jugend sei er „eine Art rebellischer Gefühlssozialist" gewesen. In dieser Hinsicht hat er sich nie geändert: Er war auch in seinen späten Jahren nicht mehr und nicht weniger als ein „Gefühlssozialist".*[iii]

1882 wurde Leonhard Frank als viertes Kind einer verarmten Handwerkerfamilie geboren. Nach sieben Jahren Volksschule machte er eine Lehre als Fahrradmechaniker und entschloss sich als 22jähriger nach mehreren Jobs zu einem Kunststudium in München. Nach seiner Übersiedlung nach Berlin begann er mit schriftstellerischen Versuchen. 1914 erschien sein erster Roman, „Die Räuberbande", die ihm mit dem Fontanepreis große Anerkennung brachte. Wegen seiner Gegnerschaft zum Ersten Weltkrieg emigrierte der Dichter 1915 in die neutrale Schweiz und veröffentlichte mit dem Erzählband „Der Mensch ist gut" eines der wichtigsten Werke der pazifistischen Literatur in Deutschland. Während der Weimarer Republik gehörte er zu den erfolgreichsten Schriftstellern, musste aber wegen seiner politischen Einstellung 1933 zum zweiten Mal zunächst ins europäische Ausland flüchten. 1940 entkam er in die USA, wo er bis 1950 lebte. Frank fasst seine Erfahrungen im Exil zusammen: *Die Emigranten gehörten nirgends hin und bekamen Tritte wie Hunde, die sich verlaufen hatten und umherstreunten, und besonders wuchtige Tritte, wenn sie versuchten, im Gastland zu verdienen, was sie zum nackten Leben brauchten ... Er (gemeint Frank) musste die Erfahrung machen, daß er ohne den lebendigen Zustrom aus dem Volk seiner Sprache und ohne die unabwägbare stetige Resonanz der Leser als wirkender Schriftsteller nicht mehr existent war. Er spielte in der Emigration auf einer Geige aus Stein, auf einem Klavier ohne Saiten, und was er vor der Emigration geschrieben hatte, geriet im Lande seiner Sprache in Vergessenheit.*[iv] Seine letzten Jahre bis 1961 verbrachte er in München. Durch die Emigration verlor er sein deutsches Publikum und hatte wegen seiner antikapitalistischen Haltung nach seiner Rückkehr in der antikommunistischen Bundesrepublik Deutschland keinen Erfolg mehr. In der DDR hingegen wurden seine Werke verbreitet. Den Roman „Die Jünger Jesu" schrieb Leonhard Frank 1947 in New York. Konkrete Kenntnisse über die Lage in Würzburg hatte er nicht, über die Situation in Deutschland informierte er sich aus der Presse. Allerdings setzte er sich wie in allen seinen kritischen Gegenwartsromanen mit den Problemen der Zeit, hier der Nachkriegszeit im besetzten Deutschland, auseinander und bezog eindeutig Stellung. Frank schrieb sein Buch in einem traditionellen, realistischen Stil und bemühte sich um Eindeutigkeit. Deswegen ist sein Buch gut verständlich und lädt zur kritischen Auseinandersetzung ein.

Das Weiterleben nach dem Krieg

Frank zog 1945 von Los Angeles nach New York, wo er sich wegen der Nähe zur europäischen Kultur heimischer als in Kalifornien fühlte. Er schrieb einige Kurzgeschichten über das Leben im zerstörten und besiegten Deutschland. Im Frühjahr 1947 erfuhr er, dass seine Geschwister den Krieg überlebt hatten und Würzburg völlig zerstört war. *Kalt am ganzen Körper las er* (gemeint Leonhard Frank) *die Schilderung, wie seine Heimat nach dreizehnhundertjährigem Bestehen in fünfundzwanzig Minuten durch Brandbomben zerstört worden war. Er sah die Stadt des edelsten Barock, und sah zugleich den riesigen, grauen Trümmerhaufen, aus dem Würzburg sofort wieder emporstieg in seiner ganzen Schönheit, die Stadt, die nicht mehr existierte. Der Schlag traf ihn mitten ins Gefühl und erschlug sein Gefühl. Er war innerlich taub. Sein Schmerz war substanzlos, gleich dem eines Menschen, der den Schmerz im amputierten Arm noch spürt. Ein gefühlsgeladener Teil seines Lebens war für immer weggewischt.*[v] Während der Arbeit an Kurzgeschichten, die im Nachkriegsdeutschland spielten, beschloss er einen kritischen Gegenwartsroman zu schreiben, in dem er sich mit den Deutschen nach der nationalsozialistischen Diktatur und dem verlorenen Weltkrieg beschäftigte.

Vier Handlungsstränge baute er in seinen vierten Würzburg-Roman ein: 1. Die Geschichte einer *Knabenbande*, die sich die Jünger Jesu nennt und ihrer christlichen und sozialistischen Überzeugung gemäß Lebensmittel, Kleider und Bedarfsgegenstände heimlich von den Reichen stiehlt, um sie an die Bedürftigen und Mittellosen auszuteilen; 2. Einen *voraussehbaren Neonazismus in Deutschland*; 3. Die *tragische Liebesgeschichte zwischen einem deutschen Mädchen und einem amerikanischen Soldaten*; 4. Die Geschichte Ruth Freudenheimers, einer jungen Jüdin, die nach dem KZ-Auschwitz und dem Soldatenbordell in Warschau nach Würzburg zurückkehrt und den nationalsozialistischen Mörder ihrer Eltern tötet, weil das deutsche Gericht den Täter nicht angeklagt und verurteilt hat.[vi] Leonhard Frank wollte also zentrale Probleme der Zeit ansprechen: 1. Die ungerechte Gesellschaftsordnung in Deutschland; 2. Die fortdauernde nationalsozialistische Mentalität und Aktivität; 3. Die Verständigung zwischen Siegern und Besiegten; 4. Das Überleben der Opfer des Holocausts und die Entnazifizierung. Als Handlungsort wählte Frank Würzburg, weil er sich diese Stadt und ihre Bewohner nach Niederlage und Zerstörung in New York vorstellen konnte.

Drei Sätze des Romanbeginns und die historische Wahrheit

Das SS-Kommando hatte die Forderung des amerikanischen Generals, die Stadt kampflos zu übergeben, abgelehnt und gegen den Willen der machtlosen Einwohnerschaft den Widerstandsbefehl erlassen, obwohl nichts mehr zu ändern gewesen war. Würzburg, die Stadt am Main, die Stadt des Weines und der Fische, der Kirchen, gotisch und barock, wo jedes zweite Haus ein unersetzliches Kunst-

denkmal war, wurde nach dreizehnhundertjährigem Beste-
hen in fünfundzwanzig Minuten zerstört. Den folgenden
Morgen floß der Main, in dem sich die schönste Stadt des
Landes gespiegelt hatte, langsam und gelassen durch
Schutt und Asche hinaus in die Zeit.[vii]

Der Roman beginnt mit einem Paukenschlag – eine
Stadt wird ausgelöscht. In knappster Weise fasst Frank
den Untergang des alten Würzburgs zusammen. Den An-
lass zeichnet er geschichtlich nicht genau: die Zerstörung
der Stadt am 16. März 1945 geschah nicht auf Grund des
Widerstandsbefehls der SS, sondern war durch die An-
griffsziele der Royal Air Force im strategischen Bomben-
krieg bedingt. Franks Version der Zerstörung Würzburgs
geht vermutlich auf eine irrtümliche Berichterstattung in
einer amerikanischen Militärzeitschrift zurück Allerdings
trifft Franks Aussage in tieferem Sinne zu, weil die
deutsche Führung seit 1939 den Beginn des Krieges, die
totale Kriegsführung, den widersinnigen militärischen
Widerstand bis in den Mai 1945 und in deren Folge die
Zerstörung der deutschen Städte zu verantworten hat.
Folglich nennt Frank das zerstörte Würzburg zu Recht
eine *zerhackte Ruine, ein Denkmal der Naziherrschaft.*[viii]
Würzburgs *machtlose Einwohnerschaft* stellt er hingegen
als Opfer der NS-Kriegsführung dar.[ix]

Der nächste Satz erinnert an eine sachliche Nachrich-
tenmeldung. Die Schönheit der Stadt und ihre lange Geschichte werden wie in einem amtlichen Stadtführer vorgestellt. Der Länge der Kulturgeschichte stellt Frank die
kurze Dauer der Zerstörung gegenüber und verdeutlicht
das Ausmaß der kriegerischen Destruktivkräfte. Der
scheinbar unpersönliche Nachrichtenstil geht nicht über
in eine Klage über die Zerstörung und wirkt umso stärker.
Im dritten Satz lenkt Frank die Aufmerksamkeit auf den
Fluss und die Natur, die von den menschlichen Zerstörun-
gen unbeeinflusst bleibt und ihren Zyklen unterworfen ist.

Das Bild vom Main, *der gelassen durch Schutt und Asche,*
hinaus in die Zeit fließt, verdeutlicht, dass die Naturge-
schichte weitergeht, ungeachtet der menschlichen Geschichte. In diesen Kreislauf von Werden und Vergehen
ordnet Frank in dem Roman mehrmals die menschliche
Geschichte ein. Als eine solche natürliche Macht versteht
er auch die Liebe.

In Würzburg kritisierte man 1952 die Romanhandlung
nicht nur wegen der Begründung des Luftangriffs, sondern
auch wegen des brutalen Lynchmords eines jüdischen
Ehepaars auf dem Markt als unwahr. *Ruth hatte zugese-*
hen, wie ihre Eltern auf dem Marktplatz erschlagen und an
den Beinen fortgeschleift worden. Bevor sie im Würzburger
Bahnhof in den Transportzug gestoßen worden war,
(...)hatte ein Begleitsoldat ihr ins Gesicht geschrien, daß
auch ihr kleiner Bruder erschlagen worden sei.[x] Allerdings
verdrängten Franks Kritiker die Deportation der Juden
aus Würzburg und Unterfranken 1941 bis 1943, die öffentlich stattgefunden hatte und allen bekannt war.
Franks Darstellung und Anklage schob man mit dem Hinweis, dass „so etwas" in Würzburg nicht passiert sei, bei-
seite. Die literarische Erfindung wurde am historischen
Geschehen gemessen, allerdings in einer sehr einseitigen
Wahrnehmung.

Eine idealistische Jugendbande als Zukunftshoffnung

Die Jünger Jesu, so nennt sich die Bande von 12 Jungen,
die im zerstörten Würzburg die Reichen bestiehlt, um mit
dem Diebesgut die Armen zu unterstützen, so lautet auch
der Titel des Romans, der in die Irre führt, denn man
könnte ein religiöses Buch erwarten. Frank wirft so jedoch
die Frage auf, ob das Handeln der Jugendlichen nicht als

konsequente Fortsetzung der Botschaft Jesu vor 2000 Jahren, also als ein urchristliches Handeln der Nächstenliebe, zu verstehen ist.

Die Jungen im Alter von 14 oder 15 Jahren bilden eine verschworene Clique, die sich nach außen abschließt und wie eine Geheimgesellschaft organisiert ist. Die Gang oder Bande handelt kriminell, denn sie spezialisiert sich auf Einbruch, allerdings bei Menschen, die mehr besitzen, als sie zum Leben benötigen. Frank spricht ein soziales Phänomen der Nachkriegszeit an, denn Kinder und Jugendliche erfuhren viel mehr Freiheit als in den Jahren davor und danach. Die Väter waren gefallen oder in Kriegsgefangenschaft, die Mütter mussten die Familien ernähren, Unterricht fiel aus, die Kinder und Jugendlichen organisierten sich in Banden, spielten in den Ruinen, handelten auf dem Schwarzmarkt, konnten sich oft besser auf die chaotischen Lebensverhältnisse einstellen als die Erwachsenen, das gesellschaftliche Kontrollsystem war für einige Jahre zusammengebrochen.[xi]

Bereits im ersten Roman „Die Räuberbande" von 1914 hatte Frank über eine Jugendbande und die Entwicklung ihrer Mitglieder geschrieben: Er zeigte die gemeinsame Abwendung der unterdrückten Jugendlichen von der Gesellschaft, aber auch die Anpassung der meisten Mitglieder an die Vorschriften und die Lebensweise der Erwachsenenwelt. Der junge Mann, der als Künstler einen persönlichen und idealistischen Ausweg sucht, scheitert. In den „Jünger Jesu" nimmt Frank das Motiv der Jugendbande auf, aber er zeigt die Jugendlichen als Vorbilder in einer tief verunsicherten Gesellschaft. Sie handeln, das legt der Titel nahe, im Sinne des Urchristentums, aus Nächstenliebe, aus einem Gerechtigkeitsgefühl, als junge Gefühlssozialisten. Denn sie wollen sich nicht bereichern, sondern verteilen geheim ihre Beute, Kleider, Lebensmittel, Haushaltsgegenstände an die bedürftigen Würzburger. Sie versprechen am Anfang ihrer geheimen Sitzungen im Keller tief unter einem Kirchturm: *Wir, die Jünger Jesu, die Vollstrecker der Gerechtigkeit, nehmen von den Reichen, die alles haben, und geben es den Armen, die nichts haben.*[xii] Höhepunkt der Aktionen bildet der Einbruch bei dem ehemaligen Nazi und Schwarzhändler Zwischenzahl, der die Menschen ausbeutet, weil er ihnen die notwendigen Lebensmittel vorenthält. Die Jugendlichen nehmen die Umverteilung des Besitzes vor, was die staatlichen Einrichtungen nicht leisten. Damit verletzen sie geltendes Recht, aber um einer höheren Gerechtigkeit willen. Der amerikanische Captain Lieban will sie von dem Rechtsbruch abbringen, will durch ordentliche Gerichte Ordnung und Gerechtigkeit durchsetzen, muss jedoch eingestehen, dass die *„ganze deutsche Gerichtsbehörde ins Gefängnis"* gehört.[xiii] Die Jugendlichen wiederum lernen, dass sie den Kampf um gerechte und menschenwürdige Verhältnisse nur auf legalem Weg und politisch organisiert *als Mitglieder der sozialistischen Jugend* führen können.[xiv]

Für Leonhard Frank sind die Jünger Jesu keine der vielen normalen Jugendcliquen, die nach dem Krieg den Jugendlichen das Überleben erleichterten, sondern eine idealistische Gruppe, aus der eine bessere und gerechtere Gesellschaft erwachsen kann. Damit traf er nicht die verbreitete Einstellung der Generation, die in den 30er Jahren und während des Kriegs heranwuchs. Sie war, so die Darstellung der Generationenforscher eine „skeptische", desillusionierte, nüchterne Generation, keine „romantische", politisch begeisterte und von Ideen motivierte oder verführte, wie die Jugendlichen in der Weimarer Republik.

Liebe und Völkerverständigung

Leonhard Frank hat in dem Roman zwei gegensätzliche Liebespaare gestaltet, mit denen er unterschiedliche Botschaften vermitteln will: Johanna und Steve und Martin und Ruth. Johanna, deren faschistischer Vater sich das Leben nahm, lebt in einer kleinen Hütte in den Mainauen. Sie und der sympathische und offene US-Soldat Steve verlieben sich ineinander. An diesem Paar konkretisiert Frank das Thema der Völkerverständigung nach dem Krieg. Zwei Menschen, die sich lieben, verstehen sich unbelastet von der militärischen und politischen Feindschaft und allgemeinen Vorurteilen. Der US-Soldat Steve denkt mit Schuldgefühlen an die Bombenangriffe auf die deutschen Städte, die Johanna im Kontext mit den nationalsozialistischen Verbrechen als berechtigt einstuft. Steve fragt: *Haßt ihr uns? Weil wir eure Städte zerstört haben?* worauf Johanna antwortet: *Nicht wenn man nachdenkt.*[xv] Diese knappe Einschätzung von 1947 trifft auch heute noch zu.

Häufig entstanden sexuelle Beziehungen zwischen jungen deutschen Frauen und US-Soldaten, obwohl ein strenges Verbot privater Kontakte für die Soldaten der Siegermächte mit Deutschen bestand. Die Beziehungen umfassten Prostitution, Flirt, kurze sexuelle Beziehungen und dauerhafte Partnerschaften. Oft wurden die jungen deutschen Frauen als Ami-Liebchen diskriminiert, besonders wenn sie mit Soldaten schliefen, um sich Lebensmittel zu beschaffen oder weil sie sexuelle Bedürfnisse hatten. Es herrschte großer Frauenüberschuss, denn die meisten jungen deutschen Männer waren im Krieg gefallen oder befanden sich in Kriegsgefangenschaft. Frank gestaltet wie oft in seinem Erzählwerk, das Entstehen einer großen und unbedingten Liebe, die er als Traumgefährtenschaft bezeichnet. Allerdings findet er für diese Beziehung kein

Happy-end. Manche Schilderungen wirken heute übertrieben, aber Frank vertrat das Recht der freien Liebe gegenüber allen Vorurteilen und Einschränkungen. Deswegen funktionierte er das Motiv des „Ami-Liebchens" um und machte diese Liebe zu einem Motiv der ehrlichen Gefühle und der Verständigung zwischen den Völkern.[xvi]

Die Seelentote

Ruth Freudenberger ist als Überlebende des Holocaust sicherlich die Figur im Roman, die am stärksten bewegt und herausfordert. Leonhard Frank versuchte, eine tiefe posttraumatische Belastungsstörung, die später als „KZ-Syndrom" bezeichnet wurde, literarisch zu gestalten. Dabei handelt es sich um *eine mögliche Folgereaktion eines oder mehrerer traumatischer Ereignisse wie z. B. das Erleben von körperlicher und sexualisierter Gewalt, auch in der Kindheit (so genannter sexueller Missbrauch), Vergewaltigung, gewalttätige Angriffe auf die eigene Person, Entführung, Geiselnahme, Terroranschlag, Krieg, Kriegsgefangenschaft, politische Haft, Folterung, Gefangenschaft in einem Konzentrationslager, Natur- oder durch Menschen verursachte Katastrophen, Unfälle oder die Diagnose einer lebensbedrohlichen Krankheit), die an der eigenen Person, aber auch an fremden Personen erlebt werden können.*[xvii]

Ruth war in ihrer Kindheit eng mit Johanna befreundet und vor ihrer Deportation mit dem Medizinstudenten Martin verlobt. Die Schilderung idyllischer und ungetrübter Beziehung zwischen dem jüdischen Mädchen und „arischen" Freunden ist mit der deutschen Wirklichkeit zwischen 1938 und 1942 wenig vereinbar. Als Martin abwesend ist, werden Ruths Eltern auf dem Würzburger Marktplatz von einem Mob, den der Blockwart Zwischenzahl anführt, brutal ermordet. Das Mädchen wird in das KZ

Auschwitz verschleppt, dann in ein Warschauer Soldaten-bordell gesteckt und zwei lange Jahre missbraucht. Ruth überlebt die unmenschlichen Erniedrigungen und kehrt nach Würzburg zurück, weil sie keinen anderen Ort weiß, wohin sie sich begeben soll.

Ein siebzehnjähriges Mädchen war in ein Bordell für Soldaten geschickt worden. (...) Ruth war in unendlichem Entsetzen abgestorben. Der Körper war zwei Jahre in dem Haus gewesen. Ihr Körper war nicht mehr sie. Sie war nicht mehr. Nichts auf der Welt hätte sie zum Weinen bringen können. Nichts mehr bewegte sie. Sie war etwas, was es vor der Naziherrschaft nicht gegeben hatte. Ruth war eine wandelnde Tote.[xviii] Bereits die sadistischen Unterrichts-praktiken eines Lehrers nennt Frank *Seelenmord,* der noch viel schlimmer an Ruth verübt wird. Der in Würzburg auf-gewachsene, jüdische Psychiater William Nederland be-treute als amerikanischer Professor Überlebende der Shoah, und bezeichnete sie als *lebende Tote.* Er verwendet wie Frank den Begriff *Seelenmord* um die psychischen Auswirkungen des Holocaust auf die überlebenden Opfer zu kennzeichnen. Sie berichteten Nederland von ihren KZ-Erfahrungen mit extremer Distanz, waren von tiefen Schuldgefühlen gequält und konnten nicht mit anderen Menschen Kontakt aufnehmen. Auch Ruth, die *Seelentote,* berichtet distanziert und sachlich von ihren Erlebnissen und ist gleichgültig gegenüber ihrem eigenen Leben, was mit dem Schuldgefühl der Überlebenden zusammen-hängt.[xix] Frank gestaltet die Traumatisierung, die völlige Selbstentfremdung Ruths sowie die verschiedenen Schritte ihrer Enttraumatisierung glaubwürdig und eindringlich.[xx]

Legitime Selbstjustiz wegen ausbleibender Entnazifizierung?

Die Jünger Jesu und ihr früherer Verlobter Dr. Martin schützen Ruth vor den Nachstellungen einer neonazistischen Gruppe. Weil der Mörder ihrer Eltern von den deutschen Gerichten trotz eindeutiger Rechtslage nicht belangt wird, tötet Ruth ihn selbst ohne ein Gefühl von Reue. Sie hält ihre Tat als notwendige Bestrafung für selbstverständlich, weil die Justiz trotz mehrerer Hinweise und Anzeigen nichts unternommen hat. Ruth wird am 15. Mai angeklagt.[xxi] Damit greift Frank wie in früheren Romanen auf das Problem der ungerechten Justiz zurück und stellt die Gerichtsverhandlung gegen Ruth als dramatischen und inhaltlichen Höhepunkt des Romans heraus. Die Opfer-Täter-Dialektik wird doppelsinnig und hintergründig, denn das Opfer der Shoah würde, wenn als Täterin verurteilt, wiederum Opfer der Nachkriegsjustiz. Ruth verschärft den Konflikt, weil sie betont, Zwischenzahl bewusst getötet zu haben und keine Reue zu empfinden. Somit ist die deutsche Justiz, vertreten durch die Würzburger Schöffen, gezwungen, zu einem Urteil zu gelangen, das, wie auch immer es ausfällt, nur in erneutem Unrecht bestehen kann. Frank hat auf diese pointierte Weise die Kontinuität des Justizwesens von der Nazizeit in die Nachkriegszeit zum Kern der Romanhandlung gemacht

In einem fiktiven Zeitungskommentar gibt Frank auch sein Verständnis der Tat bekannt: *Die Autoritäten des geschriebenen Rechtes ließen den Mörder der Freudenheims unbehelligt. Die von den Nazis geschändete Tochter vollzog an dem Mörder ihrer Eltern die Strafe, der er auf Grund des geschriebenen Rechts verfallen war. Das Opfer der Nazis tat, was die Autoritäten unterlassen hatten zu tun. Wer ist anzuklagen?*[xxii] Frank datiert Ruths Tat mit dem 16. März 1947 exakt auf den zweiten Jahrestag der Zerstörung

Würzburgs. Diese Betonung verweist auf die Tatsache, dass der militärischen Niederlage noch nicht die Abrechnung mit den nationalsozialistischen Tätern gefolgt war – trotz der Nürnberger Hauptkriegsverbrecherprozesse und der Spruchkammerverfahren. Die Justiz, in der keine Säuberung von NS-Juristen erfolgte, versagt, weswegen nach Franks Vorstellung die Bürger das Recht selber herstellen müssen, auch durch eine Tat, die formalrechtlich als Verbrechen zu sühnen ist.[xxiii] 1947 begannen in der US-Besatzungszone die Entnazifizierungsverfahren für die vielen Mitglieder der verbotenen NS-Organisationen. Tatsächlich versuchte die US-Militärregierung dieses Verfahren umfassend durchzuführen. Allerdings wurden zunächst die einfachen Fälle der weniger belasteten Menschen behandelt. Zunehmend stieß das Vorgehen auf Ablehnung bei der Bevölkerung, die vor allem die Bestrafung der „Verantwortlichen" wünschte und sich oft in der Rolle des verführten Opfers sah. Zunehmend benötigten die Militärbehörden aber auch die Mitarbeit der bereits in der nationalsozialistischen Diktatur Beschäftigten in Verwaltung, Justiz und Wirtschaft. So wurde die Entnazifizierung Ende der 40er Jahre eingestellt. Mit dem Kalten Krieg entstand ein neues Feindbild, der Kommunismus.

Freispruch als politische Selbstbefreiung

Man kann darüber diskutieren, ob ein Prozess wie der gegen Ruth wirklich im Bereich der historischen Wahrscheinlichkeit lag. Viel wichtiger ist die Lösung, die Frank für vorbildhaft hält. Die Schöffen des Schwurgerichts fällen keinen Urteilsspruch, der entweder nur die Zuchthausstrafe wegen Mordes oder die Einweisung in eine Psychiatrie nach sich ziehen kann. Damit vollziehen sie ihrerseits einen Bruch mit der Vergangenheit, verlassen den verhängnisvollen Rechtspositivismus, der nur dem Buchstaben des gesetzten Rechts folgt und sich als Instrument des Unrechtsstaates einsetzen ließ.[xxiv]

Dass die juristische Aufarbeitung der NS-Verbrechen – auch in Verbindung mit den Verfahren vor den Spruchkammern – nur sehr partiell gelang, eine Säuberung der Justiz zum Beispiel nie stattfand, spricht Frank in diesem Roman an, wenn auch in einer fiktiven Konstruktion. *Was Ruth Freudenheim getan hat,* erklärt ihr politisch engagierter Verteidiger Dr. Buck, *ist ein revolutionärer Akt. Ein gemartertes kleines Judenmädchen mußte kommen und das Recht, das gebrochen und zersetzt war, auf revolutionärem Wege wieder in Kraft setzen.*[xxv] Diese Wertung dürfte auch die des Autors sein, denn die Selbstjustiz des Opfers an dem unbestraften Täter ist zwar eine individuelle Gewalttat, moralisch und politisch aber legitim wegen des Ausbleibens einer antifaschistischen Revolution oder Veränderung, die die Verbrechen des NS-Regimes entsprechend bestraft. Der Anwalt Dr. Buck fordert die Geschworenen auch auf, die Anklage gegen seine Mandantin als Unrecht einzustufen und sie freizusprechen. In der Erstfassung des Romans entscheiden sich die Geschworenen für den Freispruch, in späteren Bearbeitungen weigern sie sich, ein Urteil zu fällen oder wollen Ruth in der Psychiatrie einsperren. 1947 glaubte Frank noch an die Möglichkeit, dass die Deutschen wie die Schöffen in seinem Buch mit der nationalsozialistischen Vergangenheit brechen und wie die Jugendlichen einen neuen Weg einschlagen können. Der Freispruch war auch als eine politische Selbstbefreiung gedacht und die Schöffen folgten dem revolutionären Handeln Ruths und der Jünger Jesu.

Nur ein rührendes Happy-end?

Dr. Martin und Ruth leben nach dem Prozess zurückgezogen in einem Spessartdorf, wo Ruth Johannas Kind aufzieht, bis Steve es nach Amerika zu sich holt. Mit diesem Schock erfolgt der letzte Schritt der psychischen Befreiung Ruths, die nun mit Dr. Martin gemeinsam Kinder haben will. Sie hat für eine gewisse Zeit das Baby der bei der Geburt verstorbenen Freundin Johanna versorgt, das der Vater, der US-Soldat Steve, abholt. Ruth kann ihre Trauer zeigen und Trost bei Martin finden: *Sie fiel an ihn hin und schluchzte bitterlich. Er hielt sie, er küßte sie, er beugte sich hinab und küsste ihre Lippen. Sie ließ es geschehen.*[xxvi] Frank räumt Martin und Ruth eine Chance für eine neue Liebe ein. Damit deutet sich an, dass der Konflikt um das Weiterleben von Shoah-Verfolgten im Land der Täter auf privater Ebene gelöst wird. Die Rollenverteilung zwischen Mann und Frau verläuft wie oft bei Frank in traditionellem Muster. Auch der Rückzug der Liebenden in eine verborgene Schutzwelt, die ihnen die Möglichkeit geben könnte, ihr gemeinsames Leben unbeschadet von störenden Einwirkungen von außen aufzunehmen, hat er schon in früheren Werken als Lösung gestaltet. Zumindest in dem Wunsch nach Kindern trifft Frank jedoch ein allgemeines Verhalten der Shoah-Überlebenden. 1946 wies das Lager für Displaced Persons Föhrenwald die höchste Geburtenquote aller jüdischen Gemeinden weltweit auf. Kinder waren ein bewusster Entschluss zum Weiterleben, Kinder waren die Hoffnungsträger für eine jüdische Zukunft und die private Behauptung gegenüber der erlittenen NS-Verfolgung.[xxvii]

Politische Skepsis und Neonazismus

Die Jünger Jesu lösen sich auf, um Mitglieder der Sozialistischen Jugend zu werden, und fragen sich angesichts des Anwachsens der getarnten NS-Gruppe:

„Was wird in zehn Jahren in Deutschland sein? Niemand weiß es." Sie gingen weiter. In den vier Ecken des mit Balken eingehegten Platzes loderten schon Leuchtfeuer. Scharfs Gruppe exerzierte, die runden Holzstäbe geschultert wie Gewehre. Sie waren schon neunzig SA-Athleten. Sie trugen weiße Trikots und weiße kurze Hosen. Scharf kommandierte. Sie schwenkten ein im Schein der Leuchtfeuer und standen stramm in einer langen Reihe, die Holzstäbe präsentiert. Die Jünger waren vor dem Balkengehege stehengeblieben. Nichts bewegte sich, es war still.[xxviii]

Mit diesem eindringlichen Bild der NS-Kontinuität endet der Roman. Im Jahre 2013, mit dem Rückblick auf fast 70 Jahre Geschichte seit dem Ende des Zweiten Weltkriegs, muss man feststellen, dass dieses Schlussbild politische Relevanz angesichts mehrerer „Renaissancen" neonazistischer Bewegungen in Deutschland besitzt. Die Mordserie des Nationalsozialistischen Untergrunds mehr als 60 Jahre nach der Niederlage der NS-Diktatur bestätigt leider Franks skeptischen Scharfblick. Wie sah die Situation zur Zeit der Abfassung des Romans aus?

Vater Scharf ist ein nationalistischer, verblendeter Lehrer, der die Niederlage des nationalsozialistischen Deutschlands als unverdiente Katastrophe und sich selbst nicht als Täter, sondern als Opfer begreift. Sein Sohn sammelt ehemalige Hitlerjungen und andere junge Nazis in einer Art Kameradschaft oder Wehrsportgruppe, die einen vermeintlichen Verräter umbringt, Angriffe auf Ruth unternimmt und sich schließlich als *Athletenclub SAmson* tarnt. Frank kannte aus der US-Presse den Fall von Siegfried Kabus und seiner nationalsozialistischen Gruppe, die im Herbst 1946 mehrere Sprengstoffanschläge in Stuttgart und Umgebung gegen Sprüchkammerbüros in und bei Stuttgart verübte, verhaftet und hart bestraft wurde, sowie das Gutachten des „Internationales Komitees für das Studium europäischer Fragen", in dem das Erstarken einer nazistischen Massenorganisation befürchtet wurde.[xxix] Frank integrierte in seinen Roman Kabus und die Warnung des Komitees, die er teilte, weil er von der Kontinuität nationalsozialistischer Einstellungen ausging. Eine erste neonazistische Welle setzte allerdings erst mit der Gründung der Bundesrepublik Deutschland ein und gipfelte in dem Wirken der Sozialistischen Reichspartei, die 1952 vom Bundesverfassungsgericht verboten wurde. Franks Roman bildete also nicht Würzburger Verhältnisse ab, sondern stellte warnend die Möglichkeit und Fortdauer der nationalsozialistischen Einstellung in Deutschland dar, die zur neonazistischen Organisation führen kann. Konsequent kritisierte Frank auch die Weiterbeschäftigung von ehemals nationalsozialistischen Funktionären und Spezialisten in Nachkriegsdeutschland. Der letzte Satz des Buchs deutete das Schweigen über den Nationalsozialismus in den folgenden Jahren an: Die Bewegungslosigkeit und die Stille wirken nicht beruhigend, sondern beunruhigend – auch heute noch.[xxx]

Gegen den moralischen Selbstmord

Als Leonhard Frank 1947 den Roman im New Yorker Exil schrieb, zeichnete sich der Bruch zwischen den USA und der UdSSR ab. 1949, als der Roman erschien, waren Deutschland, Europa und die Welt geteilt, der Kalte Krieg hatte eingesetzt. Als Frank 1950 in die Bundesrepublik Deutschland zurückkehrte, wählte er bewusst den freiheitlichen Teil Deutschlands, obwohl er politisch und emotional mit der sozialistischen Ideologie der SED sympathisierte. 1952 stieß die Botschaft des Romans „Die Jünger Jesu" in Westdeutschland, wo der herrschende Antikommunismus auch unabhängige Gefühlssozialisten als Unterstützer des Stalinismus verurteilte, auf Ablehnung.[xxxi] Frank versuchte in seinem Lebensroman „Links wo das Herz ist, seine Kritiker in Würzburg aufzuklären: *Er* (Frank) *versagte es sich, den Hütern der Ehre Würzburgs zu erklären, daß der Mörder schuldig ist und nicht derjenige, der den Mörder des Mordes beschuldigt.*[xxxii]

Wie versteht man einen solchen Roman rund 60 Jahre nach dessen Entstehung. Am besten dadurch, dass man ihn vor allem nicht als einen Roman über Würzburg, sondern als einen Roman über Deutschland versteht, seine Möglichkeit und Risiken nach der NS-Diktatur, die das deutsche Volk zu verantworten hatte, und über eine Zeit, als die Demokratie als Geschenk der Sieger in Deutschland erst wachsen musste. Für das Leben in der Demokratie wiederum gibt Frank einen guten Hinweis: *Er* (L.Frank) *hat sich von Jugend an um Dinge gekümmert, die ihn nichts angingen, und ist der Meinung, daß Menschen, die das nicht tun, die Achtung vor sich selbst verlieren müssen; daß sie moralisch Selbstmord begehen.*[xxxiii]

Würzburg im Mai 2013   Hans Steidle

---

[i] Neue Zeitung, 9.4.1952.
[ii] Leonhard Frank, Links wo das Herz ist. Roman. Ausgewählte Werke in 4 Bänden. Berlin Weimar, Band 3, S. 436-701 (=Frank III), S. 523f. ; Ralph Grobmann hat in seiner wissenschaftlichen Biographie „Gefühlssozialist im 20. Jahrhundert: Leonhard Frank im 20. Jahrhundert", Frankfurt a.M. 2004, die Selbstbezeichnung

Franks als typisch für die emotional bestimmte, jedoch nicht ideologisch oder parteipolitisch definierte Einstellung des Schriftstellers herausgestellt.

iii Fragen Sie Reich-Ranicki – Ein Gefühlssozialist, FAZ, 07.06.2011.

iv Frank III, S. 630 f.

v Frank III, S. 665.

vi Vgl. Frank III, S. 672 f.

vii Leonhard Frank, Jünger Jesu, Erstausgabe 1949, reprint Würzburg 1995, (=Jünger Jesu) S. 7.

viii Jünger Jesu, S. 7.

ix Vgl. Erläuterungen zu dem Roman: Hans Steidle, Leonhard Frank: "Die Jünger Jesu" – Zur Revision eines verkannten Exilromans. In: Schriftenreihe der Leonhard-Frank-Gesellschaft Heft 3. Würzburg 1995; Ders., "Wie eine große Liebe kann man Rache nicht aufschieben" (J. Amichai). Zum Motiv der gerechten Rache bei Leonhard Frank und Jehuda Amichai. In: Schriftenreihe der Leonhard-Frank-Gesellschaft Heft 5, Würzburg 1996; Ders., Nicht nur Wasser, Teer und Weihrauch. Würzburg und Franken in Leonhard Franks Werk. In: Schriftenreihe der Leonhard-Frank-Gesellschaft. Heft 13. Würzburg 2003. S. 23-71; Ders., Von ganzem Herzen links, Würzburg 2005, S. 160-171.

x Jünger Jesu, S. 38 f.

xi Ulf Preuss u.a., Kriegskinder, Konsumkinder Krisenkinder, Weinheim und Basel 1983, S. 29-53, 176 ff., 196 ff.

xii Jünger Jesu, S. 14.

xiii Jünger Jesu, S. 176.

xiv Jünger Jesu, S. 223.

xv Jünger Jesu, S. 84.

xvi Dr. Andrea Hoffend, Frauen und die Stunde Null http://www.ev-akademie-boll.de/fileadmin/res/otg/530605-Hoffend.pdf; Zugriff vom 26.05.2013; Johannes Kleinschmidt, Amerikaner und Deutsche in der Besatzungszeit – Beziehungen und Probleme http://www.lpb-bw.de/publikationen/besatzer/us-pol6.htm.

xvii Definition nach Arbeitsgemeinschaft der Wissenschaftlichen Medizinischen Fachgesellschaften; Tadeusz Sobolewicz, Aus der Hölle zurück: Von der Willkür des Überlebens im Konzentrationslager. Fischer, Frankfurt, 6. Auflage 1999.

xviii Jünger Jesu, S. 458 f.

xix William G. Niederland, Folgen der Verfolgung: Das Überleben-den-Syndrom, Seelenmord, Frankfurt a.M. 1980, Suhrkamp-Verlag (Taschenbuch 2002 edition suhrkamp)

xx Sulamith Sparre, "Sechzehntausend Kilometer Leichen! Zivilisation!" Die Darstellung des Krieges im Werk Leonhard Franks. In: Schriftenreihe der Leonhard Frank-Gesellschaft Heft 12. Würzburg 2003, S. 34 ff.

xxi Am 15. Mai 1947 endete eine außerordentliche UN-Vollversammlung, die sich mit der Zukunft Palästinas nach dem Ende der britischen Mandatsherrschaft auseinandersetzte. Wählte Frank diesen Termin für den Freispruch Ruths bewusst?

xxii Jünger Jesu, S. 610.

xxiii Gabriele Rohloff, Die Entnazifizierung der Richter und Staatsanwälte am Beispiel des Sondergerichts Bremen, PD-Verlag 1999. Klaus-Detlev Godau-Schüttke, Von der Entnazifizierung zur Renazifizierung der Justiz in Westdeutschland, http://fhi.rg.mpg.de/articles/0106godau-schuettke.htm, Zugriff vom 26.05.2013.

xxiv Arnold Köpcke-Duttler: Gedanken zur Gerechtigkeit im Werk Leonhard Franks. Schriftenreihe der Leonhard Frank-Gesellschaft, Heft 8. Würzburg 2000.

xxv Jünger Jesu, S. 198.

xxvi Jünger Jesu, S. 220.

xxvii Angelika Königseder/Juliana Wetzel, Lebensmut im Wartesaal. Die jüdischen DPs im Nachkriegsdeutschland, Frankfurt a.M. 1994, S. 105.

xxviii Jünger Jesu, S. 225.

xxix Volker Koop, Himmlers letztes Aufgebot. Die Organisation „Werwolf", Weimar/Wien 2008, S. 260 ff.; Jünger Jesu S. 105-108, 150 f.

xxx Ulrich Borsdorf/Lutz Niethammer (Hrsg.), Zwischen Befreiung und Besatzung, Wuppertal 1977, S. 277 ff.; Hajo Funke u.a., Rechtsextremismus in Deutschland. Eine Handreichung. SPD Bundestagsfraktion. Berlin 2005, S. 8 ff.; Paul Hühnerfeld, Was aber denken die Jungen?, ZEIT 14.06.1951, http://www.zeit.de/1951/24/was-aber-denken-die-jungen/seite-1, Zugriff vom 24.05.2013; Zur Situation in Würzburg: Hans Oppelt, Würzburger Chronik des denkwürdigen Jahres 1945, Würzburg 1947, S. 185-239. Eine faschistische Aktivität ist unter dem strikten Regiment der US-Besatzungmacht unwahrscheinlich. KPD-Stadträte waren noch 1947 aktiv.

[xxxi] Der Roman erschien 1949 im Querido-Verlag, dessen deutschsprachige Abteilung seit 1948 wieder in Amsterdam die Werke emigrierter deutscher Schriftsteller verbreitete. Die Ausgabe von 1952 wurde von dem Münchner Verlag Langen-Müller publiziert. Erst jetzt fand der Roman vermutlich seinen Wag nach Würzburg.

[xxxii] Frank III, S. 696.

[xxxiii] Frank III, S. 698.